Jutta Eckstein

Agile Softwareentwicklung mit verteilten Teams

Jutta Eckstein
jutta@eckstein.com

Website zum Buch:
www.verteilte-teams.de

Lektorat: Christa Preisendanz
Copy-Editing: Ursula Zimpfer, Herrenberg
Abbildungen: Katja Gloggengiesser, www.grellgelb.de
Herstellung: Birgit Bäuerlein
Umschlaggestaltung: Helmut Kraus, www.exclam.de
Druck und Bindung: Media-Print Informationstechnologie, Paderborn

Die englische Originalausgabe erscheint bei Dorset House Publishing Co., Inc., New York.

Bibliografische Information Der Deutschen Bibliothek
Die Deutsche Bibliothek verzeichnet diese Publikation in der Deutschen Nationalbibliografie;
detaillierte bibliografische Daten sind im Internet über <http://dnb.ddb.de> abrufbar.

ISBN 978-3-89864-630-7

1. Auflage 2009
Copyright © 2009 dpunkt.verlag GmbH
Ringstraße 19 B
69115 Heidelberg

Inhaltsverzeichnis

Vorwort

Wir sind alle aufgerufen, pontifices zu sein – Brückenbauer.
Viele Flüsse haben schon ihre Übergänge.
An vielen stehen wir an verschiedenen Ufern
und suchen nach Pontons,
nach Stegen, nach Kommunikation.
Kunst und Technik trennt kein Meer,
oft nur Sprachlosigkeit.

August Everding

Vor einigen Jahren, als ich mein letztes Buch über Agile Softwareentwicklung im Großen geschrieben habe, gab es nur wenige Menschen, die Agilität für größere Projekte, Teams oder Organisationen einsetzten. In der Zwischenzeit gibt es viele Personen, die festgestellt haben, dass Agilität sich nicht nur für kleine Teams eignet. Das heißt, es existiert zwischenzeitlich durchaus eine ansehnliche Menge an Großprojekten, die einen agilen Ansatz verfolgen.

Es gibt jedoch einen immensen Unterschied zwischen den (meist großen) Projekten, in denen ich früher gearbeitet habe, und den Projekten, in denen ich heute tätig bin. Die größte Diskrepanz besteht darin, dass scheinbar jedes große Projekt über mehrere Standorte verteilt ist. Und selbst kleine Projekte sind häufig nicht mehr nur an einem Standort ansässig.

Obwohl ich feststellte, dass sich ein Großteil meiner Erfahrungen mit der Skalierung agiler Prozesse ebenfalls auf verteilte Projekte übertragen lässt, gibt es jedoch gewisse komplexere Aspekte, die einer speziellen Aufmerksamkeit bedürfen, wenn Sie nicht die gesamte Agilität durch die Verteilung über den Globus verlieren möchten.

Im Zuge meiner Tätigkeit als Change Agent, Projekt-Coach oder Berater bei der Etablierung eines agilen Prozesses in diversen Projekten beobachtete ich bei mir als radikalste Veränderung die hohe Reisenotwendigkeit. Natürlich finde ich Reisen anstrengend, aber gleichzeitig auch spannend – sie bieten mir viele Gelegenheiten, mehr über unterschiedliche Gewohnheiten und Kulturen zu erfahren.

Ich hoffe, Sie finden dieses Buch hilfreich und haben Spaß am Lesen des Inhalts (vielleicht auf einer Ihrer Reisen zu einem Ihrer verteilten Teams). Außerdem möchte ich Sie auf die Webseite des Buches einladen: *www.verteilte-teams.de*. Ich bin gespannt auf Ihr Feedback unter *feedback@verteilte-teams.de*.

Jutta Eckstein
Braunschweig, Juni 2009

Danke

Bücher liegen in der Luft.
Der Autor ist nur die Brücke
zwischen Stoff und Niederschrift.

Marguerite Duras

Wenn man ein Projekt, wie das Schreiben eines Buches realisiert, so besteht eines der größten Probleme darin, sich an all die Menschen zu erinnern, die dieses Projekt unterstützt haben. Das ist, meines Erachtens nach, ein unlösbares Problem. Nahezu jeder, mit dem ich mich während oder bereits vor dem Start dieses Projekts unterhalten habe, unterstützte die Entstehung durch seine Erfahrungen oder durch sein Feedback zu meinen Erlebnissen zu diesem Buch. Sich an all diese Personen hier zu erinnern, ist fast unmöglich. Ich möchte mich vorab bei allen entschuldigen, die ich versehentlich hier nicht namentlich genannt habe.

Als Allererstes möchte ich allen Teams danken, mit denen ich die Chance hatte zusammenzuarbeiten. Das Miteinander in diesen Teams gab mir die Gelegenheit, überall auf der Welt viel zu lernen – über agile Softwareentwicklung, die Gemeinsamkeiten und Unterschiede in den Kulturen, Interaktionen und nicht zuletzt die Sitten, Gebräuche sowie die Vielfalt des Essens. Weiterhin möchte ich den zahllosen Menschen danken, die mir halfen zu reflektieren und somit das Erlernte greifbarer und expliziter zu machen. Ganz besonders möchte ich all den Reflektionspartnern danken, die ich als Teilnehmer in diversen Workshops, Vorträgen, Tutorials und Podiumsdiskussionen auf all den verschiedenen Konferenzen kennenlernte – wie ACCU in UK, Agile in Nordamerika, JAOO in Dänemark, Retrospektiven-Gathering in Nordamerika und in Europa sowie XP in Europa, um nur einige zu nennen.

Als Nächstes möchte ich all jenen danken, die ihre speziellen Erfahrungen in Form einer Expertenbox in diesem Buch zur Verfügung stellten und dadurch einen weiteren Blickwinkel auf das Thema ermöglichten. Danke – David Hussman, Naresh Jain, Nicolai Josuttis, Daniel Karlström, Michael Kircher, Debra S. Lavell, Ainsley Nies, Joseph Pelrine und Linda Rising.

Ich sage Danke an alle Reviewer, die sich enorm dafür eingesetzt haben, mein Erlerntes in das Buch zu übertragen. Mein Dank geht an: Jamie Allsop, Joseph Bergin, Magnus Christerson, Lise Hvatum, Carsten Ruseng Jakobsen, Michael Kircher, Yi Lv, Ken Pugh und Bas Vodde.

Weiterhin möchte ich allen Mitarbeitern von dpunkt danken, die wieder einmal ihre Professionalität bei der Durchführung dieses Projekts bewiesen haben. Mein besonderer Dank geht an Christa Preisendanz.

Nicht zuletzt möchte ich meiner Familie Dank aussprechen, der es scheinbar nie langweilig wird, sich meine verschiedenen (Reise- und Arbeits-)Geschichten anzuhören und die mir auf diese Weise hilft, die Unterschiede und Gemeinsamkeiten der Menschen und deren Verhalten auf der ganzen Welt zu erkennen. Allen voran möchte ich meinem Partner Nico Josuttis danken, der mich nicht nur in meinem Berufsleben herausragend unterstützt, sondern, was noch wichtiger ist, mein Leben auf so eine wunderbare Art bereichert. Meiner Cousine Katja Gloggengiesser gilt mein Dank, die mit diesen wunderschönen Illustrationen das Buch lebhafter gestaltet hat. Meiner Freundin Susanne Hornig möchte ich danken, die fast schon zur Familie gehört und die in ihrem »früheren« Leben Germanistik studiert hat. Dieses Wissen brachte sie in unermüdlicher Kleinarbeit ein und machte so mein oft umgangssprachliches Deutsch lesbar. Und schlussendlich danke ich meiner Schwester Eva Eckstein – erneut (wie bereits beim Schreiben meines ersten Buches) befolgte ich ihren Rat, mich auf der gleichen kleinen Insel (Hiddensee in der Ostsee) zu verstecken. Die Abgeschiedenheit und Stille dieses wunderschönen Orts haben sich auch dieses Mal positiv auf die Entstehung des Buches ausgewirkt.

1 Einführung

*Die Erfahrung
kommt den Lehren zuvor.*

Jean-Jacques Rousseau

Heutzutage gibt es nicht mehr viele Projekte, die an einem Standort, das heißt ohne Outsourcing, Offshoring oder eine sonstige Form von Verteilung, entwickelt werden. Jede Art von Verteilung impliziert aber, dass eine Distanz zwischen den Projektmitarbeitern existiert. Diese Distanz kann sich auf die Geografie, Zeit, Kultur, Sprache, Politik oder Geschichte beziehen. Viele verteilte Projekte vereinen sogar eine Kombination der genannten Distanzen.

Ein anderer Trend befindet sich momentan im Aufschwung – die agile Softwareentwicklung. Mehr und mehr Projekte betrachten Agilität als kritischen Erfolgsfaktor für die Softwareentwicklung. Agile Entwicklung betont die Kommunikation von Angesicht zu Angesicht sowie eine enge Zusammenarbeit zwischen allen Projektbeteiligten.

Distanz einerseits und enge Zusammenarbeit andererseits – wie passt das zusammen?

Trotz scheinbarer Inkompatibilität verteilter Softwareentwicklung und agiler Methoden haben einige Projekte versucht beides zu kombinieren. Das liegt auf der Hand, denn Kommunikationseinschränkungen und -hindernisse müssen bei verteilter Entwicklung erst recht adressiert werden, und agile Methoden fokussieren sich genau darauf. Sie legen besonderen Wert auf die Bedeutung von Kommunikation und Interaktion unter allen an der Entwicklung beteiligten Personen.

Das Agile Manifest (siehe [AgileManifesto]) und die zugrunde liegenden Prinzipien stellen die Durchführbarkeit von Agilität in einer verteilten Umgebung auch gar nicht infrage. Sie werden für den Einsatz agiler Entwicklung in einem verteilten Projekt vermutlich keine spezifische agile Methode finden, die Sie direkt »wie im Buch« verwenden können, aber die agilen Prinzipien können Ihnen helfen, den notwendigen Fokus in Ihrer Vorgehensweise zu behalten. So bleiben Sie agil und können das Leistungsvermögen der Ihnen zur Verfügung ste-

henden Kommunikationsmedien maximieren, unabhängig davon, wie einge-
schränkt diese sind.

Dieses Buch basiert auf Erfahrungen in mehreren großen und verteilten agilen
Projekten, deren Umfeld sich von eingebetteten bis zu kommerzieller Softwareentwicklung erstreckt. Diese Erfahrungen haben mich zu der Schlussfolgerung
veranlasst, dass sowohl große als auch verteilte Teams von einem Wertesystem
profitieren können, das für kleine und lokale Teams nützlich ist.

1.1   Fokus dieses Buches

In diesem Buch geht es um die Entwicklung von Software mit verteilten Teams;
alternativ mit einem Team, das in sich verteilt ist (mehr zu dieser Unterscheidung
im Abschnitt 2.1.2). Es geht nicht darum, einen Dienst oder eine Infrastruktur
eines Offshore-Standortes anzubieten und diesen von einem Heimatstandort aus
zu verwalten, wie dies beispielsweise für das Aufsetzen eines Callcenters notwendig wäre. Die Herausforderungen für verteilte (und noch extremer für Offshore-)
Entwicklung bestehen im Vereinen von Teams aus den unterschiedlichsten
Gegenden. Dabei muss sichergestellt werden, dass alle Teammitarbeiter standort-
unabhängig an einem Strang ziehen, das gleiche Ziel anvisieren, und zwar trotz
physischer Distanz und kultureller Unterschiede. Dieses Buch geht genau auf
diese Herausforderungen ein und zeigt auf, wie man die Probleme, die verteilte
Teams haben, lösen kann.

1.1.1   Projekterfahrung

Ich habe meine hauptsächlichen Erfahrungen in *großen* verteilten Projekten
gesammelt. Typischerweise arbeiten in meinen Projekten fünfzig bis dreihundert
Mitarbeiter, die über drei bis fünf Standorte verteilt sind. Einige meiner Projekte
waren nur mäßig verteilt zum Beispiel über vier Standorte, aber alle innerhalb
Europas. Andere waren stark verteilt, indem sie sich beispielsweise von Südame-
rika über Europa bis nach Asien erstreckten. Die Domänen dieser Projekte vari-
ierten stark – einige konzentrierten sich auf kommerzielle Anwendungen, die
meisten aber auf technische, zum Beispiel auf eingebettete Systeme.

Sie werden feststellen, dass Sie selbst dann die Hinweise des Buches nutzen
können, wenn Ihr Projekt weniger verteilt und kleiner ist. Das heißt, selbst dann,
wenn Ihr Projekt beispielsweise aus zehn Mitarbeitern besteht, die von ihrem
Home-Office aus arbeiten, oder aus zwanzig Mitarbeitern, die über mehrere Eta-
gen verteilt sind, finden Sie hier wertvolle Tipps.

1.1.2   Wem hilft dieses Buch

Dieses Buch richtet sich an Personen, die nach Möglichkeiten suchen, flexibler und agiler zu sein, obwohl sie in einer verteilten Umgebung arbeiten. Ich biete zwar einige Grundlagen zu agiler Entwicklung an, es ist jedoch hilfreich, wenn Sie sich das Grundwissen auf diesem Gebiet angeeignet haben.

Für diejenigen, die bereits mit agiler Entwicklung vertraut sind und diese in einer lokalen Umgebung anwenden, aber unsicher sind, wie Agilität in einer verteilten Umgebung gelebt werden kann – präsentiert dieses Buch eine Leitlinie zur Anpassung der Agilität an solch eine Umgebung.

Ich gehe davon aus, dass Sie ein sogenannter Change Agent sind. Also jemand, der Veränderungen forcieren und von beiden Welten profitieren möchte – der agilen und der verteilten. Als Change Agent arbeiten Sie vermutlich in einem verteilten Team als Projektleiter, Prozess-Coach, Kundenvertreter, Berater oder Entwickler. Dieses Buch wird darüber hinaus für Sie von Interesse sein, wenn Sie:

- agile Methoden in verteilten Projekten erfolglos ausprobiert haben,
- agile Methoden in verteilten Projekten erfolgreich eingesetzt haben,
- agile Methoden bisher nicht in verteilten Projekten verwendet haben, dies aber planen,
- fest an die Agilität glauben, jedoch starke Zweifel an deren Erfolg in einer verteilten Umgebung haben.

1.1.3   Was dieses Buch nicht beinhaltet

In vielen bislang erschienenen Büchern finden Sie Ratschläge zu Sinn und Unsinn des Einsetzens von z.B. Offshoring. Dieses Buch behandelt dieses Thema nicht. Es setzt Verteilung als gegeben voraus[1] und stellt sie nicht infrage, auch aus demselben Grund, den Jan-Erik Sandberg und Lars Arne Skår in [SandbergSkår07] angeben:

Offshoring ist hier und bleibt hier. Wir müssen damit leben und versuchen das Beste daraus zu machen.

Eine derartige Entscheidung lässt Sie mit der Frage zurück, wie Sie trotz eines verteilten Teams agil sein können. Die Antworten auf diese Frage werden Sie in diesem Buch finden.

Auch werde ich nicht über Ängste des Arbeitsplatzverlustes sprechen, die einige Menschen an ihren Heimatstandorten aufgrund von Offshoring bewegen. Ich werde jedoch zur Sprache bringen, inwiefern sich die Arbeit an den verschie-

---

1.   Bücher, die solche Ratschläge erteilen, sind zum Beispiel [Corbett04], [Friedman05], [LacityWillcocks01], [Nicklisch08] und [ThondavadiAlbert04].

denen Standorten ändern wird und wie man über mehrere Standorte (und eventuell sogar Kontinente) hinweg effektiv zusammenarbeiten kann.

1.2 Fahrplan für das Buch

Zur optimalen Nutzung dieses Buches habe ich einen Überblick zusammengestellt, der Ihnen als Fahrplan dienen kann:

- **Kapitel 2, Agilität und verteilte Projekte,**
  legt die Basis für das Verständnis von sowohl verteilter als auch agiler Softwareentwicklung. Dieses Kapitel erläutert, wodurch sich ein verteiltes Projekt auszeichnet und was ein agiles Projekt charakterisiert. Des Weiteren zeigt es, welchen Einfluss die agilen Prinzipien auf die verteilte Entwicklung haben.

- **Kapitel 3, Teambildung,**
  bietet Erläuterungen, wie Teams in einer verteilten agilen Umgebung strukturiert sein sollten. Ich werde erklären, inwiefern Featureteams Ihr Projekt in die Lage versetzen, immer den höchsten Geschäftswert während der Projektlaufzeit zu liefern. Die Gewährleistung von konzeptioneller Integrität mit Featureteams und Projektrollen stellt in diesem Kapitel das Hauptthema.

- **Kapitel 4, Kommunikation und Vertrauen,**
  spricht über das Entstehen vertrauensvoller Beziehungen zwischen den Standorten und die Wichtigkeit des gegenseitigen Respekts unter allen Projektmitarbeitern. Da Vertrauen Kontakt erfordert, werde ich aufzeigen, wie Sie durch standortübergreifende Kommunikation trotz der Distanz Nähe schaffen können. Schlussendlich betrachtet dieses Kapitel, welche Auswirkungen die kulturellen Unterschiede auf Kommunikation und Vertrauen haben.

- **Kapitel 5, Standorte in Verbindung halten,**
  konzentriert sich auf die speziellen Rollen und Verantwortlichkeiten, die zur Wahrung einer guten Arbeitsbeziehung zwischen allen Standorten beitragen. Sehr hilfreich sind dafür Personen, die die Rolle des Kommunikationsvermittlers übernehmen und zu allen Standorten reisen, und Botschafter, die ihren Heimatstandort an einem fremden Standort repräsentieren. Sozialkontakte und virtuelle Werkzeuge ermöglichen eine dauerhafte Verbindung zwischen den Standorten.

- **Kapitel 6, Entwickeln und Ausliefern,**
  erläutert die agilen Entwicklungszyklen, die Planung kurzfristiger Iterationen und langfristiger Releases. Da der Fokus auf der Auslieferung eines kohärenten Systems liegt, werden in diesem Kapitel neben dem Thema Infrastruktur auch die Themen Integration und Build in verteilten Umgebungen vertieft.

■ **Kapitel 7, Der Geschäftswert ist das Ziel,**
präsentiert, wie die Entwicklung über Features ausgesteuert und dabei immer
der höchstmögliche Geschäftswert zu jedem Zeitpunkt priorisiert wird. Sie
müssen die Projekt- bzw. Entwicklungsgeschwindigkeit kennen, um eine Aussage über zeitlich präzise Lieferungen treffen zu können. Diese kann zur Planung und Nachverfolgung sowohl der Iterationen als auch des Projektplans
verwendet werden. Darüber hinaus thematisiert dieses Kapitel, wie wir mit
geänderten Anforderungen umgehen und trotzdem in der Lage sind, regelmäßig zu liefern und dabei weiterhin den höchsten Geschäftswert im Fokus zu
behalten.

■ **Kapitel 8, Feedback,**
stellt den Kunden und sein Feedback in den Vordergrund. Es wird aufgezeigt,
wie der Iterationsrückblick zur Erhaltung von Feedback über das echte System verwendet werden kann und inwiefern Retrospektiven zur ständigen
Prozessverbesserung beitragen. Außerdem werden verschiedene Metriken
vorgestellt, die Ihnen im Hinblick auf Fortschritts- und Qualitätsmessung
Hilfestellungen geben.

■ **Kapitel 9, Praktiken,**
unterstreicht Entwicklungs- und Prozesspraktiken, die Ihnen helfen, agil zu
bleiben. Ebenso werden Techniken dargelegt, die Sie dabei unterstützen,
Praktiken an Ihre Bedürfnisse anzupassen bzw. neue Praktiken zu entwickeln.
Beides wird dazu beitragen, dass Sie eine Entwicklungskultur in Ihrem Projekt etablieren und bewahren. Inwiefern CMMI dabei behilflich oder hinder-
lich ist, klärt dieser Abschnitt.

■ **Kapitel 10, Agilität in ein verteiltes Projekt einführen,**
erklärt, wie man mit Agilität in einer verteilten Umgebung startet. Wenn Sie
mit einem neuen Projekt beginnen, empfehle ich, lokal zu starten und glo-
bal/verteilt zu wachsen. Wir werden betrachten, wie Sie sowohl die Teams als
auch die Projektstandorte vergrößern können. Abschließend finden Sie eine
Erläuterung zur Einführung einer agilen Vorgehensweise in ein bereits laufendes Projekt.

Am Ende des Buches finden Sie ergänzend ein Glossar und Referenzen mit Hinweisen zu weiterführender Literatur in Form von Artikeln, Büchern und URLs.

2 Agilität und verteilte Projekte

Alle Dinge sind miteinander verbunden.

Rede des Indianerhäuptlings Seattle

2.1 Verteilte Entwicklung verstehen

Mein Supermarkt an der Ecke warb neulich mit der folgenden Anzeige:

Computer-Spezialisten findet man in Indien.
Lebensmittel-Spezialisten direkt um die Ecke.

Daraus kann man die Vorstellung (oder das Missverständnis) ableiten, dass man hier für IT keine Experten benötigt, jedoch aber für Lebensmittel. Ich möchte gar nicht für irgendeine Seite Partei ergreifen (zumal es vermutlich auch in Indien Lebensmittel-Spezialisten gibt), auf alle Fälle ist es um einiges einfacher, lokal nach Experten Ausschau zu halten als global. Natürlich ist gerade das häufig ein Grund für das Aufsetzen eines verteilten Projekts, da man oftmals sogar darauf angewiesen ist, an mehr als einer Stelle nach talentierten Leuten zu suchen. Will man jedoch mit einem verteilten Projekt erfolgreich sein, gilt es, mehr zu tun, als sich lediglich Experten von überall zusammenzusuchen. Klar, des Öfteren wird auch die Meinung vertreten, dass die Entscheidung für ein (global) verteiltes Projekt lediglich bedeutet, dass dieses Projekt im Falle eines Scheiterns einfach ein billigerer Fehlschlag wird, als wenn dieses Projekt lokal durchgeführt werden würde. Wenn das tatsächlich Ihr Ziel sein sollte – dann reicht es aus, sich lediglich nach (günstigen) Arbeitskräften umzuschauen.

Wie im Supermarkt brauchen Sie auch als Kunde zumindest einen lokalen Kontakt, um tatsächlich an Ihr Essen zu kommen. Und ebenfalls vergleichbar mit der Nahrungskette sind immer mehrere Orte involviert. Jedoch bedeutet Verteilung, dass im Prinzip nichts mehr lokal ist. Verteilte Softwareentwicklung kann mehrere Standorte, in sich verteilte – verstreute – Teams, Beteiligung mehrerer Firmen und Off-site-Kunden implizieren.

2.1.1   Beteiligung mehrerer Entwicklungsstandorte

Typischerweise sind bei verteilter Entwicklung mehrere Entwicklungsstandorte beteiligt. Deshalb ist es nicht damit getan, dass man einfach ein paar Experten irgendwo lokalisiert, sondern man muss stattdessen überall nach Experten suchen und dann deren Wissen virtuell zusammenbringen. Diese Experten sind meist über mehrere Länder verstreut.

Die meisten Schwierigkeiten sind genau auf diesem Szenario begründet. Die Experten müssen über verschiedene Standorte hinweg zusammenarbeiten. Doch diese Kooperation wird umso schwieriger, je mehr dieser Standorte sich auch noch über mehrere Länder verteilen, da dann die unterschiedlichen Kulturen, Zeitzonen, Sprachen usw. die Zusammenarbeit zusätzlich erschwert.

2.1.2   Verteilte und verstreute Teams

Verteilte Entwicklung bedeutet im Kern, dass mehrere Teams über mehrere Standorte verteilt sind. Teams können dabei auf zweierlei Arten verteilt sein:

- **Verteilte Teams** (englisch: distributed team)
  Das bedeutet, dass sich zum Beispiel ein Team in Indien befindet und ein anderes in den USA. In diesem Fall würde die Entwicklung von zwei Teams bewerkstelligt werden, wobei die Teamgrenzen durch die unterschiedlichen Standorte definiert werden. An jedem Standort arbeitet beispielsweise ein Team an einem Teilsystem.

- **Verstreute Teams** (englisch: dispersed team)
  Ein Team kann auch in sich verteilt sein. Dies ist dann der Fall, wenn sich beispielsweise ein Teammitglied in Indien befindet, ein anderes in Nordirland, ein drittes in den USA, und das vierte sitzt in Russland, aber alle vier arbeiten zusammen in einem Team. Im vorliegenden Fall wird die Entwicklung von einem Team durchgeführt, dessen Teammitglieder über mehrere Standorte verstreut sind. Weder werden Teamgrenzen noch Teilsysteme über die Standorte definiert.

Meistens findet man in großen verteilten Projekten einen Mix von einigen klassisch verteilten Teams, wobei komplette Teams an verschiedenen Standorten sitzen, und einigen verstreuten Teams, bei denen die Teammitglieder über mehrere Standorte verstreut sind.

Zur Sicherstellung der Kommunikation unter allen Teammitarbeitern verlangt ein verstreutes Team einen hohen Koordinierungsaufwand, selbst wenn es sich dabei um ein kleines Team handelt. Der größte Aufwand muss in das Selbstverständnis des Teams gesteckt werden – das heißt, dass sich die individuellen Teammitglieder tatsächlich als ein Team verstehen und gemeinsam das gleiche Ziel anvisieren.

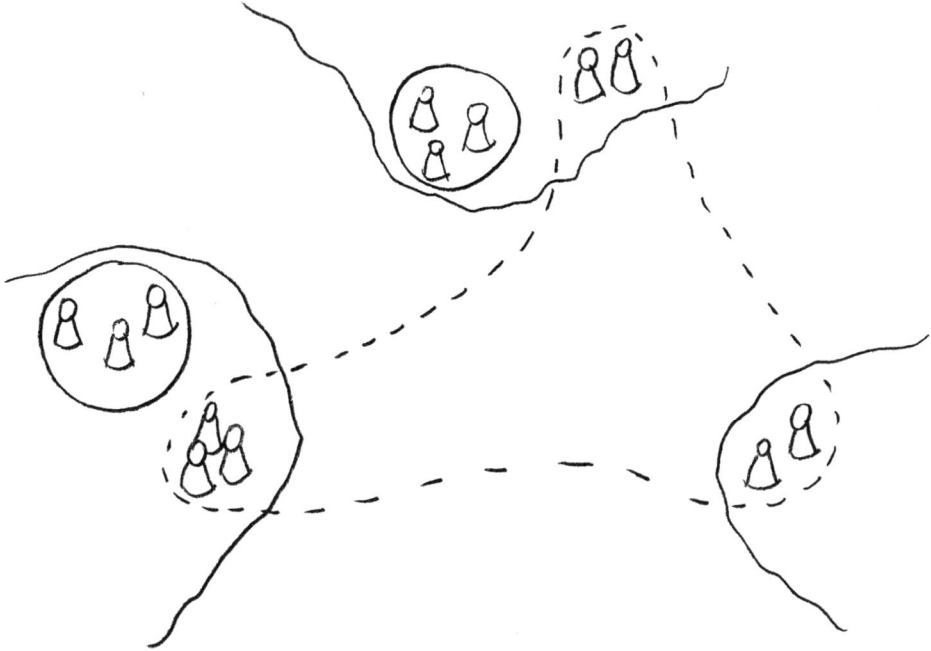

Abb. 2–1   *Verstreute Teams*

2.1.3   Große Projekte

Die meisten verteilten Projekte sind etwas größer. Wie ich in [Eckstein04] erläutere, gibt es mehrere Dimensionen, die die Größe eines Projekts beeinflussen. Diese Dimensionen spielen in verteilten Projekten eine wichtige Rolle: zum Beispiel die Dimension der Personenanzahl – in den meisten verteilten Projekten ist mehr als ein Team involviert. Oder die Dimension der Dauer – es gibt kaum ein verteiltes Projekt, das lediglich drei Monate dauert. Der Aufwand, eine verteilte Umgebung aufzusetzen, ist dafür einfach zu hoch.

Allerdings gibt es auch einige verteilte Projekte, die nicht groß, aber dafür sehr stark verstreut sind. In diesen Projekten sitzt nahezu jedes Teammitglied weit voneinander entfernt an einem anderen Ort der Welt.

Große Projekte implizieren immer schon eine Menge Risiken. Eines davon ist die Koordination der verschiedenen Mitarbeiter und der Teams. Ein anderes Risiko ist, dass das Projekt trotz seiner Größe und dem damit verbundenen Overhead flexibel und effizient bleibt. Dazu gehört, dass alle Projektmitarbeiter das gleiche große Gesamtbild über das Projekt im Kopf haben.

2.1.4   Beteiligung verschiedener Firmen

In vielen verteilten Entwicklungen sind mehr als eine Firma beteiligt. Einige Firmen kaufen dabei die Firma des anderen Entwicklungsstandorts, mit der sie zusammenarbeiten wollen, oder sie gründen direkt ein Tochterunternehmen dort. Auf diese Weise setzen diese Unternehmen auf eine dauerhafte Kooperation und betrachten verteilte Entwicklung als eine langfristige Strategie. Andere Firmen sehen in der verteilten Entwicklung eine Chance, sich auf ihre Kernkompetenzen zu konzentrieren und peripheres Fachwissen an andere Firmen auszulagern. Für wieder andere ist die verteilte Entwicklung ganz einfach eine Möglichkeit, besser an verschiedene Fachkenntnisse heranzukommen und sich nicht nur auf fähiges Personal in ihrer Region zu beschränken.

Die Beteiligung verschiedener Firmen erfordert eine Menge Arbeit hinsichtlich des Aufbaus einer guten und vor allem vertrauensvollen Beziehung zwischen den verschiedenen Unternehmen. Obwohl natürlich auch bei verschiedenen Tochterunternehmen gegenseitiger Respekt fehlen kann, so ist es doch hauptsächlich bei unterschiedlichen Unternehmen zu beobachten. Normalerweise werden Verträge verwendet, um das Vertrauen zwischen den beteiligten Firmen zu untermauern. Der Vertrag dient dazu, im Detail zu klären, was die zwei (oder mehr) Parteien voneinander erwarten, speziell im Fall, dass etwas schiefläuft.

Ein Vertrag ist jedoch als formales Mittel nur beschränkt tauglich, da er nur einen Schutz vor einem möglichen Vertrauensverlust für die beteiligten Parteien suggeriert, indem für den entsprechenden Fall mit Strafen gedroht wird. Obwohl die Absicht des Vertrages die Begründung einer erfolgreichen und vertrauensvollen Geschäftsbeziehung ist, kann ein Vertrag nie das Mittel sein, um tatsächlich solch eine vertrauensvolle Verbindung *herzustellen und zu bewahren*, wie sie für eine erfolgreiche Zusammenarbeit notwendig ist.

Auf keinen Fall habe ich die Absicht vorzuschlagen, dass Sie ohne Vertrag solch eine Zusammenarbeit starten sollten, vielmehr möchte ich hervorheben, dass es viel mehr als einen Vertrag braucht, um eine erfolgreiche Beziehung zu etablieren. Lean (z.B. [Liker04] oder [Poppendieck03]), eine der Wurzeln agiler Entwicklung, favorisiert partnerschaftliche Beziehung, wie auch Carsten Ruseng Jakobsen von Systematic anmerkt:

Toyota hat z.B. bewiesen, dass es auf lange Sicht profitabler ist, Subunternehmer als Partner zu behandeln, als ständig den günstigsten Preis zu erstreben. Ich glaube, dass viele Outsource-Projekte die gleiche Herausforderung haben. Obwohl man einen Vertrag zwischen den verschiedenen Teilen des Projekts hat, möchte man trotzdem, dass das gesamte Projekt gemeinsam auf die gleiche Vision hinarbeitet.

2.1.5   Verschiedene Strukturen

Verteilte Projekte können unterschiedlich strukturiert sein. Jede dieser Strukturen bedeutet eine unterschiedliche Herausforderung bezüglich der Etablierung einer engen Zusammenarbeit und damit einer erfolgreichen Verbindung. In der Fachsprache wird zwischen folgenden Strukturen unterschieden:

■ **Offshore Outsourcing**
Bei Offshore Outsourcing lagert die einheimische Firma alle oder Teile ihrer Softwareentwicklungsaktivitäten an einen fremden Anbieter auf einem anderen Kontinent aus. Das heißt, die Onshore- und die Offshore-Firmen sind unterschiedliche Unternehmen. Die juristischen Verhandlungen zur Vertragsgestaltung erfordern für diese Art der Zusammenarbeit große Aufmerksamkeit. Nach Shao und Smith David (siehe [ShaoSmithDavid07]) gewinnt Offshore Outsourcing mehr und mehr an Bedeutung.

■ **Offshore Insourcing**
Wenn eine Firma auf einem anderen Kontinent ein Tochterunternehmen gründet oder eine andere Firma aufkauft, spricht man von Offshore Insourcing. Folglich ist in diesem Fall nur ein Unternehmen involviert, allerdings ist dieses Unternehmen selbst über den Globus verteilt. Die meisten großen multinationalen Firmen wie GE, Schlumberger, IBM oder SAP verfolgen diese Strategie, z.B. um damit auch eine Marktpräsenz im Ausland zu etablieren.

■ **Onshore Outsourcing**
Bei Onshore Outsourcing werden Teile der Entwicklungsaktivitäten von einer anderen Firma durchgeführt. Diese Firma sitzt auf dem gleichen Kontinent, oft sogar im gleichen oder zumindest in einem benachbarten Land. Hierbei handelt es sich zwar nicht um globale, jedoch ebenfalls um verteilte Entwicklung. Im Gegensatz zu globaler Entwicklung kommen Themen wie kulturelle Unterschiede nicht so zum Tragen, aber auch das trifft nicht immer zu. Denn diese Differenzen können ihre Ursache auch in den unterschiedlichen Unternehmenskulturen haben. Die größte Gemeinsamkeit liegt jedoch darin, dass die Entwickler – Programmierer, Tester, Datenbankadministratoren usw. – oder generell die Teammitglieder nicht an einem Ort zusammenarbeiten. Deshalb tauchen bei Onshore-Outsourcing-Aktivitäten vielfach die gleichen Themen auf wie bei globalen Projekten. Nach Shao und Smith David (siehe [ShaoSmithDavid07]) basieren die meisten Outsourcing-Verträge auf der Strategie des Onshore Outsourcing.

■ **Nearshoring**
Hierbei gibt es die Kombinationen sowohl mit Insourcing als auch mit Outsourcing. Der Unterschied zu den vorangegangenen Strukturen ist nur, dass hierbei die Firma, mit der man zusammenarbeitet, zwar auf dem gleichen Kontinent zu Hause ist, allerdings nicht im gleichen Land. Ein Beispiel wäre

eine deutsche Firma, die Teile ihrer Entwicklungsaktivitäten nach Ungarn auslagert.

Ich werde mich kaum auf diese unterschiedlichen Strukturen beziehen, und zwar ganz einfach deshalb, weil selten eine dieser Strukturen für sich alleine steht. Stattdessen werden Projekte oft mit einem Mix aus all den oben genannten Strukturen aufgesetzt.

2.1.6   Weit entfernte Kunden

Bei manchen Projekten befindet sich der Kunde an einem anderen Ort oder sogar im Falle mehrerer Kunden an mehreren anderen Orten als der Dienstleister oder das Unternehmen, das die Realisierung durchführt.

Hier besteht die größte Schwierigkeit für den Dienstleister darin, die Anforderungen zu verstehen. Dies ist schon nicht einfach, wenn der Kunde nebenan sitzt, aber es wird umso schwieriger, je weiter der Kunde hinsichtlich physicher Distanz, Kultur und Sprache entfernt ist. Wenn die Anforderungen nicht klar sind, sollte der Dienstleister versuchen, ein besseres Verständnis zu entwickeln, indem er kurze Feedback-Schleifen etabliert, über die entweder die Anforderung verbal oder anhand des aktuellen Systems geklärt wird. Allerdings ist auch dieses Vorgehen schwieriger, wenn die Kunden weit entfernt sind, da man dann einen Mechanismus finden muss, das Feedback vom Kunden über die physische Distanz einzuholen.

Ein ähnlicher Effekt kann beobachtet werden, wenn es nur darum geht, dass die Software später in mehreren Ländern zum Einsatz kommen soll[1]. Das bedeutet nicht nur, dass bereits während der Entwicklung die Internationalisierung des Systems eine große Rolle spielt, sondern auch dass unterschiedliche legale Anforderungen in den verschiedenen Ländern und verschiedene Endbenutzer mit unterschiedlichem kulturellem Hintergrund berücksichtigt werden müssen.

2.1.7   Zentrale Koordinierung oder globale Integration

Erran Carmel von der American University, hat in seinem Buch »Global Software Teams« drei evolutionäre Stufen in der Entwicklung globaler Zusammenarbeit identifiziert. Ihm zufolge sind die meisten Unternehmen nach wie vor auf der Stufe II (wobei Stufe I die Entwicklung an einem Standort, d.h. keine globale Zusammenarbeit, beschreibt). Auf dieser zweiten Stufe sind mehrere Standorte involviert, aber diese werden alle von der Zentrale aus koordiniert und kontrolliert, daher auch der Name: zentrale Koordinierung. Auf der Stufe III sind die entfernten Standorte alle selbstverantwortlich und werden nicht von der Zentrale kontrolliert. Das heißt, die Koordinierung funktioniert wie ein Netzwerk. Aller-

---

1.   Dank an Rachel Davies für diesen Hinweis.

dings stehen laut Erran Carmel (siehe [Carmel99, S. 138]) momentan nur wenige Unternehmen an der Schwelle zur Stufe III, auf der

> *[...] verschiedene entfernte Entwicklungsstandorte von größerer Verantwortung für einen Aufgabenbereich ausgehen und einige Aktivitäten untereinander koordinieren, ohne alle Entscheidungen durch die Zentrale zu schleusen.*

Heutzutage sind die meisten Unternehmen auf der Stufe I oder II, und diese Firmen verfolgen momentan eine Unternehmenspolitik, die sie meist daran hindert, die Stufe III zu erreichen. Dazu gehört, dass sie das obere Management für ein Produkt an einem Standort bündeln und dieser Standort darüber hinaus oft auch dem Hauptsitz des Unternehmens entspricht.

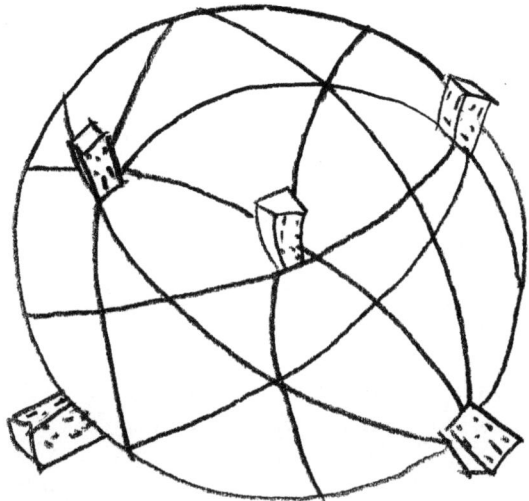

Abb. 2–2   *Globale Integration*

2.1.8   Distanz überwinden

Es wurde wohl deutlich, dass verteilte Entwicklung viel mehr impliziert, als nur einige (billige) Experten irgendwo in der Welt zu finden. Stattdessen müssen, um im verteilten Umfeld erfolgreich zu sein, die oben genannten Verwicklungen – Beteiligung mehrerer Entwicklungsstandorte, große Projekte, verschiedene Unternehmen, die interagieren müssen, als auch entfernte Kunden – adressiert werden. Die größte Herausforderung ist es, trotz der physischen Distanz eine Nähe zu schaffen.

2.2   Agilität verstehen

Als die ersten Dilbert Comics über Agilität veröffentlicht wurden, wurde klar,
dass Agilität kein Hype mehr ist, sondern dass Agilität langsam, aber sicher den
Massenmarkt erreicht hat – denn ansonsten hätte es sich nicht gelohnt, einen Dilbert Comic zu kreieren. Wie in anderen Bereichen stellen auch die agilen Dilberts
eine gute Mischung aus typischen Missverständnissen, falschen Erwartungen und
merkwürdigen Interpretationen dar. Diese Mischung möchte ich nachfolgend
adressieren.

Agilität ist ein Wertesystem, das über das Agile Manifest (siehe [AgileMani-
festo]) definiert wird. Dieses Manifest basiert auf zwölf Prinzipien, die definiert
wurden, um das dazugehörige Wertesystem zu untermauern[2]. Das heißt, agile
Entwicklung ist mehr als nur eine spezielle Methode wie Extreme Programming
(siehe [ExtremeProgramming]) oder Scrum (siehe [Scrum])[3]. Der erste deklarierte
Wert im Manifest betont sogar »*Individuen und Interaktionen sind wichtiger als
Prozesse und Werkzeuge*« – was selbstverständlich auch agile Prozesse ein-
schließt. Folgerichtig muss das Team dafür sorgen, dass der eingesetzte Entwicklungsprozess die eigenen Bedürfnisse so gut wie möglich unterstützt. Um dies zu
tun, bieten die Prinzipien des Manifests eine gute Orientierungshilfe für die
Modifizierung und Anpassung des Prozesses.

2.2.1   Wertesystem

Das Agile Manifest ist ein Wertesystem, das als Leitlinie bei der Anwendung von
Agilität dient, und zwar unabhängig davon, welcher spezifische Prozess eingesetzt wird. Der Kern des Manifests vergleicht mit vier Aussagen jeweils zwei
Werte und argumentiert, obwohl jeder dieser Werte generell als wertvoll erachtet
wird, dass der erste Wert im Sinne der Agilität eine größere Wichtigkeit besitzt als
der zweite.

■ **Individuen und Interaktionen sind wichtiger als Prozesse und Werkzeuge.**
Diese Aussage respektiert die Tatsache, dass die wichtigsten Kriterien für
einen Projekterfolg oder -misserfolg die an diesem Projekt beteiligten Menschen und die Art ihrer Zusammenarbeit sind. Prozesse und Werkzeuge werden als wertvoll erachtet – ansonsten würden wir gar nicht über (agile) Prozesse diskutieren, und die agile Gemeinschaft hätte wohl nicht so viele
Werkzeuge erfunden (Frameworks für Unit Tests, Integrations- und Konfigu-
rationswerkzeuge u.a.) –, aber wenn die Projektmitglieder nicht zusammen im
Team arbeiten, sind die besten Prozesse und Werkzeuge auch nicht weiter hilfreich.

2. Das Manifest wird hervorragend erklärt in [Cockburn06] und in [BleekWolf08] und seine
    Bedeutung für große Projekte in [Eckstein04].
3. Eine sehr gute Einführung in Extreme Programming bietet [Wolf+05] und in Scrum [Pichler08].

■ **Lauffähige Software ist wichtiger als umfangreiche Dokumentation.**
Diese Aussage wird vermutlich am häufigsten missverstanden. Menschen, die mit der agilen Entwicklung nicht vertraut sind, verstehen diese Aussage oft dahingehend, dass es in agilen Projekten keine Dokumentation gibt. Aber in der gleichen Art wie Prozesse und Werkzeuge eine wichtige Rolle spielen, so spielt auch die Dokumentation eine wichtige Rolle. Allerdings drückt dieser Wertevergleich aus, dass lauffähige Software der kritische Erfolgsfaktor für die Entwicklung ist. Dokumentation kann zur Unterstützung oder zum besseren Verständnis der lauffähigen Software notwendig sein, aber sie kann und sollte nicht als Selbstzweck dienen.

■ **Zusammenarbeit mit dem Kunden ist wichtiger als Vertragsverhandlungen.**
Obwohl ein Vertrag benötigt wird, unterstreicht diese Aussage, dass dieser Vertrag nie ein Ersatz für eine gute Beziehung zum Kunden sein kann. Um erfolgreich ein Produkt zu entwickeln, ist ein regelmäßiger Austausch mit dem Kunden unabdingbar.

■ **Auf Änderungen reagieren ist wichtiger, als einem Plan zu folgen.**
Diese letzte Aussage weist darauf hin, dass es wichtiger ist, mögliche Änderungen in Kauf zu nehmen – speziell in Form von Anforderungsänderungen –, als stur einen Plan zu verfolgen, den man vor einiger Zeit entworfen hatte. Wir akzeptieren, dass sowohl der Kunde als auch das Projektteam über die Zeit dazulernen werden, und wir wollen dieses Gelernte berücksichtigen, indem wir es in die weitere Entwicklung einfließen lassen. Wenn in dem fertigen Produkt all das umgesetzt wurde, was der Kunde und wir am Anfang geplant haben, nicht aber das, was wir später herausgefunden haben und was wirklich benötigt wird, dann ist das Produkt mit Sicherheit ein Misserfolg.

Ich möchte noch darauf hinweisen, dass dieses Wertesystem weder erfordert, dass das Team zusammensitzt, noch wird hier verteilte Entwicklung ausgeschlossen.

2.2.2   Systemische Vorgehensweise

Agile Entwicklung verfolgt einen systemischen Ansatz, der durch einen Regelkreis unterstützt wird. Dieser Regelkreis besteht aus den folgenden Schritten:

■ **Planen**
In diesem ersten Schritt planen wir die nächsten Aktivitäten. Dabei handelt es sich meist um eine kurzfristige Planung, indem beispielsweise die nächste Iteration geplant wird, aber es kann sich auch um eine langfristige Planung handeln, um zum Beispiel das nächste Release aufzusetzen.

■ **Machen**
In dem zweiten Schritt führen wir die Aktivitäten durch, die wir im ersten Schritt geplant haben.

■ **Überprüfen**
Der dritte Schritt dient zur Überprüfung bzw. Analyse des Ergebnisses und wie die Durchführung der Aktivitäten funktioniert hat. Hat alles wie geplant funktioniert? Gab es etwas, das besonders gut funktioniert hat, sodass es gut wäre, wenn wir uns dieses Vorgehen merken? Gab es etwas, das gar nicht funktionierte, und wir müssen uns deshalb für die Zukunft ein anderes Vorgehen überlegen?

■ **Anpassen**
Basierend auf dem Ergebnis des vorherigen Schrittes definieren wir, welche Änderungen vorgenommen werden müssen, um in Zukunft besser zu werden. Als Resultat entscheiden wir über die notwendigen nächsten Aktionen.

Der letzte Schritt in diesem Regelkreis dient als Input für den ersten Schritt in der nächsten Runde. Folglich werden bei der nächsten Planung die Aktionen, die im letzten Schritt der letzten Runde beschlossen wurden, berücksichtigt.

2.2.3   Risikoreduzierung

Eine grundlegende Idee eines agilen Projekts besteht darin, nicht nur am Projektende, sondern frühzeitig und regelmäßig ein lauffähiges System zu liefern. Um dies zu tun, wird die Lebenszeit des Projekts in Entwicklungszyklen gegliedert. In einem größeren Zyklus, genannt Release, wird ein Featurebündel (englisch: feature pack) fertiggestellt. Der kleinere Zyklus dient der Organisation von kleineren Segmenten, aber auch der Lieferung von kleineren Funktionalitäten. Dieser kleinere Zyklus wird Iteration[4] genannt. Beide, Release und Iteration, haben als Ergebnis eine Lieferung bzw. ein (potenziell) lieferbares Produkt.

Der größte Vorteil einer derartigen Vorgehensweise ist die große Risikoreduzierung durch hohe Sichtbarkeit und Transparenz: Dadurch, dass man immer ein lauffähiges System hat, regelmäßig Rückmeldungen vom Kunden und über Tests erhält, und den Fortschritt, den man mit jedem Inkrement macht, nicht auf Papier, sondern anhand eines realen Systems sieht, erhält man einen realistischen aktuellen Projektstatus. Dieser realistische und aktuelle Projektstatus ermöglicht es, Entscheidungen bezüglich weiterer Lieferungen und notwendiger Aktionen zu treffen. Wenn beispielsweise im schlechtesten Fall festgestellt wird, dass der Kunde mit dem System nicht zufrieden ist und es auch unmöglich ist, das System wieder in die richtige Richtung zu drehen, dann besteht immerhin noch die Möglichkeit, das Projekt gleich und damit frühzeitig zu stoppen, und nicht erst, wenn das ganze Geld ausgegeben (bzw. verbrannt) wurde.

---

4.   In Scrum wird eine Iteration Sprint genannt. Ich persönlich ziehe den Begriff Iteration vor, da der Begriff Sprint, so wie er im Sport verwendet wird, zur völligen Erschöpfung führt, wozu eine Iteration niemals führen sollte.

2.2.4   Agil: Nicht notwendigerweise produktiver

Manchmal kommt mir das Argument zu Ohren, dass durch den Einsatz einer agilen Vorgehensweise ein Entwicklungsteam wesentlich produktiver sei, als wenn dieses Team eine andere Vorgehensweise verfolgen würde. Das kann gegebenenfalls durchaus der Fall sein, muss aber nicht. Agile Entwicklung verlangt von einem Team, dass es häufig ein lauffähiges System liefert. Diese Häufigkeit wird über die Iterationen definiert, die eine Zeitspanne von einer bis vier Wochen umfassen. Das lauffähige System andererseits wird über die Benutzbarkeit durch den Kunden definiert. Das heißt, dadurch dass alle zwei Wochen ein lauffähiges benutzbares System zur Verfügung gestellt wird, stellt ein agiles Team die Maximierung des Geschäftswerts für den Kunden sicher.

Folglich kann ein Kunde die Entscheidung treffen, mit dem System früher als geplant in Produktion zu gehen. Darüber erlangt der Kunde einen Marktvorteil. Aber das bedeutet nicht zwangsläufig, dass das Projekt als Ganzes, das heißt die Gesamtfunktionalität, früher fertig ist als mit einer anderen Vorgehensweise, sondern eben nur, dass einige Funktionalitäten früher im Markt genutzt werden können. Im Gegenteil kann eine frühere Markteinführung auch Mehraufwand verursachen, da man ab diesem Moment rückwärtskompatibel sein muss.

2.2.5   Mehr als nur Praktiken

Agilität wird in der Praxis häufig weniger als Wertesystem sondern mehr als eine Sammlung von Praktiken wahrgenommen. Doch Vorsicht, Agilität ist mehr als solch eine Sammlung. Immer wieder stelle ich fest, dass Leute eine bestimmte Praktik mit Agilität verwechseln. Praktiken, wie zum Beispiel Pair Programming oder testgetriebene Entwicklung – beide bekannt von Extreme Programming –, sind hervorragende Hilfsmittel, um das agile Wertesystem zu bewahren. Allerdings haben diese Praktiken nicht die Macht, dieses Wertesystem zu etablieren. So kann man beispielsweise erfolgreich paarweise programmieren und weiterhin einen linearen Entwicklungsprozess (Wasserfall) einsetzen.

2.2.6   Weder chaotisch noch undiszipliniert

Vielfach wird Agilität mit »undiszipliniert« gleichgesetzt. Dieses Verständnis setzt eine agile Vorgehensweise mit einem Ad-hoc-Vorgehen gleich, für das keinerlei Planung benötigt wird und bei dem jeder einfach nach seinen Vorstellungen arbeitet. Manchmal wird der Begriff »agil« auch als Entschuldigung für eine mangelnde Vorbereitung benutzt. Beispielsweise wenn jemand, um einen Workshop zu leiten oder einen Vortrag zu halten, mit der Vorbereitung zu spät dran ist, bleibt ihm typischerweise nichts anderes übrig, als den Workshop oder Vortrag ad hoc zu gestalten. Da ist dann schnell das Argument zur Hand, dass sie doch agil seien und sie deswegen weder planen noch sich vorbereiten müssten. Allerdings entspricht das genaue Gegenteil der Wahrheit – Agilität bedarf einer Menge Planung, und um es noch deutlicher zu machen: Verglichen mit einer linearen Vorgehensweise erfordert eine agile wesentlich mehr Planung. Dies bringt auch Lise B. Hvatum von Schlumberger[5] zum Ausdruck:

> *Agilität ist höchst diszipliniert und schwieriger – erfordert eine höhere – Reife als Wasserfall.*

Der Grund liegt darin, dass bei der agilen Vorgehensweise anders als bei einer linearen das eigentliche Artefakt, also der Plan selbst, relativ unwichtig ist, im Gegensatz dazu ist jedoch die Aktivität, das Planen, essenziell. Carsten Ruseng Jakobsen[6] von Systematic denkt darüber wie folgt:

> *[...] der Unterschied zwischen einem (alten) Managementstil (Taylorismus – die Manager wissen alles am besten) und Lean Jidoka[7], was auf Vertrauen, Empowerment und positiver Überzeugung basiert, ist, dass die Leute, die den Prozess verwenden, auch diejenigen sind, die ihn am besten verbessern können.*

Das bedeutet, dass man sich ständig der aktuellen Situation anpassen muss, was häufig erfordert, dass man immer wieder den aktuellen Plan ändern muss, damit das neu Erlernte mit einfließen kann bzw. der Plan sich an der neuen Situation ausrichtet.

2.3 Einfluss agiler Prinzipien auf verteilte Entwicklung

Das Wertesystem des Agilen Manifests wird durch die sogenannten agilen Prinzipien untermauert. Damit stellen die agilen Prinzipien einen weiteren Detaillierungsgrad des Agilen Manifests dar und geben Anhaltspunkte zum Einsatz einer agilen Vorgehensweise bzw. sie bieten die Grundlage für die agilen Praktiken. Nachfolgend untersuche ich den Einfluss, den die zwölf agilen Prinzipien[8] auf die verteilte Entwicklung haben.

■ **Stelle den Kunden durch frühzeitige und regelmäßige Lieferungen nützlicher Software zufrieden:**
Das erfordert, dass auch verteilte Projekte häufig einen Wert liefern müssen – dies ist jedoch nur möglich, wenn alle Standorte zusammenarbeiten und die Kundenwünsche entsprechend berücksichtigen.

---

5. Private Unterhaltung mit Lise B. Hvatum (Übersetzung der Autorin, auch im Nachfolgenden).
6. Private Unterhaltung mit Carsten Ruseng Jakobsen.
7. Lean Jidoka bedeutet, alle Mitarbeiter haben die Verantwortung, bei mangelnder Qualität des Ergebnisses den Prozess (sofort) zu verbessern.
8. Die Vorstellung der agilen Prinzipien lehnt sich an die Darstellung an, in der der Einfluss auf Großprojekte untersucht wird (siehe [Eckstein04]).

▨ **Stehe geänderten Anforderungen positiv gegenüber, selbst wenn sie bei der Entwicklung erst spät auftreten:**
Dies bedingt einen hohen Koordinierungsaufwand der verschiedenen Standorte. Ziehen die Projektmitarbeiter allerdings bereits an einem Strang, dann sollte die Erfüllung dieses Prinzips in einer verteilten Umgebung nicht schwieriger sein als in einer lokalen.

▨ **Liefere lauffähige Software häufig aus:**
Lauffähige Software setzt voraus, dass die Ergebnisse der verschiedenen Standorte integriert wurden. Reibungslose Builds und Integrationen sind oftmals schon für ein Projekt, das an einem Standort durchgeführt wird, eine Herausforderung, umso mehr ist dies für ein verteiltes Projekt der Fall.

▨ **Fachexperten und Entwickler arbeiten zusammen:**
Häufig ist es schwierig, dass sich alle Standorte gleichermaßen der Wünsche und auch der Rückmeldungen von Kunden bewusst werden. Dies liegt zum einen an der räumlichen Distanz zwischen Kunden und Entwickler, aber möglicherweise auch an den kulturellen Unterschieden. Ferner können große Differenzen in den Zeitzonen eine enge Zusammenarbeit erschweren.

▨ **Vertraue motivierten Individuen:**
Vertrauen basiert auf Nähe. In einer verteilten Umgebung sind sich die Mitarbeiter vom Prinzip nicht nah. Deshalb muss ein großer Aufwand in die Absorption der Distanz gesteckt werden.

▨ **Kommunikation von Angesicht zu Angesicht:**
Da direkte Kommunikation die effizienteste Art der Kommunikation ist, muss man immer nach Möglichkeiten suchen, um diese Art der Kommunikation zumindest von Zeit zu Zeit zu ermöglichen. In der Zwischenzeit müssen andere Kommunikationswege zur Verfügung gestellt werden, um die Lücke einigermaßen zu füllen.

▨ **Lauffähige Software ist das wichtigste Fortschrittsmaß:**
In einer verteilten Umgebung ist es wesentlich schwieriger, Software über die verschiedenen Standorte zum Laufen zu bringen, als wenn alle Mitarbeiter beieinander sitzen würden. Die größte Herausforderung besteht darin, den Entwicklungsaufwand über die verschiedenen Standorte so zusammenzubringen, dass nicht mehrere Systeme entstehen, sondern ein kohärentes, das heißt ein in sich geschlossenes System.

▨ **Fördere nachhaltige Entwicklung:**
Dieses Prinzip berücksichtigt die Tatsache, dass sowohl die Qualität des Systems als auch die Motivation der Mitarbeiter wesentlich höher ist, wenn nicht regelmäßig Überstunden gemacht werden und man dadurch die Tendenz zum Burn-out vermeidet. Das ist prinzipiell keine spezielle Forderung bei verteilter Entwicklung verglichen mit lokaler Entwicklung. Allerdings muss man insofern ein Auge darauf haben, da ein verteiltes Projekt häufig erfordert, dass

man zu ungewöhnliche Zeiten arbeitet, da man oftmals nur dadurch die Möglichkeit hat, mit Kollegen eines anderen Standorts aufgrund der unterschiedlichen Zeitzonen zu telefonieren. Weiterhin sind verteilte Projekte gleichbedeutend mit vielen Reisen. Aus diesem Grund muss auch auf die Zeiten geachtet werden, die die Mitarbeiter auf Reisen verbringen und dadurch für eine gute Beziehung zwischen den Standorten sorgen. Die Mitarbeiter können oft durch die vielen Reisen von einem Burn-out bedroht sein, deshalb sollte berücksichtigt werden, dass die Mitarbeiter auch durch Reisetätigkeiten sehr in Anspruch genommen werden.

- **Ständiges Augenmerk auf technische Güte und gutes Design:**
  Einige Unternehmen tendieren dazu, die Qualitätssicherung an einem Standort zu bündeln. Möchte man jedoch dieses Prinzip beherzigen, das heißt, ständige Beachtung von Qualität ist ein Ziel, so muss sichergestellt werden, dass an allen Standorten und alle Projektmitarbeiter für die Qualität sorgen und dazu auch befähigt sind. Das kann manchmal zusätzliche Weiterbildung an einigen Standorten bezüglich Testen, Refactoring oder Qualitätsmetriken nötig machen.

- **Einfachheit ist entscheidend:**
  Je mehr Zusammenarbeit erforderlich ist (wie eben in verteilter Entwicklung), desto wichtiger ist es, dass das zu entwickelnde System den Regeln der Einfachheit folgt. In einer verteilten Umgebung tendieren Unternehmen manchmal dazu, ein allgemeines Framework zu Beginn zu entwickeln, da sie daran glauben, dass dieses Framework später die Entwicklung vereinfache. Allerdings findet die Entwicklung solch eines Frameworks meist losgelöst von den aktuellen Geschäftsanforderungen statt, was dazu führt, dass das Framework dann die Domäne nicht wirklich untermauert. Solche Art Frameworks bedeuten meist mehr und nicht weniger Komplexität und erschweren dadurch die Entwicklung der Geschäftsfunktionalitäten.

- **Selbstorganisierende Teams:**
  Dieses Prinzip steht in enger Beziehung zu der Notwendigkeit, dass die verschiedenen Standorte sich untereinander vertrauen müssen. Auf der einen Seite erfordert Vertrauen Kontakt (englisch: Trust needs touch (siehe [Handy95]), aber die physische Distanz zwischen den Standorten verhindert diesen. Ein Smell (englisch: Geruch) – darunter versteht man einen Hinweis auf oder ein Zeichen für ein Problem – für Misstrauen ist die Art von »Zusammenarbeit«, die ein autoritärer Führungsstil, im Gegensatz zu einem partizipativen Führungsstil, ermöglicht, der Teams zur Selbstorganisation befähigt. Allerdings kann es notwendig werden, dass die Mitarbeiter hinsichtlich der Übernahme von Verantwortung und Selbstorganisation trainiert werden müssen, da diese Verhaltensweise ihrer eigenen Kultur zuwider laufen kann.

■ **Teamreflektion und -anpassung:**
Hier haben wir eine direkte Verbindung zum ersten Wertevergleich, dem Herzstück des Agilen Manifests (siehe Abschnitt 2.2.1). Auf den ersten Blick ist kein Unterschied zwischen verteilter und lokaler Entwicklung zu erkennen – man muss den Teams die Gelegenheit zur Reflektion über ihre Arbeitsweise geben und sie damit in die Lage versetzen, über die Zeit besser zu werden. Die Herausforderung besteht darin, dass auch über die verschiedenen Standorte regelmäßig solche Reflektionen ermöglicht werden müssen, sodass auch die Zusammenarbeit über die Standorte hinweg verbessert werden kann.

In einer verteilten Umgebung besteht die größte Schwierigkeit darin, wie man die Iterationen und Releases über alle Standorte hinweg organisiert und dabei sicherstellt, dass am Ende eines jeden Entwicklungszyklus tatsächlich etwas Funktionales (und Sinnvolles) herauskommt. Weiterhin besteht eine echte Herausforderung in der Integration des verteilt geleisteten Entwicklungsaufwands zu einem einzigen lauffähigen System und nicht in der Organisation der Arbeitsaufwände. Deshalb muss ein Integrationsmechanismus über alle Teams und Standorte aufgesetzt werden.

Im Agilen Manifest und den zugrunde liegenden Prinzipien wird nicht gegen oder für den Einsatz von Agilität in einer verteilten Umgebung argumentiert. Bei der Anwendung von verteilter agiler Softwareentwicklung kann es gut sein, dass man nicht direkt eine agile Entwicklungsmethode anwenden kann. Aber die agilen Prinzipien bieten eine gute Hilfestellung an, den notwendigen Fokus während der Entwicklung zu behalten, um agil zu bleiben (oder zu werden).

2.4 Zusammenfassung

Es gibt so viele Annahmen über verteilte Entwicklung, wie es Vorstellungen über agile Vorgehensweisen gibt. Die Verwicklungen, die verteilte Entwicklung mit sich bringt, beziehen sich auf die Einbeziehung verschiedener Standorte, meist verstreut über mehrere Länder, darauf, dass meist mehrere Teams am Projekt beteiligt sind – das heißt, wir sprechen meist auch von großen Projekten –, darauf, dass sogar ein einzelnes Team in sich über mehrere Standorte verteilt sein kann – was wir ein verstreutes Team nennen –, und letztendlich darauf, dass verschiedene Unternehmen an der Entwicklung beteiligt sein oder die Kunden an einem weit entfernten Standort sitzen können.

Agile Entwicklung ist mehr als eine bestimmte Methode oder eine Sammlung von definierten Praktiken. Agile Entwicklung ist ein Wertesystem, das durch das Agile Manifest definiert ist und von den agilen Prinzipien untermauert wird. Diese Prinzipien dienen wiederum als Grundlage für die agilen Praktiken. Das Agile Manifest bietet somit eine gute Leitlinie (und keine Behinderung) für agile Entwicklung an – und zwar unabhängig davon, ob man diese in einer lokalen oder verteilten Umgebung einsetzen möchte.

Kultur, Werte und Überzeugungen beeinflussen in hohem Maße den Erfolg von Vertrauensbildung und Zusammenarbeit sowie die Entstehung einer gemeinsamen Vision. Eine der signifikanten Hindernisse, dies in einem verteilten Projekt zu erreichen, ist das oft langsamere Feedback aufgrund der großen Entfernungen.

3 Teambildung

Mit Menschen, die nach andren Zielen streben,
kann man auch nicht gemeinsam Pläne machen.

Konfuzius

Agiler Entwicklung liegt die Idee zugrunde, dass zu jedem Zeitpunkt für den Kunden der höchstmögliche Geschäftswert – in Form von Software – zur Verfügung gestellt wird. Selbst für ein Team, das zusammensitzt, ist es schwierig, dieses Ziel immer im Fokus zu behalten. Je verteilter ein Projekt ist, desto problematischer wird es. Aus diesem Grund muss man dieses Ziel bereits bei der Teambildung im Auge behalten.

Handelt es sich bei Ihrem verteilten Projekt um ein Großprojekt mit vielen Projektmitarbeitern, so muss die Teamstruktur eine bessere Lenkbarkeit des Projekts ermöglichen. Das bedeutet, um eine bessere Überschaubarkeit und auch größere Flexibilität zur erreichen, sollte das eine Projektteam in mehrere Teilteams untergliedert werden. Die Erfahrung hat gezeigt, dass solch ein Teilteam effizienter arbeiten kann, wenn man seine Größe auf bis zu zehn Teammitarbeiter beschränkt.

In verteilten Projekten wird oft eine Teamstruktur gewählt, von der man sich die Reduzierung der Kommunikation zwischen den verschiedenen Standorten verspricht. Eine typische Umsetzung dieser Strategie ist eine Teamstruktur, die sich an den verschiedenen Phasen, Aktivitäten oder Rollen, die in der linearen Entwicklung zu finden sind, orientiert. Das Resultat dieser Strategie ist dann beispielsweise, dass sich die Tester in Polen befinden, die Analytiker in der Schweiz und die Designer in Deutschland. Oder, wie es Shao und Smith David in [ShaoSmithDavid07, S.93] beschreiben: Verteilte Entwicklung unter Verwendung des Wasserfallvorgehens

> *[...] impliziert, dass Frontend-Aktivitäten, wie vorbereitende Anforderungs-analyse und konzeptionelles Architekturdesign, genauso wie Backend-Aktivitäten (Systemtesten, Systementwicklung und Endbenutzerausbildung) an jeweils einem Ort bleiben.*

Das heißt, nach Shao und Smith David wird bei solch einem Vorgehen jede Wasserfallphase an jeweils einem Ort vollzogen. Außerdem ist es sehr typisch, dass die Frontend- und die Backend-Aktivitäten eher in der Zentrale verbleiben, hingegen werden die mittleren Aktivitäten, wie Programmierung, eher an andere Standorte verlagert. Die Teilteams werden anhand dieser Aktivitäten bzw. Phasen ausgerichtet, was die Zusammenarbeit im gesamten Projekt erschwert. Werden bei einer solchen Teamstruktur noch dazu die Aktivitäten über die verschiedenen Standorte verteilt, verkompliziert sich die Gesamtzusammenarbeit noch stärker.

Eine andere verbreitete Art und Weise, die Teams zu strukturieren – oftmals kombiniert mit der Struktur entlang der Aktivitäten –, ist die Ausrichtung am technologischen Wissen der Entwickler bzw. die Verwendung der Architekturschichten zur Definition der Teamgrenzen. Das Ergebnis dieser Aufteilung ist dann ein Team, in dem sich das Benutzungsoberflächenwissen an einem Standort konzentriert. Ein anderes Team mit Datenbankspezialisten befindet sich an einem weiteren Standort, und ein weiteres Team mit den Middleware-Experten sitzt an einem dritten Standort.

Beide Strategien werden in der Praxis oft kombiniert. Dies führt beispielsweise dazu, dass das Team der Analytiker in Europa sitzt, die Benutzungsoberflächenspezialisten in Indien und die Tester erneut in einem anderen Land in Europa. Bei einer solchen Struktur ist es nicht verwunderlich, dass man häufig durch die geografische Zergliederung der Geschäftsfunktionalitäten die folgenden Konsequenzen erlebt:

- Die Dinge passen meist nicht zusammen; Komponentenschnittstellen sind inkompatibel.
- Es werden Funktionalitäten entwickelt, die vom Kunden gar nicht verlangt wurden.
- Schuldzuweisungen zwischen den Standorten werden zur Regel, da es vollkommen unklar ist, in wessen Verantwortung die Entwicklung einer in sich abgeschlossenen (und nicht nur einer Teil-) Geschäftsfunktionalität liegt.

Derlei Strukturen sind oft der Grund dafür, dass die Fertigstellung und Lieferung eines Geschäftswerts schon während der Projektlaufzeit schwierig ist (ungeachtet der Problematik am Ende des Projekts). Das ist besonders deshalb sehr bedauerlich, da der Kunde nur zu einem Geschäftswert sinnvoll Stellung beziehen und somit wertvolles Feedback geben kann. Ohne dieses Feedback ist es unmöglich, vom Kunden zu lernen und das System schrittweise an die wirklichen Kundenbedürfnisse heranzuführen. Als Fazit bleibt nur die *Hoffnung*, dass das Projekt erfolgreich wird, es kann aber nicht mehr aktiv in diese Richtung gesteuert werden.

3.1 Featureteams

Um den Geschäftswert des Kunden ständig im Auge zu behalten und das Team in die Lage zu versetzen, tatsächlich Funktionalitäten als Ganzes zu liefern, gibt es nur eine Lösung: den Einsatz von Featureteams (auch: Fachteam).

Anstatt also die Teams am Know-how oder an Aktivitäten auszurichten, ist es wesentlich sinnvoller, die Teams an den von den Kunden gewünschten Geschäftsfunktionalitäten (englisch: features) zu orientieren. Nur diese Strategie erlaubt es den Teams, sich selbst und ihre Arbeit zu organisieren und dabei immer den Fokus auf die Maximierung des Geschäftswerts zu behalten. Aus diesem Grund empfiehlt ein Prinzip des Agilen Manifests (siehe [AgileManifesto]):

> *Die besten Architekturen, Anforderungen und Designs entstehen von selbstorganisierenden Teams.*

Zusammenfassend bedeutet dies, dass zur Lieferung einer kompletten Funktionalität – mit Geschäftswert für den Kunden – in jedem Featureteam alle erforderlichen Rollen und Kenntnisse bzw. die Fähigkeiten zur Erlangung des fehlenden Wissens vorhanden sein müssen. Als Folge daraus besteht ein Featureteam meist aus Analytikern, Testern, Benutzungsoberflächenspezialisten, Datenbankexperten usw. – einfach aus allen, die zur kompletten Lieferung einer geforderten Funktionalität notwendig sind. Folglich ist jedes Featureteam als Ganzes ein Generalist in seiner Domäne. Jedoch bedeutet dies nicht (siehe [Eckstein04, S. 51]):

> *[...] dass die einzelnen Personen sich nur auf ihr Expertentum beschränken. Grundsätzlich ist es vielmehr das Ziel, Spezialwissen zu Allgemeinwissen zu machen.*

Abb. 3–1   *Featureteam*

So wird die Möglichkeit geschaffen, dass sich das Wissen im gesamten Featureteam verbreitet. Das reduziert auch das Risiko der Abhängigkeit von speziellen
Experten und erzeugt eine Umgebung, in der sich alle Featureteammitarbeiter
gegenseitig helfen können. Diese Art, das Wissen gemeinsam zu bilden, ist die
Grundlage, um eine gemeinsame Vision in einem Featureteam zu etablieren, die
den Mitarbeitern erlaubt, an einem Strang zu ziehen.

3.1.1 Zusammensitzende oder standortübergreifende Teams

Eine Frage bleibt: Wie kann solch eine Struktur in Featureteams über mehrere
Standorte hinweg aufgebaut werden? Grundsätzlich gibt es zwei Möglichkeiten:

- **Zusammensitzende Featureteams**
  Eine Option besteht darin, die Featureteams an den Standorten auszurichten,
  speziell wenn man die Kommunikation innerhalb eines Teams vereinfachen
  möchte. So sitzen alle Mitarbeiter eines Featureteams zusammen. Jegliche
  Form von Synchronisation, die zur Zielerreichung notwendig ist sprich die
  Funktionalitäten am Ende einer Iteration zu liefern, kann an einem Standort
  organisiert werden. Die Anforderung an solch ein zusammensitzendes Featureteam ist, das notwendige Wissen (oder die Fähigkeit, sich dieses Wissen
  anzueignen) an diesem einen Standort zur Verfügung zu stellen.
      Dies ist jedoch nicht immer der Fall. Damit ein Featureteam weiterhin phy-
  sisch zusammensitzen kann, müssen Mitarbeiter gebeten werden, ihr Wissen
  an diesen Standort weiterzugeben oder (temporär) dort tätig zu sein. Obwohl
  durch das Zusammensitzen des Featureteams die interne Kommunikation einfacher wird, ist die Kommunikation zu den anderen Featureteams oft aufgrund der physischen Distanz zwischen den verschiedenen Standorten schwieriger. Das heißt, bei zusammensitzenden Featureteams muss ebenso die
  Kommunikation zu den anderen Featureteams an anderen Standorten sichergestellt werden, u.a. zur Gewährleistung von konzeptioneller Integrität (wie
  z.B. das gleiche Look&Feel in der Gesamtapplikation).

- **Standortübergreifende Featureteams**
  Sind die Rollen, die für ein Featureteam benötigt werden, nicht an einem
  Standort vorhanden und würde die entsprechende Ausbildung einiger Kolle-
  gen am Standort zu viel Zeit in Anspruch nehmen, muss man eine andere
  Strategie zur Bildung der Featureteams entwickeln. Die Lösung ist, Feature-
  teams bewusst über Standortgrenzen hinweg als sogenannte *verstreute* Fea-
  tureteams zu etablieren. Der Nachteil dieser Lösung liegt im höheren Organi-
  sationsaufwand für die teaminterne Synchronisation. Aber wie Jamie Allsop,
  Change Agent bei verteilten Projekten für Finanzdienstleistungen, aus seiner
  Erfahrung berichtet[1]:

---

1.   Dank an Jamie Allsop für diesen Beitrag.

Bei global verstreuten Teams, eine Situation, mit der ich vertraut bin, haben wir herausgefunden, dass sich unser größter Vorteil in der Verwendung der agilen Methode darauf konzentriert, dass wir unsere Kommunikationsbandbreite besser nutzen. Dazu gehört die rhythmische Synchronisation, täglich sowie zu Iterations- und Releasezeiten.

Ein verstreutes Featureteam arbeitet an den gleichen Funktionalitäten, während es gleichzeitig die Lieferung von Geschäftsfunktionalitäten am Ende der Iteration im Auge hat und strebt so ein gemeinsames Ziel an. Genau solch ein gemeinsames Ziel trägt dazu bei, dass jeder einzelne Mitarbeiter sich tatsächlich als Mitglied eines Teams fühlt. Natürlich gehört etwas mehr dazu, damit ein verstreutes Team eine Teamidentität bildet, wie zum Beispiel gemeinsame Ideale oder die Anerkennung der gleichen Werte. Dies wird im nächsten Abschnitt noch näher diskutiert werden.

Ein Vorteil von verstreuten Featureteams besteht in der Vereinfachung der Kommunikation mit den anderen Featureteams durch physische Nähe der individuellen Teammitglieder. Der Grund dafür ist, dass Mitglieder unterschiedlicher Featureteams an gemeinsamen Standorten sitzen. Zur Sicherstellung konzeptioneller Integrität über Featureteamgrenzen hinweg ist dies oft hilfreich.

Bei verteilter Entwicklung gibt es also zwei Möglichkeiten zur Teambildung. Jede Möglichkeit hat sowohl Vor- als auch Nachteile. Um ehrlich zu sein, war diese Erkenntnis für mich eine Überraschung, da ich erst der Meinung war, dass verstreute Teams ausschließlich Nachteile in sich bergen würden. Aber ich wurde eines Besseren belehrt. Begründet ist dies in der standortübergreifenden Kommunikation zwischen Projektmitarbeitern unterschiedlicher verstreuter Teams am gleichen Standort. Und zwar passiert dies unabhängig davon, zu welchen anderen verstreuten oder nicht verstreuten Featureteams diese Mitarbeiter gehören. Neulich hörte ich von einem Projekt, das über zwei Standorte verteilt ist (Niederlande und Indien), das bewusst ausschließlich verstreute Teams zusammenstellt. Ihre positive Erfahrung basiert darauf, dass durch das Aufsetzen einer solchen Struktur sich die gemeinsame Projektkultur viel einfacher verbreitet und außerdem mehr oder weniger automatisch alle Standorte gleich behandelt werden.

Bas Vodde[2] hat einen weiteren Vorteil von verstreuten Featureteams herausgestrichen:

Es reduziert sich außerdem das Wir-Ihr-Denken zwischen den verschiedenen Entwicklungsstandorten.

Aus diesem Grund sollte man sorgfältig die Vor- und Nachteile zwischen zusammensitzenden und verstreuten Teams abwägen und dann eine Struktur aufsetzen, die den eigenen Bedürfnissen entspricht.

---

2. Private Unterhaltung mit Bas Vodde.

3.1.2   Verstreute Teams

Einer Teambildung liegt die Idee zugrunde, dass die Teammitglieder zusammen etwas erschaffen, was jeder für sich allein nicht bewerkstelligen könnte. Will ein Featureteam zusammen etwas fertigstellen, müssen die Teammitglieder sich erst einmal im Klaren darüber sein, dass sie tatsächlich zu einem Team gehören und nicht nur eine willkürliche Ansammlung von individuellen Personen sind. Um dies zu erreichen, müssen die Mitarbeiter folgendes verinnerlichen:

- **Gemeinsame Teamidentität**
  Jedes Teammitglied muss sich mit dem Team identifizieren (siehe [Manns Rising05] dort wird die Bedeutung von Teamidentität im Pattern Group Identity beschrieben).

- **Gemeinsame Vision**
  Das Team benötigt ein gemeinsames Ziel, auf das alle Teammitarbeiter hinarbeiten.

- **Gemeinsame Verantwortung**
  Jedes Teammitglied muss verstehen, dass im Team alle zusammen die Verantwortung für die gemeinsame Arbeit tragen.

- **Konsolidierte Richtlinien und Regeln**
  Jedes Team braucht so etwas wie ein gemeinsames Protokoll bzw. ein gemeinsames Verständnis darüber, wie zusammengearbeitet werden soll.

- **Gemeinsame Werte**
  Jedes Teammitglied muss die gleiche Auffassung darüber haben, was sie als Team wertschätzen und was nicht. Diese Werte bilden eine Art Leitlinie für jegliche Art von Arbeit, die dieses Team bewerkstelligt.

Es ist leider nicht möglich, einem Team zu befehlen, diese Teamcharakteristiken zu beherzigen. Stattdessen muss die Gruppe diese Charakteristiken entwerfen, etablieren und erfahren. Um dies in einem absehbaren Zeitraum zu erreichen, ist es hilfreich, wenn das Team für eine begrenzte Zeit physisch zusammenarbeitet. Physisch zusammenzusitzen ist für Mitarbeiter eines verstreuten Teams eine künstliche Umgebung, trotzdem wird dies den Prozess der Entstehung von gemeinsamen Regeln und Richtlinien sowie ein Einverständnis über gemeinsame Werte beschleunigen.

Wird mit einem verstreuten Team in seiner *natürlichen* (verstreuten) Umgebung gestartet, ist mehr Zeit notwendig, bis sich gegenseitiger Respekt und Vertrauen etabliert haben. Anderseits wird sich das Team bei dieser Strategie von Anfang an auf die wichtigste Herausforderung in seiner natürlichen Umgebung konzentrieren, die da heißt, trotz der existierenden Distanz Nähe zu schaffen.

3.1.3   Ein Team formen

Wenn Sie mit solch einem verstreuten (Feature-)Team arbeiten, haben Sie die
beste Chance, eine gute Arbeitsbasis unter den Teammitgliedern zu etablieren,
wenn Sie dem Team die Möglichkeit geben, dass es – vorzugsweise zu Beginn des
Projekts – zeitweise auch physisch zusammenarbeiten kann. Um die Teamzusam-
mengehörigkeit zu beschleunigen, schlägt Scott Ambler (in [Ambler02]) vor, dass
das Team mindestens einen Monat lang am gleichen Ort zusammenarbeiten
sollte, wobei er zwei Monate bevorzugt. Für diese Zusammenarbeit gibt es verschiedene Möglichkeiten, abhängig von der Art und dem Grad der Verteilung des
Teams:

- Ist die Distanz zwischen den Standorten nicht allzu groß, wie beispielsweise
  bei einem Team, das über Zentral- und Osteuropa verstreut ist, können sich
  die Teammitglieder wöchentlich an einem Standort treffen. In einem meiner
  Projekte hatten wir *Gastarbeiter,* die drei Tage die Woche am Hauptstandort
  des Featureteams tätig waren. Dieses Team war jedoch lediglich zwischen
  Österreich, der Tschechischen Republik und Ungarn verstreut, das heißt, die
  Standorte lagen geografisch relativ nah beieinander.
- Ist die Distanz zwischen den Standorten relativ groß, muss eine Strategie ent-
  wickelt werden, bei der die Gastarbeiter über einen längeren Zeitraum an
  dem anderen Standort sind. Stellen Sie sich ein Featureteam vor, das sich aus
  fünf russischen und zwei deutschen Entwicklern zusammensetzt. Damit dieses
  Team ein Zusammengehörigkeitsgefühl entwickelt, bietet es sich an, dass die
  zwei deutschen Entwickler zu Beginn des Projekts für eine bestimmte Zeit als
  Gastarbeiter in Russland (oder umgekehrt die fünf russischen Mitarbeiter in
  Deutschland) tätig sind.

Man muss sich immer wieder klarmachen, dass die Meetings von Angesicht zu
Angesicht die effektivste Art darstellen, um Solidarität und Nähe unter Teammitgliedern zu erzeugen. Vicki R. McKinney und Mary M. Whiteside haben eine Studie mit über 200 Einzelpersonen durchgeführt, die alle in virtuellen Teams arbeiten. Als Fazit haben sie einen Manager (einer ihrer Interviewpartner) zitiert, der
Folgendes [in McKinneyWhiteside06, S. 85] sagte:

> *Wir stellen fest, dass elektronische Beziehungen extrem gut funktionieren,
> insofern man vorab eine persönliche Beziehung aufgebaut hat.*

Außerdem trägt der frühzeitige Aufbau einer traditionellen Arbeitsbeziehung
zwischen Teammitgliedern dazu bei, dass die Mitarbeiter sich gegenseitig respektieren. Und dieser gegenseitige Respekt sorgt dafür, dass die Mitarbeiter hoch
motiviert sind und wirklich zusammenarbeiten (siehe auch [Koh+07]).

Teams entstehen
von David Hussman[a]

Vor einigen Jahren habe ich ein Team auf der »anderen Seite des Teichs« betreut. Wenn man in vielen Bereichen und Industrien, in vielen Firmen und Ländern als Coach arbeitet, ist es manchmal schwierig zu wissen, was oder wer einen beim nächsten Job erwartet. Wann immer ich gebeten werde, ein »Team« zu coachen, weiß ich deshalb nie, was auf mich zukommt.

In diesem Fall war das Team eine Offshore-Gruppe in der Ukraine. Sie stellten in der Softwareentwicklung Dienstleistungen für eine Managementgruppe in den USA zur Verfügung. Diese Projekte wurden in den USA angeboten und organisiert, und die Anforderungen wurden an die Entwicklung auf der Krim weitergeleitet.

Als ich am Flughafen ankam, war mir zuerst etwas bange, da niemand da war, um mich abzuholen. Ohne im Ukrainischen sehr versiert zu sein, hatte ich anfangs so meine Bedenken. Dann, praktisch aus dem Nichts, kam eine Gruppe von freundlichen Gesichtern aus einem bis auf den letzten Platz besetzten Wagen auf mich zu. Das war eindeutig das Team. Ich spürte sofort die Teamstimmung.

Nachdem ich mich im Hotel eingerichtet hatte, machten wir uns auf zu ihrem Arbeitsplatz, um den ersten Tag zusammenzuarbeiten. Als ich durch die Tür in ihren Raum trat, konnte ich wieder direkt das Team fühlen. Nicht dass ihr Raum dem Feng-Shui-Konzept folgte oder wunderschöne Bilder an den Wänden hingen. Vielmehr war da eine angenehme Präsenz von Arbeit und von Kollegen spürbar, die zusammenarbeiten.

Sie zeigten mir alles und erzählten von ihrem Raum. Es stellte sich heraus, dass einige Teammitglieder mithilfe ihrer Familien den Raum gebaut und die Dämmpappen montiert hatten. Sie hatten sogar einen langen U-förmigen Tisch gebaut, an dem die meisten Entwickler täglich zusammensaßen.

Als wir zusammenarbeiteten wurde klar, dass sie ein Team waren oder sogar mehr als ein Team, eher so etwas wie eine Familie. Obwohl sie sehr gute Entwickler waren, hatten sie mit den üblichen Problemen, die entfernte Teams haben, zu kämpfen. Eins der vielen Probleme war das Fehlen der direkten – von Angesicht zu Angesicht – Kommunikation mit dem Kunden; die Art Verbindung, die dafür sorgt, dass man bessere Software in geringerer Zeit erstellt.

Als ein Offshore-Team, das Teil einer neu gegründeten Firma war, wussten sie, dass sie, um weiter existieren zu können, produktiv sein mussten. Sie hatten hart gearbeitet, um verschiedene Wege für eine bessere Verbindung zu ihren Kunden und anderen Nutzern zu finden, teils mit mehr, teils mit weniger Erfolg.

Zur Mittagszeit gingen wir alle in die Küche. Die Mutter eines Kollegen hatte uns Essen gebracht. So genossen wir zusammen dieses wundervolle Mittagessen, bei dem wir alle aus den gleichen Töpfen aßen. Alle redeten übers Programmieren, das Leben und die Familie. Als wir mit dem Essen fertig waren, spülte jeder Entwickler seinen Teller und sein Besteck ab und verstaute die Sachen wieder. Ich dachte, diese tägliche Routine ist ein Grund, warum sie ein Team sind. Ich fragte mich auch, wie das wohl als Teambildungsmaßnahme für die vielen großen Unternehmensgruppen funktionieren könnte, sodass bei denen auch ein Teamgefühl entsteht (aber das ist eine andere Geschichte).

Ich bin mir sicher, hätten sie eine Spülmaschine gehabt, hätten sie diese bestimmt benutzt, aber das bisschen Abwaschen war kein Thema. Jeder wusste, dass das notwendig war, um ihr Haus in Ordnung zu halten, und es war keine große Last.

Im Laufe meiner Betreuung war ich immer wieder davon beeindruckt, wie sie zusammenarbeiteten. Da die soziale Struktur etabliert war, war es einfach, ihnen einige der agilen Konzepte beizubringen und diese auszuprobieren. Die Mittagessenerfahrung war nur ein Beispiel dafür, wie sie dafür sorgten, ihr Team zusammenzuhalten. Humor war ein anderes und die Notwendigkeit, produktiv zu sein, ein drittes.

Ich trug nichts dazu bei, dass sie ein Team wurden. Sie waren bereits ein Team, lange bevor mein Flugzeug landete. Was ich anbot, war eine Menge von Praktiken, die ihnen halfen, bessere Verbindungen innerhalb des Teams und über den Teich zu schaffen. Einige der Praktiken, die wir zur Kundenanbindung anwendeten, waren kurze Entwicklungszyklen, automatisierte Akzeptanztests und User Stories mit Rollen.

Ich bin mir nicht sicher, welche der Praktiken am hilfreichsten war, aber ich glaube, die Rollen (ein kurze Beschreibung, welche Personen wohl das Produkt benutzen und was sie in dem Produkt schätzen werden) halfen den Entwicklern, mit größerer Sicherheit über den Ozean zu schauen und in die Leben und Werte der angestrebten Kundschaft.

Sobald wir die Rollen hatten, erzeugten wir eine Menge an User Stories mit Akzeptanztests. Die Tests waren ein weiteres einfaches und starkes Mittel, um die entfernten Entwickler an den Produktwert zu binden und damit den iterativen Output zu verbessern. Anstatt zu hoffen, dass sie das Richtige produzieren würden, hatte das Team jetzt ein Werkzeug, das auf konkrete und automatische Weise ausdrückte, was sie als »fertig« erachten würden.

Soll das heißen, dass ein paar Rollen und automatisierte Tests den ganzen atlantischen Ozean überspannen? Das vielleicht nicht, aber sie helfen, die Kommunikationsbandbreite zu verbessern, und in diesem Fall stellten sie auch dem Team einen taktischen Weg zur Verfügung, um eine Verbindung herzustellen, die es vorher nicht gab.

Ich würde gerne glauben, dass ich einen guten Job gemacht habe, das Team zu coachen. Mir wurde gesagt, dass dies der Fall war. Als ich nach Hause flog, machte ich mir ein paar Notizen über den Auftrag. Ich war überrascht, wie oft ich das Wort Team notierte. Da ich wenig Metaphern aus dem Sport verwende, ist Team kein Wort, das ich häufig benutze. Ich tendiere mehr in die Richtung Gemeinschaft, da ich denke, dass das besser die Essenz zusammenfasst, die vorhanden ist, wenn Kollegen sich zusammenschließen, um großartige Produkte zu erzeugen.

Aber die Wortwahl spielt keine Rolle. Für dieses Team – Gemeinschaft – Gruppe – war es die richtige Kombination an Personen, Vertrauen, Respekt und Fähigkeiten, die ihnen half zusammenzuarbeiten, und zwar zur gleichen Zeit miteinander und füreinander. Agile Praktiken sorgten nicht dafür, dass sie ein Team wurden, aber sie unterstützten das Experimentieren und Lernen, das notwendig ist, um Verbesserungsmöglichkeiten zu finden.

Um erfolgreich zu sein, müssen weiter entfernte Teams iterative Entwicklung und Agilität einfach als ein weiteres Werkzeug annehmen. Anstatt zu fragen, »wie können wir agile Methoden anwenden«, sollten sie lieber sagen, »warum sollten wir nicht jedes Werkzeug verwenden, das uns hilft, besser zu werden«. Agilität bedeutet einfach mehr Werkzeuge, die ein entferntes Team oder verteilte Gemeinschaften brauchen, um vorhersagbar das richtige Produkt an ihre Kunden liefern zu können.

a.   David Hussman (USA), Software Anthropologist und Agile Coach, *devjam.com*.

Die obige Erfahrung wird auch von Magnus Christerson[3] von Intentional Software unterstützt:

> *[...] woran und wie sie arbeiten ist wichtiger, als wie lange sie an etwas arbeiten. Zeit ist nicht der kritische Faktor – der kritische Faktor ist Vertrauen und wie lange es dauert, dieses zu bilden. Und das hängt nicht nur von den Personen ab, sondern auch von den Kulturen und Werten.*

3.2 Rollen

Dieser Abschnitt diskutiert die verschiedenen Rollen, die typischerweise in einem Featureteam benötigt werden. Für alle nachfolgend beschriebenen Rollen gilt, dass die verantwortlichen Personen am effektivsten ihre Rolle ausfüllen können, wenn sie zu dem jeweiligen Team reisen können, das sie mit dieser Rolle unterstützen. Direkte Kommunikation ermöglicht die Entwicklung eines guten Verständnisses für die Vorgänge innerhalb des Projekts. Wichtig ist, dass alle Schlüsselinformationen nicht nur gut kommuniziert, sondern auch vom restlichen Team richtig verstanden werden.

Die meisten Rollen können durch eine oder mehrere Personen ausgefüllt werden, oder eine Person kann auch mehrere Rollen übernehmen. Aus diesem Grund ist eine Rolle selten genau einer Person gleichzusetzen. Die Qualifikation der Einzelnen, die implizierten Risiken des Systems (z.B. Vertrautheit mit bestimmten Technologien und Fachbereichen), die Größe und der Verteilungsgrad des Teams bilden die Grundlage für die Zuweisung einer Rolle.

3.2.1 Konstellation eines Featureteams

Die Ausgangsbasis für Featureteams besteht darin, dass sie in der Lage sind, eine Menge von Geschäftsfunktionalitäten fertigzustellen. Das können sie entweder, weil sie bereits das notwendige Wissen im Team haben oder weil sie dazu fähig sind, sich dieses Wissen anzueignen. Zusätzlich zum fachlichen und technischem Know-how, das in jedem Featureteam vorhanden sein muss, braucht das Team ebenfalls das Wissen über die tatsächliche Lieferung einer Funktionalität. Aus diesem Grund trifft man typischerweise die folgenden Rollen in Featureteams an:

- **Architekt** (siehe Abschnitt 3.2.2)
  Sorgt für die konzeptionelle Integrität des Systems.
- **Datenbankadministrator**
  Hilft mit allem, wo Datenbanken involviert sind.
- **Designer**
  Erarbeitet und leitet ein kohärentes Design für die geforderten Features.

---

3. Privates Gespräch mit Magnus Christerson.

▪ **Dokumentierer**
Erstellt die notwendige Dokumentation für die entwickelten Funktionalitäten.

▪ **Fachexperte**
Hilft dabei, die Domäne zu verstehen.

▪ **Infrastrukturspezialist**
Stellt sicher, dass die Entwicklungsumgebung funktioniert und sie die notwendige Unterstützung leistet.

▪ **Integrationsexperte**
Hat das Wissen, wie die Funktionalitäten im Gesamtsystem gebaut, integriert und geliefert werden. Stellt außerdem sicher, dass das Konfigurationsmanagement funktioniert.

▪ **Programmierer**
Entwickelt die angefragte Funktionalität mitsamt der Unit Tests.

▪ **Tester**
Arbeit eng mit den Fachexperten zusammen, um die Akzeptanzkriterien für die Geschäftsfunktionalitäten zu definieren. Testet die Features auf ihre Akzeptanz.

▪ **UI-Designer**
Weiß, wie die Benutzungsoberfläche aussehen und sich verhalten soll und erstellt sie entsprechend.

In vielen meiner Projekte übernimmt das gesamte Featureteam die Verantwortung für diese Rollen. Das bedeutet, alle Mitglieder des Featureteams übernehmen eine dieser Rollen, wann immer dies erforderlich ist. Wir haben selten einzelne Personen, die dediziert nur eine dieser Rollen übernehmen. Um alle diese Rollen anzusprechen, verwenden wir typischerweise den allgemeinen Begriff des *Entwicklers*. Die Größe unserer Featureteams variiert. Selten bestehen sie lediglich aus drei und so gut wie nie aus mehr als zehn Mitgliedern. Eine gute Regel, die man für Teamgrößen beherzigen sollte, ist die Miller-Regel von sieben plus minus zwei. Sangwan und seine Kollegen empfehlen in [Sangwan+07, S. 97]:

> *[...] kein Team sollte größer als zehn Mitarbeiter sein, und kein einziger Standort sollte mehr als 100 Ingenieure haben (oder zehn Teams à zehn).*

Manchmal wird ein bestimmtes Wissen nur für einen bestimmten Zeitraum benötigt – beispielsweise, wenn ein Feature eine bestimmte Technologie oder Anbindung erfordert. In einem meiner Projekte benötigten wir ab und zu die Erfahrung von Datenmigrationsexperten. Wenn Sie eine ähnliche Situation in Ihrem Projekt haben, empfehle ich, dass der Datenmigrationsexperte für einen bestimmten Zeitraum, z.B. für eine Iteration, Mitarbeiter des zu unterstützenden Featureteams wird. Dafür ist es eventuell notwendig, dass er zu dem Standort des Featureteams reisen muss. Dieser Experte gehört damit nicht zu einem bestimmten

Featureteam während der gesamten Projektlaufzeit, sondern fungiert als sogenannter Springer und unterstützt ein bestimmtes Featureteam, wann immer dies
erforderlich ist.

Eine ähnliche Strategie kann eingesetzt werden, wenn ein Featureteam zur
Aneignung von bestimmtem Know-how Unterstützung braucht – in diesem Fall
arbeiten die jeweiligen Mentoren mit diesem Team so lange zusammen, bis dieses
Wissen im Team aufgebaut ist. Meist ist die Arbeit für diese Springer einfacher,
wenn sie zu dem Standort der entsprechenden Featureteams reisen. Das ist aber
nicht immer notwendig, speziell dann nicht, wenn es sich um ein verstreutes Featureteam handelt. Wenn ihre Hauptaufgabe Wissenstransfer ist, werden sie aber
wesentlich effizienter sein, wenn sie mit den Personen, die sie betreuen, direkt
zusammenarbeiten können.

Grundsätzlich ist es immer günstiger, wenn man das gesamte benötigte Wissen innerhalb des Teams hat. Ist dies nicht der Fall, so sollten Sie immer alles in
Ihrer Macht Stehende tun, damit das Team dieses Wissen aufbauen kann. Aus
diesem Grund ist es gut, wenn Mentoren zur Verfügung stehen, die für eine
bestimmte Zeit mit einem Featureteam zusammenarbeiten, um den Wissenstransfer zu gewährleisten. Ich empfehle ganz klar, Kopfmonopole, also einzelne Experten auf einem bestimmten Gebiet, zu vermeiden. Wenn Sie sich in dieser Situation
befinden, hat Ihr Projekt ein hohes Risiko. Was passiert, wenn diese Mitarbeiter
im Urlaub oder krank sind, den Job wechseln usw.? Dann ist das Projektziel
gefährdet.

Nach Möglichkeit empfehle ich, die gleichen Mitarbeiter in einem Featureteam konstant über die gesamte Projektlaufzeit zusammenzuhalten. Die Fachbereiche der zu bearbeitenden Funktionalitäten können sich jedoch nach Bedarf
über die Zeit ändern. Der größte Nutzen bei dieser Strategie liegt darin, dass das
Team sich tatsächlich auch als Team sieht. Nachdem die Kommunikationspfade
einmal etabliert sind, können diese für den Rest der Zusammenarbeit einfach
genutzt werden. Diesen Nutzen hat man unabhängig davon, ob das Team zusammen oder verstreut sitzt.

3.2.2 Architekt und Chefarchitekt

Die Hauptaufgabe eines Architekten besteht darin, die konzeptionelle Integrität
unabhängig von der Anzahl der involvierten Featureteams oder Standorte sicherzustellen. Konzeptionelle Integrität wurde von Fred Brooks wie folgt definiert
(siehe [Brooks95, S.44]):

*Jedes Teil muss die gleichen Philosophien reflektieren und die gleichen Desi-
derata [Wünsche] gegeneinander abwägen. Jedes Teil muss sogar die gleiche
syntaktische Technik und die analogen semantischen Begriffe verwenden.
Die einfache Nutzbarkeit diktiert dann die Einheit des Designs, konzeptionelle Integrität.*

Nur konzeptionelle Integrität ermöglicht Einfachheit – und Einfachheit ermöglicht wiederum Wartbarkeit. Deshalb ist die Rolle des Architekten so wichtig. In einem Projekt bestehend aus nur einem zusammensitzenden Team kann dieses in der Gesamtheit die Verantwortung für konzeptionelle Integrität übernehmen, wie in [Eckstein04, S.114] erläutert:

> *In einem typischen agilen Projekt (also in einem kleinen Team) gibt es selten die Rolle eines Chefarchitekten, da das gesamte Team sich gleichermaßen verantwortlich für das Projekt fühlt. [...] Auch wenn dies für große Teams ebenfalls ein Ziel sein könnte oder sollte, stellt sich doch heraus, dass dies schlichtweg nicht möglich ist, da ansonsten die Entwicklung vollkommen unkoordiniert auseinanderläuft.*

In einigen Projekten (immer noch nicht allzu groß) kann es ausreichend sein, dass ein erfahrener Entwickler zusätzlich die Rolle des Architekten übernimmt. Abhängig von der verwendeten Technologie, dem Projektinhalt und der Projektgröße ändert sich die Nachfrage nach der Rolle des Architekten:

Ein Architekt für das Projekt
Der Architekt berät bei allen technischen Entscheidungen. Des Weiteren ist er der Hauptansprechpartner für den (Haupt-)Product Owner zur Klärung von technischen Abhängigkeiten zwischen den Funktionalitäten (mehr zur Rolle des Product Owner in Abschnitt 3.2.4).

Ein Architekt pro Featureteam
Handelt es sich um ein komplexes bzw. unbekanntes Projekt, benötigen wir typischerweise einen Architekten pro Featureteam. Nach einiger Zeit haben wir das notwendige Wissen im Team aufgebaut, sodass ein oder ein paar Architekten für das Gesamtprojekt ausreichend sind. Der Architekt im Featureteam ist meist eine zusätzliche Rolle, die von einem Entwickler übernommen wird, und selten eine Vollzeitstelle.

Ein bis mehrere Architekten unterstützen alle Teams
Wenn Sie weniger Architekten als Featureteams haben, wird jeder Architekt nur für eine begrenzte Zeit mit einem Featureteam zusammenarbeiten. Beispielsweise bietet ein Architekt seine Unterstützung für ein Featureteam immer nur für eine Iteration an, bevor er das nächste Featureteam unterstützt.

Aber unabhängig davon, ob Sie einen Architekten in jedem Featureteam haben oder eine Gruppe von Architekten, die all die verschiedenen Featureteams betreuen, ist es unerlässlich, dass diese im ständigen Kontakt zueinander stehen. So gesehen bilden die Architekten ein virtuelles Team, das von einem *Chefarchitekten* angeführt wird. Dieser hält die Fäden zusammen und stellt sicher, dass alle die gleiche Vision haben. Andernfalls ist es wahrscheinlich, dass jedes Team und/oder jeder Standort eigene Architekturentscheidungen, die nicht miteinander im Einklang stehen, trifft. Die Hauptverantwortung des Chefarchitekten ist es,

dafür zu sorgen, dass jeder im Team das große Gesamtbild (von einem technischen Standpunkt aus) verinnerlicht hat. Wie auch in [Eckstein04, S.116] erklärt:

> Er [der Chefarchitekt] muss dabei aber auch immer den anderen sein Wissen
> vermitteln, indem er zum Beispiel mit ihnen zusammenarbeitet, damit diese
> den Gesamtzusammenhang erkennen und Verantwortung übernehmen [...].
> Der Chefarchitekt ist also nicht nur derjenige, der die Konzepte in Erinne-
> rung behält, sondern auch derjenige, der diese Konzepte weiter verbreitet.
> Auf diese Weise erhalten immer mehr Menschen ein immer besseres Ver-
> ständnis für das System.

Die Verbreitung dieser Ideen und die Hilfe für andere Teammitglieder, den
Gesamtzusammenhang zu erkennen, beziehen sich nicht nur auf die Konzepte,
sondern auch auf das aktuelle System. Das heißt, in unseren Projekten program-
miert selbst der Chefarchitekt und erzeugt nicht nur Dokumente. Der Architekt
arbeitet immer mit den Featureteams zusammen und versteht sich als Dienstleister für dieselben. Dies ist unabhängig davon, ob wir nur einen einzigen Architekten haben, einige Architekten oder sogar einen Architekten pro Featureteam.

Eine weitere Lektion, die wir gelernt haben, ist, dass demokratisch getroffene
Entscheidungen zu den schlechtesten Architekturen führen. Das bedeutet aber
nicht, dass der Chefarchitekt alle Architekturentscheidungen diktiert. Er hat
sicherzustellen, dass alle Meinungen gehört und – insofern es notwendig ist – vor
der letztendlichen Entscheidung evaluiert werden. Es liegt in der Verantwortung
des Chefarchitekten, dass alle Architekten die Entscheidung akzeptieren und
respektieren. Um dies zu erreichen, empfehle ich, das Prinzip *nemawashi* aus dem
»Toyota-Weg« zu beherzigen (siehe [Liker04, S.24]):

> Treffe die Entscheidungen langsam durch Konsensbildung, berücksichtige
> gründlich alle Meinungen; setze die Entscheidung schnell um.

Die Grundlage für dieses Vorgehen ist, dass jede Partei angehört wird und die
Möglichkeit erhält, Input zu geben. Auf diese Art werden alle Entscheidungsträ-
ger in die Entscheidungsfindung mit einbezogen. Letztendlich stellt diese Strategie sicher, dass alle die Entscheidung mittragen können und konsequenterweise
ihre eigenen Ziele niedriger als die Ziele des Gesamtprojekts priorisieren.

Erfahrungen als Softwarearchitekt in einem globalen agilen Entwicklungsprojekt von Michael Kircher[a]

In meiner Rolle als Softwarearchitekt, in diesem konkreten Fall als Chefarchitekt eines Entwicklungsprojekts mittlerer Größe (~ 50 Entwickler), konnte ich Erfahrung im Bereich der Skalierung der Rolle des Softwarearchitekten in einem agilen Projekt sammeln. Dieses Projekt umfasste zwei Subsysteme. Das eine war ein eingebettetes Gerät, das in Fahrzeuge eingebaut wurde. Das andere war ein unternehmensweites Informationssystem, das als Drei-Schichten-Architektur kombiniert mit Batch-Prozessen entworfen wurde.

In dieser Umgebung gab es mehrere Herausforderungen. Erstens, es waren drei Entwicklungsstandorte innerhalb Europas involviert. Zweitens, es wurde erwartet, dass die Software nach Abschluss des ersten Projekts als Plattform für ähnliche Lösungen mit ähnlichen Anforderungen wiederverwendet werden sollte. Drittens, die Anforderungen waren nicht fix; der Kunde – repräsentiert durch einen Product Owner – erarbeitete und verfeinerte während der Entwicklung wesentliche Use Cases.

Für mich bedeutete dies, dass ich einen Weg finden musste, die Architektur über mehrere Standorte ständig weiterzuentwickeln. Währenddessen sollte gleichzeitig sichergestellt werden, dass die Komplexität niedrig gehalten wurde, um eine spätere Wiederverwendbarkeit zu gewährleisten. Meiner Erfahrung nach ist das ein sehr typisches Problem für einen Softwarearchitekten im Umfeld eines globalen und agilen Softwareentwicklungsprojekts.

Zunächst eine kurze Erläuterung, wie ich Softwarearchitektur verstehe: Nach meinem Verständnis betrifft Architektur all das, was später bei einer Änderung teuer wird. Es handelt sich also nicht nur um die globale Struktur der Software, um wesentliche Abhängigkeiten zwischen Subsystemen, sondern ebenfalls um die angewandten Technologien, Entscheidungen über eine Unterstützung für Internationalisierung usw. Mit diesem Verständnis von Architektur wird klar, dass Architektur auch in agilen Projekten eine Rolle spielt. Der Hauptunterschied liegt darin, dass die spezifische Architektur sukzessive entsteht, ohne dass sie von Anfang bis Ende durchgeplant wird. Eine gute Analogie besteht vermutlich darin, einen Vergleich zwischen »statischer und upfront entworfener Architektur« und »dynamischer, ständig reifender Architektur« zu ziehen. Damit möchte ich nicht sagen, dass sich bei dynamischer, ständig reifender Architektur immer alles ändert, weit davon entfernt. Die grundlegenden Designentscheidungen, wie die Schichtung, Verteilungsprinzipien, Programmieridiome, bleiben gleich, höchstwahrscheinlich inklusive des initialen Architekturstils, wie Broker, gemeinsames Repository, Pipes & Filter.

Zurück zu meiner Erfahrung: Da mehrere Subsysteme und Entwicklungsstandorte involviert waren, wurde schnell offensichtlich, dass ein einziger Architekt nicht ausreicht. Wir führten jeweils einen Architekten pro größerem Subsystem und Standort ein – was sich entsprach, da wir vermieden, über mehrere Standorte an einem Subsystem zu arbeiten. Wir etablierten also Subsystemarchitekten, die durch mich, den Chefarchitekten, betreut und angeleitet wurden. Diese Einrichtung von Architekturrollen erlaubte uns, mit Situationen umzugehen, die schwierige und finale Entscheidungen erforderten. Das generelle Lösungsprinzip, das man daraus ableiten kann, ist die Struktur eines Chefarchitekten mit untergeordneten Softwarearchitekten. Jeder Softwarearchitekt betreut dabei alle Themen innerhalb von Subsystemgrenzen bzw. eines Problembereichs, wie technische Infrastruktur und Geschäftslogik, bevorzugt an einem Standort.

Was den Fokus und die Prioritäten eines Softwarearchitekten angeht, habe ich eine ganz bestimmte Meinung: Ein Softwarearchitekt muss mit absteigender Priorität das Folgende sicherstellen:

1. Konsistenz in den Designentscheidungen und der resultierenden Architektur
2. Kommunikation unter den Entwicklern und mit den Interessenvertretern
3. Beratung des Teams bezüglich Best Practices in den täglichen Designentscheidungen
4. Selbst Designentscheidungen treffen

Da oft erwartet wird, dass der Architekt alle Designentscheidungen selbst trifft, erscheint diese Aufzählung vielen konträr zu sein. Meiner Erfahrung nach ist das in Wirklichkeit das Schlechteste, was man tun kann. Und zwar aus mehreren Gründen. Der wichtigste Grund ist, dass die Entwickler nicht hinter Entscheidungen stehen, die ihnen vorgeschrieben werden. Zweitens, die Menge der notwendigen Entscheidungen würde den Architekten überschwemmen. Auf diese Art behindert der Architekt als Flaschenhals den Projektfortschritt. Die Rolle des Architekten kann nur skalieren, und der Architekt kann nur die Kontrolle über Designentscheidungen behalten, wenn er sich selbst weitgehend aus der aktuellen Designarbeit heraushält. Stattdessen sollte er sich als kontrollierende Instanz installieren, die die relevanten Entscheidungen in Reviews und Diskussionen überprüft, bevor sie im Projekt implementiert werden. In diesen Situationen kann der Architekt das Team zu guten Designpraktiken führen.

Zurück zur Agilität. Das Prinzip der kontinuierlichen Anleitung und der Delegation der Designarbeit durch den Softwarearchitekten stimmt auf ganz natürliche Art und Weise mit den agilen Prinzipien überein: bevollmächtigte Teams, die sich auf ein gemeinsames Ziel fokussieren.

a. Michael Kircher (Deutschland), Direktor Syngo Plattform-Entwicklung, Siemens Healthcare, ehemals Principal Engineer, Siemens Corporate Technology.

3.2.3 Coach

Jedes Featureteam braucht einen Teamsprecher, der sicherstellt, dass das Team seine Arbeit erledigen kann. Das bedeutet nicht, dass die Teammitglieder keine Verantwortung übernehmen, wenn irgendwelche Probleme auftauchen, sondern dass es jemanden gibt, der sich um Probleme kümmert, sodass das Team vorwärtskommen kann. So eskaliert beispielsweise der Teamsprecher entsprechende Probleme zu den richtigen Personen. Außerdem agiert diese Person als *Firewall* oder *Gatekeeper* (siehe [CoplienHarrison04]) für das Team, damit das Team nicht bei jeder Frage, die von außen kommt, in seiner Arbeit unterbrochen wird.

Zusätzlich sorgt der Coach (Scrum-Terminologie: Scrum Master) für den Raum und die Einplanung von Teammeetings. Das wiederum heißt nicht unbedingt, dass der Coach operativ all diese Dinge selbst organisiert, da die Verantwortung von allen Teammitgliedern gleichermaßen getragen werden soll. Er stellt jedoch sicher, dass sie getan werden. Weiterhin agiert der Coach als eine Art lebende Erinnerung oder auch als das schlechte Gewissen des Teams. Beispielsweise erinnert er an Abmachungen bzw. wenn sich Abmachungen als nutzlos

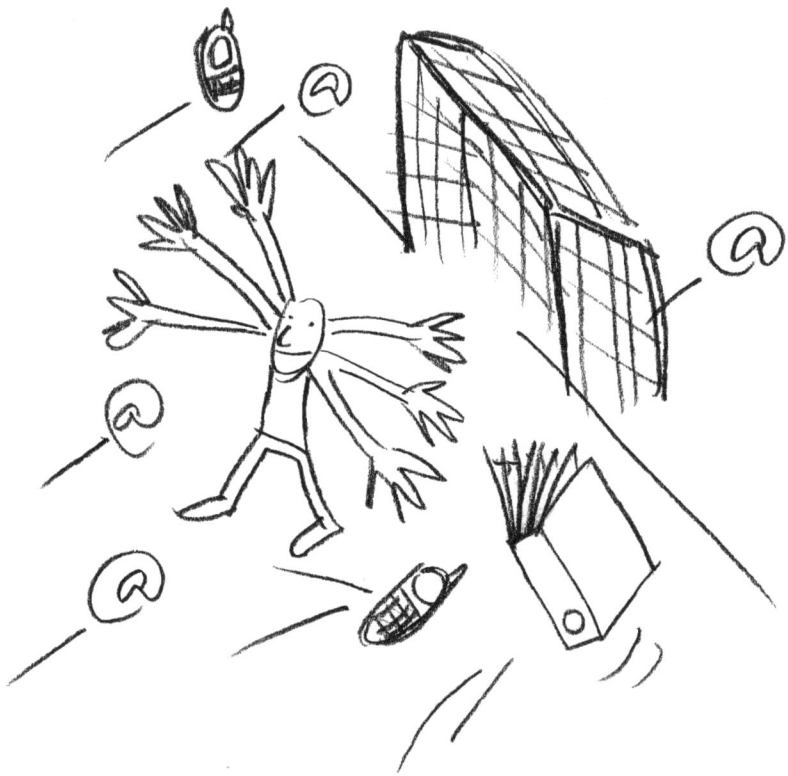

Abb. 3–2 *Gatekeeper*

erweisen, sorgt er dafür, dass sie entweder eliminiert oder durch andere, sinnvollere vom Team ersetzt werden.

In einem großen verteilten Projekt gibt es immer mehrere Coachs. Im Prinzip benötigt jedes Featureteam jemanden, der diese Rolle übernimmt. Meiner Meinung nach ist es wichtig, dass der Coach wirklich ein Teammitglied ist und nicht von außerhalb kommt und beispielsweise in der Hierarchie über den restlichen Teammitgliedern steht. Meist lässt sich diese Konstellation herstellen, indem der Coach eine zusätzliche Rolle, wie die eines Entwicklers (was am häufigsten vorkommt) oder die des Testers, übernimmt. In Abhängigkeit davon, wie gut das Team als solches funktioniert, kann es vorkommen, dass ein Coach für eine Iteration nicht in der Lage ist, eine Entwicklungsaufgabe zu übernehmen, da er zu beschäftigt ist, seine Rolle als Coach auszufüllen. Es sollte offensichtlich sein, dass der Coach seine Rolle am besten ausüben kann, wenn er mit dem Team zusammensitzt. Wenn das Team selbst verstreut ist, muss er selbstverständlich den Kontakt mit allen Teammitgliedern auf verschiedene Art und Weise aufrechterhalten: über Telefon, E-Mail oder auch durch Reisen zu den verschiedenen Standorten.

3.2.4 Product Owner oder Produktmanager

Jedes Featureteam benötigt das Wissen darüber, welches Feature als nächstes implementiert werden muss und wer bei Verständnisschwierigkeiten mit den Anforderungen befragt werden kann, gemäß eines Prinzips des Agilen Manifests (siehe [AgileManifesto]):

> *Fachexperten und Entwickler müssen während des gesamten Projekts täglich zusammenarbeiten.*

Ganz prinzipiell braucht ein Featureteam einen Stellvertreter des Kunden als Ansprechpartner. Aus diesem Grund wird diese Rolle der Einfachheit halber oft direkt als Kunde bezeichnet oder wie in XP als *Kunde vor Ort* (englisch: onsite customer). Diese Rolle kann von einem echten Kunden übernommen werden. Oft ist es aber zweckmäßiger, wenn jemand diese Rolle einnimmt, der lediglich die Kundenperspektive vertritt (aber selbst kein Kunde ist). Letzteres ist vor allem dann sinnvoll, wenn das System, das Sie bauen, von einer Gruppe von Kunden verwendet werden soll, die unterschiedlicher Meinung über die zukünftigen Funktionalitäten des Systems sind. Um zwischen dem echten Kunden und der Person, die den Kunden repräsentiert, zu unterscheiden, verwende ich von jetzt an hier die Scrum-Terminologie *Product Owner*.

Der Product Owner hat die Aufgabe, die unterschiedlichen Anforderungen der verschiedenen Kunden zu klären, und er muss dazu bevollmächtigt sein, über Prioritäten zu entscheiden. Dazu muss der Product Owner über den Fachbereich des Kunden sehr gut Bescheid weiß. Außerdem braucht er einen guten Kommunikationskanal zu den (verschiedenen) Kunden, wie Magnus Christerson[4] von Intentional Software betont:

> *Product Owner/Manager müssen kontinuierlich Qualitätszeit mit den echten Kunden verbringen. Ich habe gewöhnlich die Regel ausgegeben, dass ein Produktmanager 25% seiner Zeit für direkte Kundenaktivitäten verwenden sollte.*

In meinen Projekten kamen die Product Owner aus verschiedenen Bereichen oder Abteilungen. Geeignet sind: Marketing, Support, Produktmanagement, Vertrieb oder Fachanalyse – im Prinzip alle Bereiche, die einen Einblick in die Kundendomäne erlauben. Wenn Sie ein Produkt bauen, das anschließend von Entwicklern verwendet werden soll, sind selbstverständlich auch Entwickler gute Kandidaten für die Rolle des Product Owner. Das heißt, es ist vom zu bauenden System abhängig, wer sich am besten für diese Rolle eignet. Muss Ihr System mehreren Kunden gerecht werden, kann die Aufgabe des Product Owner entsprechend anspruchsvoll sein. Er muss die verschiedenen Bedürfnisse der diversen Kunden gegeneinander abwägen und dann entsprechend priorisieren. Vermutlich kann

---

4. Privates Gespräch mit Magnus Christerson.

man nie allen Kunden vollständig gerecht werden – somit ist es die wichtigste Aufgabe des Product Owner, diese Bedürfnisse abzustimmen und entsprechende Schlussfolgerungen zu ziehen.

In Abhängigkeit von der Komplexität des zu bauenden Systems und des vorhandenen Wissens über die Fachdomäne im Team ist ein Product Owner vermutlich lediglich in der Lage, ein Featureteam zu unterstützen. Die Aufgabe des Product Owner ist sehr anspruchsvoll. Sie müssen darauf achten, dass dieser nicht überlastet wird. Der Grund für diesen hohen Anspruch liegt darin, dass der Product Owner zwischen den Stühlen sitzt – das Featureteam benötigt seine Unterstützung bezüglich des Fachwissens, und andererseits muss er den (echten) Kunden ständig involvieren, um seiner Aufgabe gerecht werden zu können. Deshalb empfehle ich, in großen verteilten Projekten eine unterstützende Struktur einzurichten:

▪ **Product-Owner-Team**
  Da in großen Projekten die Aufgaben eines Product Owner sehr aufwendig sind, reicht *ein* Product Owner nicht aus. Stattdessen werden meist mehrere Product Owner als Team benötigt. Bei einigen meiner Projekte, in denen es um die Ablöse eines Altsystems ging, konnte ein Product Owner bis zu drei Teams unterstützen, in anderen Projekten brauchten wir einen Product Owner pro Featureteam.

▪ **Haupt-Product-Owner**
  Für ein Product-Owner-Team brauchen Sie einen *Haupt-Product-Owner*. Dieser agiert als eine Art Schlichter bei Meinungsverschiedenheiten und entscheidet außerdem letztendlich über die Prioritäten. Die wichtigste Aufgabe des Haupt-Product-Owner besteht darin, die Prioritäten über alle Features hinweg zu bestimmen. Das kann er jedoch nur, wenn er den entsprechenden Input sowohl von den Kunden als auch von seinem Product-Owner-Team erhält. Auf die gleiche Art und Weise, wie der Chefarchitekt die Fäden bezüglich technischer Entscheidungen zusammenhält, tut dies der Haupt-Product-Owner bezüglich der Geschäftsentscheidungen. In Abhängigkeit von der Komplexität des Systems und des Projekts (basierend auf seiner Größe, dem Verteilungsgrad usw.) kann es notwendig sein, dass der Haupt-Product-Owner keine andere Aufgabe wahrnimmt als die Koordination des Product-Owner-Teams und die Aufrechterhaltung des Hauptkontaktes zu den Kunden. In den meisten Fällen kann der Haupt-Product-Owner jedoch nebenbei die Rolle eines regulären Product Owner erfüllen, indem er zusätzlich ein Featureteam unterstützt.

Auch wenn der Haupt-Product-Owner hauptsächlich den Kundenkontakt hält, müssen die Product Owner seines Teams ebenso eng mit den Kunden zusammenarbeiten, um ihre Featureteams unterstützen zu können. Es ist sehr hilfreich, wenn der jeweilige Product Owner mit seinem Featureteam zusammensitzt. Daraus folgt die Notwendigkeit, dass die Product Owner häufig zu den Standorten der Kunden reisen müssen, um Feedback einzuholen und mögliche Missverständnisse zu klären. Außerdem gilt die Regel, je komplexer die umzusetzende Geschäftsfunktionalität, desto näher sollte der Product Owner seinem Team sein. Sind die Mitglieder seines Featureteams verstreut, bedeutet dies für den Product Owner zusätzlichen Reiseaufwand. Es wird Zeiten geben, an denen der Product Owner aus unterschiedlichen Gründen nicht am Standort seines Featureteams sein kein – dann ist es wichtig, dass trotzdem die Kommunikation aufrechterhalten wird. Um die Bandbreite zwischen dem Featureteam und dem Product Owner zu erhöhen sowie die Konversation so gut wie möglich zu bereichern, müssen alle zur Verfügung stehenden Kommunikationsmedien verwendet werden. Das Wichtigste ist jedoch, die Zeiten, zu denen der Product Owner »sein« Featureteam nicht betreuen kann, so gering wie möglich zu halten.

Machen Sie sich bewusst, dass es diesbezüglich keinen Unterschied zwischen einem Onshore- und einem Offshore-Team gibt. Ich betone das deshalb, weil ich immer wieder die Erfahrung mache, dass Offshore-Teams keinen Product Owner haben, der sich am selben Standort aufhält. Bei der Agilität geht es um den ständigen Fokus auf den Geschäftswert, und zwar unabhängig davon, an welchem Standort sich ein Team befindet. Ein Team wird immer von einer direkten Unterstützung bezüglich der Geschäftsdomäne profitieren und aus diesem Grund immer am besten funktionieren, wenn es die Unterstützung durch einen Product Owner vor Ort hat.

Matt Simon, Projektmanager bei ThoughtWorks, berichtet in [Simon02] von seiner Erfahrung:

> *Angenommen Ihr Offshore-Team ist nicht in der Lage, einen Geschäftskunden zu finden, der die Rolle des Kunden vor Ort übernimmt, dann müssen Sie eine Art Proxykunde etablieren.*

Gibt es keinen direkten Kontakt zwischen dem Product Owner und »seinem« Team (oder seinen Teams), brauchen Sie einen anderen Product Owner. Die Idee hinter dem Product Owner ist, die Missverständnisse zwischen dem Kunden und der Entwicklung zu reduzieren. Findet dies keine Berücksichtigung, wird lediglich eine weitere Indirektionsschicht zwischen dem Team und dem Kunden eingezogen, und Missverständnisse werden umso mehr gefördert.

Abb. 3–3 *Direkte Verbindung*

3.2.5 Projektleiter

Einige agile Methoden diskutieren die Relevanz der Rolle des Projektleiters in agilen Projekten. Aber selbst für reguläre agile Teams und umso mehr für große und verteilte Teams braucht man jemanden, der sich um die organisatorischen Aspekte kümmert:

▪ **Politik**
Meiner Erfahrung nach besteht die wichtigste Aufgabe eines Projektleiters darin, sich um die Politik zu kümmern. Ein Projekt benötigt typischerweise die Unterstützung sowohl innerhalb als auch außerhalb des Unternehmens. Diese Unterstützung zu etablieren und zu gewährleisten ist oftmals schon eine Vollzeitaufgabe.

▪ **Persönliche Belange**
Der Projektleiter sollte der wissende und verständige Ansprechpartner für persönliche Belange des Teams sein. Er kennt das Team, den Stress, den sie haben, und die persönlichen Probleme. Er gibt ihnen Spielraum bezüglich Urlaub und unterstützt das Team als Ganzes. Oft löst er die schwierigen Probleme, die der Coach nicht lösen kann, da letzterer einerseits zu dicht am Team ist und andererseits nicht nah genug an der Unternehmenspolitik dran ist.

▪ **Budget/Controlling**
Der Projektleiter ist meist auch verantwortlich für das Budget. Die Aufbereitung der vom (Haupt-)Product Owner benötigten Informationen sowie die Kontrolle des Budgets fallen in seinen Aufgabenbereich. In kleineren weniger komplexen Projekten kann und sollte diese Aufgabe vom Product Owner übernommen werden.

■ **Personal**
Basierend auf dem Input des Teams ist es meist auch der Projektleiter, der sich um die Organisation von Einstellungen von fähigen neuen Mitarbeitern kümmert.

Ganz allgemein kann man sagen, dass es am Projektleiter liegt, als eine Art Außenminister die Umgebung zu schaffen, sodass jeder seine Aufgaben erledigen kann und das Projekt vorankommt. Ist die Entwicklung Ihres Projekts über mehrere Standorte verteilt, ist es unerheblich, an welchem Standort der Projektleiter sitzt. Er muss so oder so immer wieder zu den verschiedenen Standorten reisen. Ist Ihr Projekt jedoch so strukturiert, dass die Entwicklung an einem Standort stattfindet, während die Projektleitung an einem anderen Standort sitzt, dann hat diese Definition der Projektleitung nicht viel mit der hier vorgestellten Rolle des Projektleiters zu tun. Wie auch Ed Yourdon in [Yourdon05, S. 56] bekräftigt:

> *[...] die Hauptsache ist, dass der Projektleiter* und *der Rest des Teams in der gleichen Organisation, Teil der gleichen Kultur und vermutlich auch bereits miteinander vertraut sind.*

Abhängig von der tatsächlichen Teamgröße werden eventuell mehrere Mitarbeiter gebraucht, um die Aufgaben des Projektleiters zu erfüllen.

3.2.6 Schlüsselrollen sitzen mit ihren Teams zusammen

Hinsichtlich oben vorgestellter Verantwortlichkeiten sollte deutlich geworden sein, dass es von Vorteil ist, wenn all die Schlüsselrollen – speziell Projektleiter, Coach, Product Owner und Architekt (insofern Sie einen Architekten pro Featureteam haben) – mit ihrem jeweiligen Team zusammensitzen. Tatsächlich sind sie Teil ihres Teams.

Immer wieder höre ich von der Tendenz, dass Organisationen die Schlüsselrollen Projektmitarbeitern in der Zentrale übertragen wollen. Diese Strategie ist jedoch nicht wirklich hilfreich. Um wirklich effizient mit dem Team arbeiten zu können, müssen diese Schlüsselrollen bei ihren Teams angesiedelt sein.

Eine Ausnahme bildet ein verstreutes Featureteam. Hier gibt es letztendlich keinen definierten Standort, an dem dieses Featureteam sitzt. Folglich gibt es auch keinen spezifischen Standort für die Schlüsselrollen. In diesem Fall ist es extrem wichtig, dass die Personen, die diese Schlüsselrollen ausfüllen, willens und in der Lage sind, zu den involvierten Standorten (sehr häufig) zu reisen. Weiterhin sind gute Kommunikationsfähigkeiten in solch einer verteilten Umgebung essenziell.

3.3   Konzeptionelle Integrität sicherstellen

Mit Featureteams wird der Fokus auf den höchsten Geschäftswert im System sichergestellt. Ohne einen Architekten kann es vorkommen, dass ein Featureteam sich ausschließlich auf die Features konzentriert und funktionsübergreifende Features wie konzeptionelle Integrität außer Acht lässt. Ist dies der Fall, entsteht am Ende ein System mit unterschiedlichen Look&Feels, verschiedenen Arten, auf die Datenbank zuzugreifen, und so weiter. Konzeptionelle Integrität ist die Basis für die Wartbarkeit eines Systems. Nur dadurch kann eine einfache Vision entstehen, die aufzeigt, wie Dinge funktionieren müssten, wie es auch ein Prinzip des Agilen Manifests als Richtlinie vorgibt (siehe [AgileManifesto]):

> *Einfachheit – die Kunst, die Arbeitsmenge, die nicht getan wird, zu maximieren, ist essenziell.*

Für jedes System, umso mehr für ein großes System gilt: Einfachheit basiert auf konzeptioneller Integrität, und es ist die Aufgabe des (oder der) Architekten, darauf Acht zu geben. In Abhängigkeit von sowohl der Projektgröße als auch der Komplexität ist ein oder ein Team von Architekten erforderlich, um die konzeptionelle Integrität sicherzustellen.

3.3.1   Startteam hat Vorbildfunktion

Wenn Sie mit einem einzigen Team Ihr Projekt starten (mehr zum Projektstart in Abschnitt 10.1) und dieses Startteam zwei bis drei Schlüssel-Use-Cases zusammen mit einer Referenzimplementierung der Architektur entwickelt, kann dies bereits ausreichen, um konzeptionelle Integrität zu gewährleisten. Diese Referenzimplementierung wird mehr oder weniger automatisch für die weitere Entwicklung als Vorbild herangezogen, wie auch in [Eckstein04, S. 103] betont wird:

> *Diese erste Funktionalität wird hier* Referenzimplementierung der Architektur *genannt. »Referenz«, weil sie als Beispiel dafür dient, wie das System erweitert werden kann, und außerdem dabei hilft, mehr über die Fachlichkeit und Technologie zu lernen.*

Wurden die Mitglieder des Startteams sorgfältig (d.h. von allen beteiligten Standorten) ausgewählt, wird an allen Standorten bereits während der Startphase das Wissen über die Referenzimplementierung aufgebaut. Auf diese Weise verbreitet sich das Wissen über funktionsübergreifende Belange über die Standorte hinweg.

3.3.2   Technisches Serviceteam

Ist es aufgrund der Projektgröße und Komplexität für die Gruppe der Architekten unmöglich, die Integrität auf der gleichen Ebene zu halten, sollten Sie darüber nachdenken, ein separates Team zu etablieren, das genau dies sicherstellt. Wenn

das System, das Sie erstellen, beispielsweise eine hohe Komplexität in der Benutzungsoberfläche erfordert, müssen Sie ein separates Team ins Leben rufen, ein
sogenanntes *technisches Serviceteam*, das die Infrastruktur oder das Framework
für die Benutzungsoberfläche erstellt (mehr zur Vorabentwicklung von Frameworks in Abschnitt 2.3). Dieser Service ermöglicht es den Featureteams, die
Benutzungsoberflächen auf einfache Art und Weise zu erstellen. Eine andere
Motivation für ein technisches Serviceteam ist die Erstellung von verschiedenen
Produkten, die alle auf der gleichen Architektur basieren. Dann werden Sie ein
Team benötigen, das die Grundlage zur Verfügung stellt, damit die Featureteams
ihre Features auf Basis dieser gemeinsamen Konzepte entwickeln können.

Der Schlüssel für ein erfolgreiches technisches Serviceteam ist, dass die gelieferte Arbeit wirklich eine Dienstleistung für die Featureteams darstellt. Das technische Serviceteam versteht die Featureteams als Kunden, die die Anforderungen
formulieren. Es ist nicht das technische (Service-)Team, das sich technische Ideen
unabhängig von den Kundenanforderungen ausdenkt – diese Haltung habe ich
viel zu oft erlebt. Deshalb, wie ich in [Eckstein04, S. 47] herausstelle, müssen Sie
Folgendes sicherstellen:

> *Technische Teams sollten sich selbst immer als reine Dienstleister der fachli-
> chen Teams betrachten.*

Die Featureteams müssen wiederum die Rolle des Kunden einnehmen und zusätzlich dem technischen Serviceteam einen Product Owner zur Verfügung stellen.
Dieser Product Owner, wie jeder »normale« Product Owner auch, entscheidet
über Prioritäten und steuert die Entwicklung seines Teams, des technischen Serviceteams. Der größte Unterschied zu Featureteams ist, dass der Kunde eines technischen Serviceteams ebenfalls ein Entwickler ist und die »Features«, die ein technisches Serviceteam entwickelt, technischer und nicht fachlicher Natur sind.
Allerdings werden selbst diese technischen »Features« von den Geschäftsfunktionalitäten getrieben, da die Featureteams immer die Informationen einfordern
werden, die sie zur Entwicklung von Geschäftsfunktionalitäten benötigen.

Das Gleiche gilt selbst dann, wenn das technische Serviceteam eine Architektur für verschiedene Produkte entwickelt. Die Teams, die diese Produkte entwickeln, sind ebenfalls Kunden des technischen Serviceteams und werden entsprechend ihre Anforderungen formulieren.

3.4   Zusammenfassung

Erste Priorität ist es sicherzustellen, dass ein Team tatsächlich in der Lage ist, ein
ganzes Feature zu liefern. Nur wenn ein komplettes Team die Verantwortung für
eine Gesamtfunktionalität übernehmen kann, besteht keine Gefahr, dass das
Team die Schuld jemand anderem zuweist, falls am Ende einer Iteration nicht alle
Aufgaben erledigt wurden. Das Einzige, was ein in der Gesamtverantwortung ste-

hendes Team tun kann, ist zusammenzuarbeiten und gemeinsam die Funktionalitäten fertigzustellen. Trotzdem, um ein kohärentes System zu erstellen, muss auch konzeptionelle Integrität gewährleistet werden. Das ist die Aufgabe des (oder der) Architekten und möglicherweise des technischen Serviceteams – abhängig von den Projektumständen.

Beim Aufsetzen eines verstreuten Featureteams müssen Sie gegebenenfalls die Effektivität eines Teams durch physische Nähe mit dem Bedarf an benötigtem Wissen und erforderlichen Rollen innerhalb eines Teams gegeneinander abwägen. Für ein verstreutes Team ist es sehr wichtig, ein gemeinsames Ziel zu verfolgen. Dieses gemeinsame Ziel wird über die Features, für deren Fertigstellung das Team die Verantwortung trägt, definiert. Außerdem sollte einem verstreuten Team auch die Zeit gegeben werden, eine Teamidentität aufzubauen. Nur so wird es in die Lage versetzt, effektiv zusammenzuarbeiten.

Markus Biehl und seine Kollegen haben mehrere verteilte Projekte untersucht und dabei einige Erfolgsfaktoren für verteilte Entwicklung entdeckt. Ihre Schlussfolgerungen werden hervorragend von einem Manager zusammengefasst, den sie interviewt hatten und der für vier erfolglose Projekte verantwortlich war (siehe [Biehl07, S. 57]):

> *[...] sie haben die drei kritischen Faktoren vernachlässigt: keine funktionsübergreifende Teams zu etablieren; keine funktionsübergreifende Kommunikation aufzusetzen; und keine Endbenutzer frühzeitig während des Projekts mit einzubinden.*

Auf der anderen Seite ist bei zusammensitzenden Featureteams stärker auf die standortübergreifende Kommunikation zu achten, um den Gesamtzusammenhang und das gemeinsame Ziel des Gesamtprojekts zu verstärken. In unseren Projekten haben wir letztendlich meist einige Featureteams, die zusammensitzen, und einige, die verstreut sind.

Die Architektur ist eine Dienstleistung für die Featureteams und muss zwingend deren Anforderungen berücksichtigen. Dies geschieht unabhängig davon, ob konzeptionelle Integrität über einen Architekten, über ein Team von Architekten oder mit einem oder mehreren technischen Serviceteams gewährleistet wird. Das Verständnis für dieses Vorgehen muss bei allen Beteiligten im gleichen Maß vorhanden sein.

Es gibt drei zentrale Rollen, um den Gesamtzusammenhang sicherzustellen:

- Der (Haupt-)Product Owner bietet die fachliche oder auch geschäftliche Perspektive.
- Der (Chef-)Architekt erstellt die technische Vision des Produkts.
- Der Projektleiter unterstützt die organisatorische Seite.

4   Kommunikation und Vertrauen

> *Das Vertrauen,*
> *welches neue Freunde sich einander schenken,*
> *pflegt sich stufenweise zu entwickeln.*
>
> Johann Wolfgang von Goethe

Viele Leute meinen, dass Agilität in einer globalen Umgebung nicht funktioniert, da ein agiles Vorgehen eine Menge Kommunikation erfordert. Beispielsweise meinte Sakthivel (siehe [Sakthivel07, S. 71]):

> *Iterative und inkrementelle Vorgehen beinhalten [...] agile Entwicklung [...].*
> *Da während der iterativen Analyse, Design und den Versuchsstadien hohe*
> *Aufgabenabhängigkeiten und Kommunikation von Angesicht zu Angesicht*
> *mit den Nutzern erforderlich sind, sind sie für mittlere und große Offshore-*
> *Projekte nicht geeignet.*

Meiner Ansicht nach ist es jedoch nicht so, dass Agilität Kommunikation *erfordert*, vielmehr akzeptiert Agilität die Tatsache, dass Kommunikation die Mitarbeiter dazu befähigt, sich gegenseitig zu vertrauen und erfolgreich zusammenzuarbeiten. Und dies gilt auch für verteilte Entwicklung. Wie Erran Carmel bestätigt (siehe [Carmel99, S. 82]):

> *Ein effektives globales Team über mehrere Standorte aufzubauen bedingt*
> *mehrere Schlüsselfaktoren: den Aufbau von Vertrauen, die Bestärkung in of-*
> *fener Kommunikation, die Bildung persönlicher Beziehungen und die Über-*
> *brückung kultureller Unterschiede.*

Darüber hinaus braucht jedes Team ein gemeinsames und gleiches Verständnis über eine Vision sowie über Regeln und Werte, um erfolgreich zu sein. Obwohl einiges davon bereits durch die Etablierung von Featureteams motiviert wird, bleibt immer noch eine Menge übrig, wenn man dies über das gesamte Projektteam bzw. über alle Featureteams hinweg sicherstellt. Außerdem müssen sich für eine erfolgreiche Zusammenarbeit sowohl die einzelnen Teammitglieder als auch die verschiedenen Teams (und Standorte) gegenseitig respektieren und vertrauen.

4.1   Vertrauen und gegenseitiger Respekt

Speziell in einer verteilten Umgebung wird es eine gewisse Zeit brauchen, bis Vertrauen entsteht, vor allem auch deshalb, weil es nicht angeordnet werden kann. Vertrauen basiert auf offener, ehrlicher und zuverlässiger Kommunikation. Es ist schwierig und in manchen Situationen unmöglich, Vertrauen ohne einen direkten Kontakt – von Angesicht zu Angesicht – aufzubauen. Doch selbst wenn man eine vertrauensvolle Beziehung etabliert hat, so muss man weiterhin viel Arbeit investieren, um dieses Vertrauen zu erhalten. Ken Pugh hat dies folgendermaßen zusammengefasst (siehe [Pugh07, Folie 31]):

Vertrauen wird inkrementell entwickelt, im Nu gebrochen.

Abb. 4–1   *Gegenseitiges Vertrauen*

Tuckmans psychosoziales Teamentwicklungsmodell (siehe [Tuckman65]) ist die Basis für die inkrementelle Entwicklung von Vertrauen. Dieses Modell erklärt, dass jedes Team, um tatsächlich ein Team zu werden, verschiedene Stadien durchläuft. Diese Stadien sind *forming* (Formierung, zusammenkommen und Ziele definieren), *storming* (Konflikte austragen, die erste Konsequenzen bezüglich Rollen haben), *norming* (Regeln und Leitlinien definieren) und *performing* (zusammenarbeiten, um gemeinsame Ziele zu erreichen, konstruktiver Umgang mit Konflikten). Bei verteilter Entwicklung kann es bis zu drei Monate dauern, bis ein Team all diese Stadien durchlaufen hat. Auf der anderen Seite ist es oft aber eine Frage von Sekunden, um dieses Vertrauen wieder zu zerstören, beispielsweise durch eine falsche Wortwahl in einer E-Mail. Von daher rät ein Prinzip des Agilen Manifests (siehe [AgileManifesto]):

Gründen Sie Projekte mit motivierten Individuen. Geben Sie ihnen die Umgebung und Unterstützung, die sie benötigen, und vertrauen Sie ihnen, dass sie ihre Aufgaben erfüllen werden.

Gegenseitiger Respekt bedeutet, dass jeder Projektmitarbeiter als Kollege betrachtet und behandelt wird. Niemand darf als billiger Hilfsarbeiter angesehen werden.

4.1.1 Grenzwert für vertrauensvolle Beziehungen

Vertrauen wird durch persönlichen Kontakt hergestellt, oder auf Englisch wie in [Handy95] herausgestellt:

Trust needs touch.

Durch regelmäßige – und zu Beginn häufige – persönliche Meetings wird ein Kommunikationskanal für eine vertrauensvolle Beziehung aufgebaut. Meiner Erfahrung nach, die ich mit mehreren meiner Kollegen teile, kann die Frequenz für die persönlichen Treffen auf alle acht bis zwölf Wochen reduziert werden, nachdem zu Beginn eine vertrauensvolle Beziehung etabliert wurde. Lassen Sie jedoch mehr als diese acht bis zwölf Wochen verstreichen, kommen Sie dem Grenzwert für Kommunikation und Vertrauen gefährlich nahe. Wird dieser Grenzwert erreicht, so muss mit folgenden Konsequenzen gerechnet werden:

- Das Risiko ist hoch, dass die vertrauensvolle Beziehung komplett zerstört wird.
- Die Kommunikation ist ineffektiv.
- Das Team muss letztendlich eine schwere Zeit durchleben, um sich von dem Vertrauensverlust zu regenerieren und wieder effektiv zu werden.

Wird der Grenzwert für Kommunikation und Vertrauen ignoriert, so bleibt als Einziges oft nur die Möglichkeit, den Schaden zu begrenzen. Sie können leider nicht davon ausgehen, dass ein Meeting ausreichen wird, um die zuvor existierende vertrauensvolle Beziehung wiederherzustellen. Deshalb sollten Sie sorgsam auf den Grenzwert für Kommunikation und Vertrauen achten.

Der exakte Grenzwert hängt jedoch von der Länge und Häufigkeit der persönlichen Treffen ab. Handelt es sich lediglich um eine Besprechung, die eventuell einen Tag dauert, liegt der Grenzwert für Kommunikation und Vertrauen bei circa acht Wochen. Handelt es sich bei dem Treffen um mehr als eine Besprechung, also z.B. um eine Zusammenarbeit, die sich über eine ganze Iteration erstreckt, kann mehr Zeit ins Land gehen, bevor der Grenzwert erreicht wird. Eventuell haben Sie diesen Grenzwert auch schon mal in Ihrem privaten Leben erfahren. Bei manchen guten Freunden, wenn man diese nach fünf Jahren wieder trifft, kann man direkt an der Stelle aufsetzen, an der man sie das letzte Mal gesehen hat. Und dann gibt es andere (mutmaßlich) gute Freunde, wenn man diese

eine Zeit lang nicht gesehen hat, fällt es schwer, ein gemeinsames Gesprächs-
thema zu finden; das ganze Treffen fühlt sich eher gekünstelt als vertraut an. Das
heißt, der Grenzwert für Kommunikation und Vertrauen hängt auch stark von
der Qualität der einmal etablierten Beziehung ab.

4.1.2   Wechselnde Treffpunkte

Wann immer Sie das Team zusammenbringen wollen, müssen Sie darauf achten,
dass alle Mitarbeiter gleichermaßen respektiert werden.

Ist das Gesamtteam sehr groß, sodass es aufgrund von Größe und beschränk-
tem Budget (z.B. für Reisekosten) schwierig ist, das gesamte Team als eine
Gruppe zu behandeln, ergibt ein Treffen mit ein bis zwei Stellvertretern pro Team
mehr Sinn. Dabei sollten Sie sicherstellen, dass nicht bei allen persönlichen Treffen immer die gleichen Personen ihr Team repräsentieren. Wenn Sie nicht auf
wechselnde Stellvertreter achten, so laufen Sie Gefahr, Kopfmonopole zu erzeugen (und zwar nicht nur bezüglich des Wissens, sondern vielmehr bezüglich sozi-
aler Kontakte), die Sie später nur schwer wieder auflösen. Außerdem werden sich
die Informationen, die gemeinsamen Projektwerte und die Kultur wesentlich einfacher im gesamten Team verbreiten, wenn so viele verschiedene Projektmitarbeiter wie möglich die persönlichen Meetings erleben.

Wollen Sie das Team an einem Ort zusammenbringen, egal ob es sich hierbei
um das gesamte Projekt oder nur um eines der verstreuten (Feature-)Teams handelt, müssen Sie darauf achten, dass an allen involvierten Standorten im Wechsel
diese Treffen stattfinden. Auf diese Weise erlebt jeder einmal die Verantwortung
als Gastgeber bzw. die Freiheit, während der Veranstaltung zu Hause sein zu können. Gleichermaßen erfährt jeder, wie es ist, ein Gast bei einem anderen Standort
zu sein, und den Reiz (oder auch den Ärger), der eine Reise zu einem entfernten
Standort bereithält.

Viele verteilte Projekte verlangen von allen Mitarbeitern, gelegentlich in die
Zentrale zu reisen. Finden diese Zusammentreffen ausschließlich in der Zentrale
statt, wird damit das Signal der zentralen Koordinierung bzw. die zentrale Domi-
nierung der anderen beteiligten Standorte ausgesandt (mehr zu zentraler Koordinierung in Abschnitt 2.1.7). Wenn Sie es jedoch mit dem Aufsetzen eines guten
gegenseitigen Verständnisses und dem Respekt unter allen Standorten ernst meinen, müssen Sie auf solche vermeintlich kleinen Details achten.

4.1.3   Vokabular

Das gesamte Team sollte eine Sensibilität gegenüber den verwendeten Begriffen
entwickeln. Ein Grund dafür ist, dass manche Begriffe direkt der Projektsprache
entnommen und damit nur den Langzeit-Projektmitarbeitern vertraut sind. Viel
wichtiger ist es jedoch, darauf zu achten, dass manche Begriffe in anderen Orten

eine andere Bedeutung haben und dass die Bedeutung in einer globalen Umgebung manchmal unklar ist. Deshalb möchte ich auf einige Begriffe, die in die letzte Kategorie fallen, hinweisen:

- **Nächtliche Integration** (englisch: nightly build)
  Das bezieht sich darauf, dass einmal am Tag das System gebaut und integriert wird. Der Begriff schlägt vor, dass dies nachts passiert. In einer globalen Umgebung ist jedoch unklar, auf wessen Nacht wir uns beziehen. Die Verwendung eines allgemeineren Begriffs wie *tägliche Integration* hilft darüber hinaus den gegenseitigen Respekt unter den verschiedenen Standorten zum Ausdruck zu bringen.

- **Morning Roll Call**
  Falls Sie featuregetriebene Entwicklung als die agile Methode Ihrer Wahl verwenden, bezieht sich dieser Begriff auf die tägliche Synchronisation innerhalb eines Teams. Ähnlich wie bei der täglichen Integration bleibt es bei dieser Terminologie unklar, welcher Morgen gemeint ist. Einfacher ist es, wenn ein allgemeinerer Begriff verwendet wird wie *tägliche Synchronisation*, aber auch der Scrum-Begriff *Daily Scrum* funktioniert für alle Beteiligten gleichermaßen.

- **Entfernter Standort** (englisch: remote site)
  Es fällt schwer festzustellen, welcher Standort nun entfernt ist, da dies von der jeweiligen Perspektive abhängt. Der Begriff ist akzeptabel, falls er immer genau die aktuelle Perspektive beachtet. Folglich kann auch die Zentrale als entfernter Standort bezeichnet werden. Ich habe keinen konkreten Vorschlag für einen anderen Begriff, möchte aber darauf hinweisen, dass mit diesem Begriff vorsichtig umgegangen werden soll.

Um den unterschiedlichen Bedeutungen an den verschiedenen Orten (wie es selbst zwischen den USA und Großbritannien der Fall ist) gerecht zu werden, empfehle ich, auf dem projektinternen Wiki[1] ein Glossar zu erstellen. In diesem Glossar sollten die sprachlichen Unterschiede oder Bedeutungen festgehalten werden, die die Projektmitarbeiter während der Projektlaufzeit erfahren. Dadurch werden Sie zwar die Missverständnisse nicht von vornherein vermeiden können, aber das Glossar wird dazu beitragen, dass sich im gesamten Projekt das Wissen über mögliche Missverständnisse verbreitet und sorgsamer mit dem verwendeten Vokabular umgegangen wird.

---

1.   Ein Wiki ist eine Web-basierte Kollaborationsplattform, die es erlaubt, HTML-Dokumente gemeinsam zu bearbeiten (siehe [LeufCunningham01]).

4.2 Kommunikation

Das größte – und oft ignorierte – Problem bei verteilter Entwicklung ist der erhöhte Kommunikationsaufwand. Agilität bestätigt die Wichtigkeit von Kommunikation im folgenden Prinzip des Agilen Manifests, daher muss der Aufwand gegen die Notwendigkeit abgewogen werden (siehe [AgileManifesto]):

> *Die effizienteste und effektivste Art, Informationen an und innerhalb eines Entwicklungsteams zu übermitteln, ist im Gespräch von Angesicht zu Angesicht.*

Ein Kollege berichtete mir, dass seine Firma nach zehn Jahren beschlossen hatte, globale Entwicklung aufzugeben. In deren Konstellation war die globale Entwicklung nur dann erfolgreich, wenn das gesamte Team an einem Standort zusammenarbeitete. Solange wie jedes Team verteilt an seinem eigenen Standort entwickelte, funktionierte die Kommunikation nicht mehr, was sich dann direkt in Projektfehlschlägen widerspiegelte. Diese Erfahrung zeigt deutlich, wie wichtig eine funktionierende Kommunikation ist.

4.2.1 Persönliche Teammeetings

Der Aufbau einer vertrauensvollen Beziehung erfordert, dass sich die Teammitglieder ab und an persönlich treffen. Koh et. al. stellen fest (siehe [Koh+07, S. 70]):

> *Vor allem ist es die fehlende soziale Präsenz [die persönliche Anwesenheit], die Kommunikationsschwächen in jeder virtuellen Gemeinschaft erzeugt. [...] Soziale Präsenz [...] ist kritisch für eine effektive Kommunikation in vielen Sozial-/Arbeitszusammenhängen.*

Es gibt verschiedene Strategien, diese soziale Präsenz zu etablieren, und zwar abhängig von der Distanz zwischen den Standorten:

- Zu Beginn der Zusammenarbeit finden mehrere und längere persönliche Zusammenkünfte statt, die nach einiger Zeit weniger werden. Häufig startet man das Projekt mit einem Kick-off-Meeting, bei dem das gesamte Projektteam persönlich zusammenkommt. Danach folgen meist ein bis zwei Iterationen, bei denen das Team an einem Standort zusammenarbeitet. Im Anschluss treffen sich die Teammitglieder nur bei bestimmten Gelegenheiten, zum Beispiel für einen bestimmten Workshop oder zur Freigabe eines Inkrements des Produkts.
- Die Featureteammitglieder treffen sich jede Woche für einige Tage. Beispielsweise haben in einem meiner Projekte Mitarbeiter der Tschechischen Republik zwei Tage die Woche in Österreich gearbeitet. Das funktioniert natürlich nur, wenn die Distanz zwischen den Standorten nicht allzu groß ist.

▨ Bei vielen verteilten Teams arbeiten die Mitarbeiter im Wechsel an verschiedenen Standorten. So beschreibt zum Beispiel Erran Carmel von der American
University ein finnisch-japanisches Projekt, bei dem circa zehn Japaner in
Finnland und im Gegenzug vier Finnen in Japan arbeiteten. Auf beiden Seiten
erstreckte sich diese Art der Mitarbeiterrotation über ein Vierteljahr.

▨ Teammitglieder treffen sich häufig bei regelmäßigen Veranstaltungen. Mitarbeiter des gesamten Projektteams (oder alternativ wechselnde Stellvertreter
bei einem großen Projekt) treffen sich persönlich für den Abschluss und die
Planung der Iteration.

Das Team sollte gewährleisten, dass es sich bei jedem persönlichen Meeting an
einem anderen Standort trifft, sodass jedes Teammitglied zumindest gelegentlich
am Heimatstandort bleiben kann.

4.2.2   Persönliche Projektmeetings

Die Projektmitarbeiter müssen sich ab und an treffen, damit nicht der Grenzwert
für vertrauensvolle Beziehungen erreicht wird. Ist Ihr Projekt so aufgesetzt, dass
mehrere Iterationen in ein Release münden, so können diese eine gute Gelegenheit für persönliche Meetings für das gesamte Projekt bieten (mehr zur Release-
planung in Abschnitt 7.6.1). Das heißt, Sie können beispielsweise für jede dritte
Iteration oder jedes Release eine persönliche Zusammenkunft einplanen, wobei
die Präferenz immer auf kürzeren Zeitabständen liegen sollte.

Genau wie bei anderen persönlichen Zusammenkünften auch, sollte bei
einem Meeting des Gesamtprojekts der Treffpunkt nicht immer derselbe sein.
Stattdessen können durch Verwenden des Round-Robin-Modells (d.h. reihum)
alle involvierten Standorte als Treffpunkte dienen, womit Sie gegenseitigem Verständnis und Respekt Nachdruck verschaffen.

Ihr Projekt kann natürlich zu groß sein, um tatsächlich alle Projektmitarbeiter zusammenzubringen. In diesem Fall empfehle ich, nur ein bis zwei Stellvertreter von jedem Featureteam einzuladen. Beim nächsten persönlichen Projektmeeting sollten dann andere Personen diese Featureteams vertreten. Auf diese Weise
werden alle Projektmitarbeiter über die Zeit solch ein persönliches Projektmeeting erleben. Wird das persönliche Projektmeeting mit einer Vorstellung und
Rückschau des abgeschlossenen Release gekoppelt, so müssen Sie zusätzlich zu
den Featureteam-Stellvertretern auch die jeweiligen Product Owner einladen.

Wiederum in Abhängigkeit von der tatsächlichen Größe des Gesamtteams
kann es sich auch anbieten, dass man alle Projektmitarbeiter vom gastgebenden
Standort einlädt und von den anderen Standorten nur die entsprechenden Repräsentanten. Durch den kontinuierlichen Wechsel des gastgebenden Standorts
haben alle Projektmitarbeiter regelmäßig (d.h. zumindest an ihrem eigenen Standort) die Chance, an diesem Treffen teilzunehmen.

4.2.3   Mitarbeiterrotation

Anstatt das komplette Team zusammenzubringen, können die Mitarbeiter auch im Wechsel an den verschiedenen Standorten arbeiten (vgl. dazu auch Abschnitt 3.1.3).

Für den Aufbau von Vertrauen und gegenseitigem Respekt ist es essenziell, dass dieser Mitarbeiteraustausch alle Standorte gleichberechtigt mit einbezieht. Folglich sind es nicht immer nur die Mitarbeiter von »entfernten« Standorten, die gebeten werden, über einen bestimmten Zeitraum in der Zentrale zu arbeiten. Es ist wichtig, dass Mitarbeiter von allen Standorten alle anderen Standorte einmal gesehen haben. Das bedeutet nicht, dass sich jeder einzelne Mitarbeiter auf Weltreise begibt, sondern dass lediglich einige Leute jedes Standorts die anderen Standorte besuchen.

Auch Ole Jepsen betont in [Jepsen06] die Wichtigkeit der Mitarbeiterrotation sowohl im Hinblick des Aufbaus als auch des Erhalts der Beziehung untereinander. Weiterhin machte er die Erfahrung, dass es immer vorteilhafter ist, wenn sich dieser Austausch auf ein paar Wochen und nicht ein paar Tage bezieht.

Die Mitarbeiterrotation trägt zusätzlich zu einem besseren Verständnis für die Schwierigkeiten, die die verschiedenen Standorte bewältigen müssen, bei. Außerdem ist es einfacher, durch Zusammenarbeit die Projektkultur und auch so etwas wie bewährte Methoden und verwendete Muster über die diversen Standorte zu verbreiten, als nur dadurch, dass man diese Themen bespricht. Es sollte naheliegend sein, dass es sich bei den Mitarbeitern, die am Austausch beteiligt sind, nicht (nur) um Führungskräfte, sondern vor allem um reguläre Mitarbeiter handelt.

Um diesen Mitarbeiteraustausch zu einer positiven Erfahrung zu machen, sollten alle Standorte auf die Mitarbeiter von anderen Standorten vorbereitet sein. Zusätzliche Arbeitsplätze sollten zur Verfügung stehen, die Umgebung aufgesetzt sein, und für den Besucher muss es einfach sein, sich mit dem Netz zu verbinden und seiner Arbeit nachzugehen. Darüber hinaus sollte auch zusätzliche Zeit zur Kontaktpflege eingeräumt werden.

Beim Austausch von Mitarbeitern für eine bestimmte Zeit müssen Sie auch berücksichtigen, dass länderabhängig die Arbeitsdauer variiert, ab der diese Mitarbeiter in dem jeweils bereisten Land Steuern zahlen müssen.

4.2.4   Kommunikation hat ihren Preis

Persönliche Meetings implizieren Kosten bezüglich der Reisen und der benötigten Zeit. Wenn Sie nicht selbst derjenige sind, der über das Budget entscheidet, müssen Sie den dafür Zuständigen von der Notwendigkeit persönlicher Treffen überzeugen. Leider gibt es keine Möglichkeit, die Kosten für diese Art der Kommunikation zu vermeiden, wie Ken Pugh sagte (siehe [Pugh07, Folie 59]):

Sie müssen die Kosten für ein Treffen von Angesicht zu Angesicht tragen, un-abhängig davon, ob das Treffen stattfindet oder nicht. Es nicht durchzufüh-ren ist vermutlich teurer.

Die Mehraufwände zur Etablierung einer erfolgreichen Kommunikation bei ver-teilter Entwicklung haben dazu geführt, dass mittlerweile einige Firmen, die glo-bal entwickeln, erkannt haben, dass niedrige Gehälter an einem anderen Ort nie der treibende Faktor sein sollten. Martin Fowler erklärt einen der Hintergründe für diese Überzeugung (siehe [Fowler06, S. 12]):

[...] Produktivitätsunterschiede zwischen Entwicklern sind sehr viel größer als Gehaltsunterschiede.

Darüber hinaus haben Herbsleb und Mockus (siehe [HerbslebMockus03]) eine empirische Studie durchgeführt, durch die sie zu dem Schluss kamen, dass ver-teilte Softwareentwicklung 2,5-mal so lange dauert wie Softwareentwicklung, die an einem Standort durchgeführt wird. Das ist ein weiterer Grund, warum die Kostenreduktion nie der Hauptantrieb sein sollte. Aus diesem Grund basiert die Motivation für ein globales Projekt meist auf Dingen wie das ortsunabhängige Finden von Experten oder das Erschließen neuer Märkte.

4.2.5   Kenntnis des Kommunikationsflusses

Wir fanden es immer hilfreich, über das implizite soziale Netzwerk, das in unse-ren Projekten besteht, Bescheid zu wissen. Scott (siehe [Scott91]) empfiehlt, basie-rend auf Umfragen eine soziale Netzwerkanalyse durchzuführen, um die Interak-tionen zu visualisieren.

Wir erfahren dieses Wissen über die sozialen Netzwerke typischerweise nicht über eine Umfrage, sondern mithilfe eines menschlichen Soziogramms. Während einer Retrospektive (mehr dazu in Abschnitt 8.3) bitten wir die Teilnehmer, sich dicht neben die Kollegen zu stellen, mit denen sie viel – und weiter weg von den Personen, mit denen sie wenig – zusammenarbeiten. Meist bieten wir darüber hinaus die Möglichkeit, deutlich zu machen, mit wem sie außerhalb ihrer Teamstruktur zusammenarbeiten (beispielsweise durch das Zeigen auf eine Wand). Wird dieses menschliche Soziogramm mit einem Featureteam durchge-führt, wird dadurch zum Beispiel die Interaktion innerhalb des Teams und mit anderen Featureteams dargestellt.

Wird diese Retrospektive nicht persönlich, sondern virtuell durchgeführt, bietet sich Scotts Empfehlung an, ein solches Soziogramm mittels Umfrage zu erstellen. Als weitere Möglichkeit können die Mitarbeiter gebeten werden, ein entsprechendes Bild ihrer Zusammenarbeit zu zeichnen.

Der Hintergrund eines solchen Soziogramms ist das Aufdecken des Kommu-nikationsflusses. Dieses Wissen sollte dann für die Verbesserung der Kommunikationsstruktur verwendet werden und für die Unterstützung der Zusammenarbeit an den notwendigen Punkten.

4.3   Kulturelle Unterschiede

Alle Arten von persönlichen Treffen helfen verteilten Teams dabei, ein besseres gegenseitiges Verständnis und Respekt zu entwickeln. Außerordentlich hilfreich ist es, wenn die Mitarbeiter für eine gewisse Zeit an einem anderen Standort arbeiten. Dies schärft das Bewusstsein für die verschiedenen Kulturen, wie Lise B. Hvatum erklärt (siehe [Hvatum07, S. 7]):

> *Alle Kulturen haben ihre ungeschriebenen Gesetze, und es gibt eine Menge an Beispielen für Probleme in der Zusammenarbeit, die von Missverständnissen in ethischen und Verhaltenskodexen herrühren.*

Mein Kollege David Hussman hat mir einmal erzählt, wie sein amerikanischer Kunde Mühe hatte zu verstehen, warum die Entwicklung in Russland immer so viel länger dauerte als erwartet. Erst als er über mehrere Iterationen mit dem russischen Team zusammenarbeitete, wurde deutlich, dass das russische Team häufig wegen Stromausfalls blockiert wurde. Das heißt, manchmal wird davon ausgegangen, dass das Problem auf den kulturellen Unterschieden basiert, aber tatsächlich handelt es sich um Infrastrukturprobleme. Egal was der Grund ist, meist entwickelt sich nur dadurch ein Verständnis, wenn man hingeht und voneinander lernt, genau dies entspricht auch dem Lean-Prinzip *genchi genbutsu* (englisch: go and see for yourself, siehe [Liker, S. 233]). Deshalb ist die bereits vorgestellte Idee der Gastarbeiter bzw. der Mitarbeiterrotation so wichtig.

Meist glauben wir, dass kulturelle Unterschiede nur dann auftreten, wenn Leute aus verschiedenen Ländern (oder Kontinenten) zusammenarbeiten. Neulich hat mir jedoch ein Kollege von seiner Erfahrung aus einem Projekt erzählt, bei dem ein Team in Minneapolis, Minnesota, mit einem Team in Miami, Florida, zusammenarbeitete. Er berichtete, dass die Unterschiede am deutlichsten bei Telefonkonferenzen wurden: In Minneapolis nahmen üblicherweise ein oder zwei Stellvertreter des dortigen Teams teil. Der Rest des Teams vertraute darauf, dass ihre Kollegen die Informationen nach dem Meeting weiterleiten würden. In Miami hingegen nahm immer das gesamte dortige Team, das heißt nahezu zwanzig Leute, an der Konferenz teil. Der Eindruck meines Kollegen war, dass am Standort Miami die Teammitglieder der Überzeugung waren, dass sie mit ihrem Fernbleiben auch zukünftig von allen weiteren Meetings ausgeschlossen und außerdem nicht mehr ernst genommen werden würden. Das ist definitiv nur eine Spekulation, und ich kann nicht sagen, was die tatsächliche Motivation für die verschiedenen Verhaltensweisen war. Ich finde es jedoch wichtig zu akzeptieren, dass – wo immer man auch hingeht – mit kulturellen Unterschieden zu rechnen ist. Das heißt, erwarten Sie kulturelle Unterschiede nicht nur zwischen Ländern und Kontinenten, sondern auch auf dem gleichen Kontinent und im gleichen Land. Eine große Herausforderung besteht darin, die kulturellen Unterschiede im letzteren Fall zu erkennen, da sie viel subtiler sind.

Und es gibt vermutlich vieles, was unvertraut erscheint, und entsprechend viel, was wir lernen müssen. Beispielsweise werden in asiatischen Kulturen die Teammitglieder selten offen widersprechen, speziell nicht einer höhergestellten Person. Darüber hinaus bedeutet das »Ja« eines Asiaten meist nur »Ja, ich habe gehört, was Sie gesagt haben«, aber nicht notwendigerweise »Ja, ich stimme zu« oder »Ja, ich habe verstanden, was Sie meinen«. Bas Vodde[2], Change Agent in einem verteilten Projekt in China, schlägt darum vor, immer die umgekehrte Frage zu stellen. Wenn Sie dann ein »Ja« als Antwort erhalten, sollte es klar sein, dass Sie die Frage näher erläutern müssen. Bas Vodde bringt dieses Beispiel auf den Punkt:

Ich war in Japan und fragte: »Ist mein Englisch deutlich genug oder benötigen Sie eine Übersetzung?« Die Antwort war »Ja«, was mir deutlich machte, dass er kein Wort verstanden hatte.

Ich bin jedoch kein Ethnologe und möchte aus diesem Grund nicht weiter ins Detail dieser allgemeinen kulturellen Tendenzen gehen. Allerdings möchte ich einige Dinge herausstellen, die agile Entwicklung schwierig machen und deren Ursachen vermutlich in den kulturellen Unterschieden liegen.

4.3.1 Fokus auf Gemeinsamkeiten

Distanz zwischen Menschen ist durch die Geografie, Zeit, Kultur, Sprache, Politik und Geschichte charakterisiert. Die physische oder geografische Distanz hat eine direkte Auswirkung auf die Kommunikation. Allen (siehe [Allen84]) hat bereits 1984 entdeckt, dass schon ab einer Distanz von 50 Metern die Kommunikation wesentlich schlechter wird. Und ab dieser Entfernung scheint es unabhängig zu sein, ob sich die physische Distanz darauf bezieht, dass sich die Leute in unterschiedlichen Gebäuden, Städten, Ländern oder Kontinenten befinden.

Aber die Distanz ist nicht nur durch die physische Nähe oder Entfernung bestimmt, sondern wird auch durch die Qualität der Beziehung beeinflusst. Erran Carmel und Pamela Abbott schlagen deshalb vor, die physische Distanz mit Unterschiedlichkeit in Verbindung zu setzen (siehe [CarmelAbbott07, S. 42-43]):

[...] die Unterschiedlichkeit, die den einfachen Arbeitsablauf erschwert. Auf der anderen Seite, Nähe, die hier als Effekt der Reduzierung von Entfernung betrachtet wird, wird mit Gemeinsamkeit in Verbindung gesetzt. Gemeinsamkeit, die den Wettbewerbsvorteil fördert.

Das heißt, wenn Sie den Fokus auf Gemeinsamkeiten legen, ist es viel einfacher, die Unterschiedlichkeiten zu überbrücken. Manchmal gibt die Kultur eines ande-

---

2. Private Unterhaltung mit Bas Vodde.

ren Standorts bereits einen Hinweis auf die Gemeinsamkeiten, evtl. historischer oder sprachlicher Art. Das Wichtige ist dabei aber, dass man eine Nähe innerhalb des Projekts herstellt, indem man eine gemeinsame Projektkultur entwickelt (z.B. Programmierstil, Versionierung oder auch über einen gemeinsamen Projekt-Drink) oder die gemeinsame Projekthistorie (typischerweise in den Retrospektiven oder über gemeinsame Projekt-Events) hervorhebt.

4.3.2   Gestaltung einer Kultur

Beachten Sie bitte, dass einige der kulturellen Unterschiede ihren Ursprung auch in der Firmenkultur haben können. Eine Firma kann, genau wie die Gesellschaft, ebenfalls eine Kultur prägen, die das Verhalten der Angestellten stark beeinflusst. Sogar ein Fachbereich definiert eine Kultur, zum Beispiel leben Buchhalter in einer komplett anderen Kultur als Künstler. Und selbst wenn wir in dem gleichen Fachbereich bleiben: Sogar in der gleichen Firma kann man oftmals feststellen, dass die Business-Analytiker sich kulturell von den Programmierern, die wiederum von den Testern und von den Managern unterscheiden. Man kann sogar unterschiedliche Kulturen im gleichen Problembereich finden, so gibt es doch große Unterschiede in der Kultur zwischen C++-Programmierern und Smalltalk-Programmierern[3]. Diese Unterschiede werden oft in den verschiedenen Gemeinschaften sogar entsprechend kultiviert. Von daher, seien Sie nicht überrascht, wenn ein deutscher Programmierer – im Hinblick auf die Arbeitsweise – mehr mit seinem indischen Kollegen gemeinsam hat als mit einem deutschen Analytiker.

Abb. 4–2   *Gemeinsame Projektkultur*

Es sollte Ihnen bewusst sein, dass einige Kulturen besser zusammenpassen als andere. Ich gehe davon aus, dass Sie vermutlich keinen Einfluss darauf haben, mit welchen Standorten Sie zusammenarbeiten werden und somit die Verteilungsstruktur bezüglich der Standorte bereits definiert ist. Hofstede (siehe [Hofstede06]) hat dazu ein Modell entwickelt, das mittels eines Indizes Verhaltensunter-

---

3.   Vermutlich sollte ich heutzutage eher C++-Programmierer mit Ruby-Programmierer vergleichen, auf die die unterschiedliche Kultur ebenfalls zutrifft.

schiede in diversen Kulturen quantifiziert. Dies kann als Grundlage dienen, um herauszufinden, welche Kulturen besser zu Ihrer eigenen passen. Das ist insofern hilfreich, als Sie dadurch erfahren, in welchen Bereichen Sie Ihre Energie investieren müssen, um die kulturellen Unterschiede zu überbrücken. In einem von Philip G. Armour durchgeführten Interview erklärte Doug Grimsted, CEO von Aginity LLS (siehe [Armour07, S. 14]):

> *Wir hatten den Eindruck, dass wir es mit einer Kultur zu tun haben sollten, die näher zur amerikanischen ist. Wir brauchen Leute, die uns sagen, was wir wissen müssen, und nicht, was wir hören wollen.*

Als Resultat daraus empfehle ich, gegenüber besser und schlechter passenden Kulturen aufmerksam zu sein und die Konzentration vor allem auf die Standorte zu richten, die größere Schwierigkeiten miteinander haben.

Große Grenzen Überwinden
von Ainsley Nies[a]

In 2002 wurde ich gebeten, ein internationales Projekt zu leiten, das Teilteams in Asien, Europa und Nordamerika hatte, aber kein Budget für Reisen. Ich wusste, dass wir als Team die Kommunikationsprobleme haben würden, die typisch für verteilte internationale Arbeitsaufwände sind und durch die unterschiedlichen Zeitzonen, Sprachen und Kulturen ausgelöst werden. Als Projektleiterin, die von der Konzernzentrale aus arbeitete, wusste ich aus Erfahrung, dass ich mit einer gewissen gesunden Dosis Skepsis der Leute an den anderen Standorten bezüglich der zentralen Führung rechnen musste.

Selbstverständlich würden all diese Probleme ohne den persönlichen Kontakt verschlimmert werden – wir mussten einen Weg finden, wie wir Vertrauen etablieren und eine Basis für eine gemeinsame Arbeitsumgebung legen konnten.

Wir starteten, indem wir Feedback vom Team darüber einholten, was für sie in den vergangenen Projekten gut funktionierte, was weniger gut funktionierte und was die jeweiligen Auswirkungen waren. Diese Informationen wurden aufbereitet und für den Entwurf einer Projekt-Webseite (versus der damals eher typischen Lösung über gemeinsamen Dateizugriff) verwendet. Bereits während der Entwicklung dieser Webseite profitierten wir von dem Aufbau der Verbindungen über die Teamgrenzen hinweg. Diese Webseite beinhaltete die erwarteten Projektdokumente; aber sie hatte auch einen Eintrag für jedes Teammitglied, der ein Foto, die Projektrolle, den Arbeitsstandort, die Lokalzeit, den Wetterbericht für diesen Standort und optionale persönliche Informationen, die vom jeweiligen Teammitglied ausgewählt wurden (meist allgemeine Dinge wie Familie, Hobbys, Haustiere, persönliche Interessen usw.), umfasste.

Diese Informationen gaben allen Teammitgliedern eine bessere Vorstellung voneinander, eröffneten weiterhin neue Kommunikationswege, entwickelten reichhaltigere Beziehungen und etablierten Vertrauen. Außerdem vergrößerte sich dadurch auch eine Sensibilisierung, die allen deutlich machte, dass das, was global passiert, sich auf jeden von uns lokal auswirken konnte.

Informationen über die Menschen *bedeuten* Informationen über das Projekt und sind (mindestens) genauso wichtig für den Erfolg.

---

a.   Ainsley Nies (USA), Projektleiterin und Moderatorin.

4.3.3 Realistische Planung

Teammitglieder kennen beim Einsatz agiler Entwicklung nach ein paar Iterationen ihre Teamgeschwindigkeit (englisch: team velocity). Dieses Wissen erhält man über das Schätzen der Aufgaben zu Beginn und durch die Reflektion über das Erreichte am Ende der Iteration. Das Team plant dann für die nächste Iteration ungefähr die Menge an Aufgaben, die der Menge entspricht, die es in der letzten Iteration geliefert hatte. Diese Strategie wird »das Wetter von gestern« (englisch: Yesterday's Weather) genannt – analog dem Wissen, dass die Wettervorhersage für morgen schon recht genau ist, wenn man vorhersagt, dass das morgige Wetter dem heutigen entsprechen wird (mehr dazu in [YesterdaysWeather] und [BeckFowler01]). Das Wetter von gestern schützt die einzelnen Mitarbeiter und das Team davor, sich zu viel vorzunehmen, oder anders ausgedrückt, es unterstützt eine realistische Planung, die ohne Überstunden auskommt. Dies betont auch das folgende Prinzip des Agilen Manifests (siehe [AgileManifesto]):

> *Agile Prozesse fördern nachhaltige Entwicklung. Die Sponsoren, Entwickler und Nutzer sollten in der Lage sein, auf unbestimmte Zeit ein konstantes Tempo beizubehalten.*

In den meisten Projekten braucht man circa fünf Iterationen, bis sich die Teamgeschwindigkeit stabilisiert. Allerdings habe ich herausgefunden, dass es scheinbar für manche Teams unmöglich ist, die tatsächlich geleistete Arbeitsmenge der letzten Iteration zu akzeptieren. Diese Teams tendieren dazu, übertrieben ehrgeizig zu sein, und planen immer wieder viel zu viele Aufgaben ein, obwohl sie von den vergangenen Iterationen wissen (sollten), dass sie das niemals schaffen können.

Ich gehe mit diesem Problem auf die Art und Weise um, dass ich immer deren letztes Ergebnis ihren zukünftigen Schätzungen gegenüberstelle und sie mehr oder weniger dazu zwinge, den Arbeitsumfang ihrer tatsächlichen Teamgeschwindigkeit anzupassen. Da ich diese Teams immer und immer wieder erinnern muss, handelt es sich bei meiner Strategie mehr um eine Schutzmaßnahme als um eine wirkliche Lösung. Ich denke, mir ist es nicht gelungen, diese Teams von der Notwendigkeit realistischer Planung zu überzeugen.

4.3.4 Verantwortung übernehmen

Agile Vorgehensweisen erfordern selbstorganisierende Teams, was letztendlich bedeutet, dass jedes einzelne Teammitglied Verantwortung übernimmt. So definiert beispielsweise jedes Team und damit auch jedes Teammitglied seine Arbeit und entscheidet auch über die Auslastung, die in der kommenden Iteration verkraftet werden kann. Häufig ist dieses Vorgehen sowohl für die Entwickler als auch für die Manager, speziell in großen Unternehmen, ungewohnt. Stattdessen ist es üblich, dass das Management die Arbeitspakete definiert und darüber entscheidet, wer an was wann arbeiten wird. Dies habe ich auch in [Eckstein04, S.42] betont:

> *[...] werden die meisten Projektmitglieder nicht in der Lage sein, Verantwortung zu übernehmen. Sie sind es einfach nicht gewohnt.*

Einige Firmen machen es ihren Angestellten schwerer, Verantwortung zu übernehmen. Einerseits fördert allein die Firmengröße manchmal schon dieses Verhalten, da die Leute davon ausgehen, dass sie eh nichts verändern können. Und andererseits haben einige Firmen noch nicht die Stärke von echter Mitarbeiterführung entdeckt, weshalb sie immer noch einen autoritären Führungsstil anwenden, der der Verantwortungsübernahme zuwiderläuft.

Ich habe allerdings festgestellt, dass es noch schwieriger ist, Verantwortung zu übernehmen, wenn die Teammitglieder in einer hierarchischen Kultur aufgewachsen sind. Einige der Probleme habe ich sogar entdeckt, wenn in der Kindheit der Teammitglieder zwar bereits nicht hierarchische Strukturen etabliert waren, diese aber in der Kindheit der Eltern nicht existierten. Die Eltern erziehen ihre Kinder oft im hierarchischen Sinne. Das heißt, diese Personen sind meist an einen autoritären Führungsstil gewöhnt. Die Übernahme für Verantwortung in dem Sinne, dass sie erkennen, was getan werden muss, und dies dann auch tun, ist fremd für sie.

Genau wie bei realistischer Planung habe ich leider auch für diese Problematik keine echte Lösung – ich höre dann einfach nicht damit auf, die Teammitglieder an ihre Verantwortung zu erinnern.

4.3.5 Probleme ansprechen

Die tägliche Synchronisation[4] ist *die* Gelegenheit für die Teammitglieder, ihre Probleme zu benennen. Nehmen in Ihrer täglichen Synchronisation viele Leute teil und erfolgt die Synchronisation eventuell auch noch über das Telefon oder ein anderes Kommunikationsmedium, verpasst man leicht etwas. Ein Teammitglied berichtet vielleicht nur ganz schnell und »vergisst«, die Probleme zu benennen. Dafür gibt es verschiedene Gründe. Es kann sein, dass die Person der Meinung ist, das Problem sei für die Gruppe nicht wichtig, oder dass sie das Problem kaschieren möchte oder dass sie ganz einfach die tägliche Synchronisation nicht (unnötig) in die Länge ziehen möchte. Natürlich können Sie ein solches Verhalten auch in persönlichen Meetings erleben, ein virtuelles Meeting verstärkt jedoch den Effekt und erschwert das Erkennen eines solchen Verhaltens.

Sie müssen ein feinfühliger Zuhörer sein, um diese nicht genannten Probleme in den regelmäßigen Berichten herauszuhören. Manchmal reicht es aus, eine

---

4. Tägliche Synchronisation (Daily Scrum): Eine Synchronisation innerhalb eines Teams, die jeden Tag stattfindet. Der Zweck dieser Synchronisation ist, dass jedes Teammitglied das gleiche Verständnis hinsichtlich des Projektstatus erlangt (siehe Abschnitt 9.2.1).

zusätzliche Frage zu stellen, um das Problem zu entdecken. Aber manchmal müssen Sie mit den einzelnen Personen nach der täglichen Synchronisation sprechen, um die Wichtigkeit des Problems für die Gruppe zu klären. Dabei müssen Sie auch dem Teammitglied die Angst nehmen, dass ein Problembericht noch lange kein schlechter Bericht ist.

Nachdem ich dies alles gesagt habe, muss ich deutlich machen, dass es auch genau das gegensätzliche Verhalten gibt: Es werden nur Probleme berichtet (eine Situation, die ich am häufigsten bei meinen Teams in Mitteleuropa antreffe). In diesem Fall liegt es vor allem an demjenigen, der die tägliche Synchronisation leitet – er muss dafür sorgen, dass alle den richtigen Fokus wahren.

4.3.6   Ehrliches Feedback geben

Bei Agilität geht es hauptsächlich darum, häufig – und ehrlich – Feedback zu geben. Es gibt verschiedene Arten, Feedback zu geben und zu erhalten. Zum Beispiel gibt jedes Teammitglied während der täglichen Synchronisation Feedback. Auch durch Tests erhalten wir Feedback über das System. Das gelieferte System gibt Feedback über den Projektfortschritt, und über die Teamgeschwindigkeit erhalten wir Feedback darüber, wie wir im Hinblick auf das Projektende vorankommen.

Vermutlich gehen Sie davon aus, dass die gerade genannten Arten von Feedback alle objektiv sind und sie deshalb immer die Wahrheit widerspiegeln, aber leider ist das nicht der Fall. Beispielsweise haben in einem meiner Projekte die Teammitglieder die Gelegenheit für Feedback ungenutzt gelassen, die sie durch Unit Tests erhielten. Sie fälschten schlichtweg den Zusicherungsausdruck des Tests[5]. Nur um es klarzustellen, das ist nur ein Beispiel dafür, dass Feedback nicht notwendigerweise ehrlich sein muss, auch wenn es messbar ist[6].

In einem anderen Projekt machte ich eine andere Erfahrung bezüglich ehrlichem Feedback. Es gab dort einen Standort, der immer positives Feedback über die Teamgeschwindigkeit und die Erreichbarkeit der Deadline an die Kollegen vermeldete. Nur durch individuelle Gespräche, als wir vor Ort arbeiteten (und es nahezu unmöglich wurde, etwas zu verbergen), waren sie in der Lage, ehrlich auch negatives Feedback zu geben. Das ist übrigens ein Verhalten, das ich häufig sehe: Es gibt meistens ehrliches Feedback, wenn man mit den jeweiligen Personen einzeln und persönlich spricht.

---

5.   Für die Unit-Test-Experten: Die meisten dieser Tests endeten mit dem Statement:
     `xxx.assertTrue(true);`
6.   Und um dieses Beispiel zu beschließen: Als wir den Grund des Problems analysierten, fanden wir heraus, dass es an der fehlenden Fachkenntnis lag und *nicht* an kulturellen Unterschieden. – Diese Teammitglieder wussten schlicht und ergreifend nicht, wie man gute Tests schreibt, die das notwendige Feedback liefern.

Wie findet man aber heraus, ob es notwendig ist, mit dieser Person zu sprechen? Es gibt sicher einige offensichtliche Zeichen wie ein Feedback, das nicht Ihrer eigenen Wahrnehmung entspricht, oder ein Feedback, das über einen langen Zeitraum immer gleich bleibt. Das heißt, es gibt keine Veränderung, weder im positiven noch im negativen Sinne, was normalerweise nicht wirklich sein kann. – Aber grundsätzlich ist es mehr ein Bauchgefühl, das sich einstellt, wenn etwas so nicht ganz stimmen kann.

4.3.7   Lärm

Wenngleich eine Menge Leute das Thema Lärm anbringen, wenn sie über agile Teams reden – auf den ersten Blick ist das Thema unabhängig von *verteilter* Entwicklung. Die hauptsächlichen Bedenken, die von – meist in agiler Entwicklung unerfahrenen – Leuten geäußert werden, sind, dass es in agilen Teams viel lauter hergeht als in anderen Teams. Der Grund dafür ist, dass Kommunikation ernst genommen wird, dass das Team typischerweise in einem Raum sitzt und dass Praktiken wie paarweises Programmieren, bei dem jedes Entwicklerpaar die ganze Zeit über seine Aufgaben redet, den Geräuschpegel zusätzlich anheben. Normalerweise empfindet ein agiles Team dies nicht als Problem, falls in diesem Raum tatsächlich nur Leute sitzen, die an demselben Projekt arbeiten. Befinden sich in dem Raum zusätzlich Mitarbeiter von anderen Projekten, dann werden die Gespräche als störend empfunden, da man sie nicht zu der eigenen Arbeit in Bezug setzen kann.

Allerdings kann Lärm auch ein kulturelles Problem sein und hängt dann ebenso mit verteilter (und nicht mit agiler) Entwicklung zusammen. Ein italienischer Kollege hat mir einmal von seiner Erfahrung mit einem über Italien und Japan verstreuten Team erzählt. Wann immer sich dieses Team traf und wann immer ein Mitarbeiteraustausch stattfand, wurde Lärm ein ernsthaftes Problem. Das liegt daran, dass diese zwei Kulturen eine komplett unterschiedliche Auffassung von Lärm haben. Während die Italiener fast die ganze Zeit über laut miteinander reden (gemäß meinem italienischen Kollegen), sind die Japaner die meiste Zeit über still. Und wenn Japaner sprechen, dann meist in einer sehr ruhigen Art und Weise. Das führte dazu, dass die Italiener den Japanern in diesem Projekt meist gar nicht zuhörten, und zwar ganz einfach aus dem Grund, dass sie sie schlichtweg überhörten.

Sie müssen sich deshalb diesen kulturellen Herausforderungen bewusst sein. Ist ein Team für solche Probleme sensibilisiert, genügt es, dass es von Zeit zu Zeit daran erinnert wird, sodass es diese verschiedenen Kulturen wieder berücksichtigt.

4.3.8   Humor

Humor, Ironie und dergleichen lassen sich nur schwer in eine andere Sprache, Kultur oder einen anderen Hintergrund übersetzen. Allzu leicht werden sie als anstößig empfunden, wenn sie nicht korrekt übersetzt oder verstanden werden. Lise B. Hvatum[7] berichtet von einem ihrer Projekte, das unter anderem zwischen Großbritannien und den USA verteilt war, in dem der (wohl bekannte) britische Humor von den Amerikanern komplett missverstanden wurde. Also selbst wenn Sie denken, dass alle die gleiche Sprache sprechen, die eigene Kultur drückt dem Humor immer auch noch einen Stempel auf. Ken Pugh meint dazu in [Pugh07, Folie 71] sehr deutlich:

Humor lässt sich nicht exportieren (oder importieren).

Seien Sie aus diesem Grunde vorsichtig mit jeder Art Humor, den Sie in Ihrem Projekt verwenden oder mitbekommen.

4.3.9   Sorgfältige Auswahl der Kommunikationsmedien

Eine intakte Kommunikation hält ein Projekt am Leben, es ist sogar die einzige Art und Weise, wie Sie Probleme erkennen und lösen können. Trotz allem kann dies für ein verteiltes Team eine wirkliche Herausforderung darstellen. Umso mehr, wenn die Leute mit unterschiedlichen Muttersprachen versuchen, sich in ihrer zweiten oder dritten Fremdsprache zu unterhalten. Für Introvertierte ist es bereits schwierig, sich laut zu äußern. Wenn es außerdem nicht in ihrer eigenen Sprache geschieht und die Leute, mit denen sie sich austauschen (müssen), darüber hinaus noch sehr versiert in der Sprache sind, hilft ihnen das auch nicht weiter.

Aus diesem Grunde ist es wichtig zu beachten, was ich in [Eckstein04, S. 55] anmerke:

Verwenden Sie verschiedene Kommunikationsmedien, die Menschen unterschiedlich ansprechen und ihre unterschiedliche sensorische Informationsaufnahme berücksichtigen.

Achten Sie deshalb darauf, wie Sie im Team kommunizieren, und stellen Sie sicher, dass speziell die wichtigen Dinge auf *verschiedene* Arten mehrfach kommuniziert werden. Das hört sich an wie (bzw. ist) redundante Kommunikation. Der Vorteil, dass jedes Teammitglied das gleiche Verständnis hat, ist jedoch die Redundanz wert.

---

7.   Persönliche Unterhaltung mit Lise B. Hvatum.

Abb. 4–3   *Auswahl der Kommunikationsmittel*

Seien Sie außerdem sensibel gegenüber Kommunikationsmedien, die nicht funktionieren. Beispielsweise höre ich immer wieder, dass Mitarbeiter E-Mail als zu
offensiv empfinden. Andererseits ziehen jedoch einige Kollegen E-Mail einem
Telefongespräch vor, da sie sich beim Verfassen einer E-Mail mehr Zeit für die
Formulierung nehmen können, um genau das auszudrücken, was sie sagen wollen. Außerdem können sie dann auch einfacher ein Wörterbuch zurate ziehen, um
besser zu verstehen, was geschrieben wurde – all dies ist schwieriger bei synchro-
ner Kommunikation. Um herauszufinden was die Kommunikation im Team
unterstützt und was eher behindert, sollten Sie die verschiedenen Kommunikationsmedien gegeneinander abwägen und regelmäßig überprüfen. Anschließend
können die notwendigen Korrekturen eingeleitet werden. Dale Karolak betont
dies in [Karolak98, S. 70] wie folgt:

> *Laufende Anpassungen sind ein wichtiger Bestandteil der Kommunikation
> in einem virtuellen Team. Sie verwenden eventuell E-Mail an dem einen Tag,
> Fax am nächsten und Telefonie in Echtzeit am übernächsten. Den Teammit-
> gliedern müssen die unterschiedlichen Bedürfnisse der jeweils anderen be-
> wusst gemacht werden und sie müssen Kommunikationsmittel haben, die sie
> nach Bedarf konfigurieren können.*

4.4   Zusammenfassung

»Vertrauen erfordert Kontakt« [Handy95] – deshalb ist es sehr wichtig, dass die Teammitglieder die Möglichkeit erhalten, sich gegenseitig und die unterschiedlichen Standorte kennenzulernen. Die Nähe zwischen den Teammitgliedern kann durch regelmäßige gemeinsame Meetings, durch den Austausch von Mitarbeitern zwischen den verschiedenen Standorten oder durch längere Treffen zu Beginn und seltenere Treffen dann später im Projekt hergestellt werden. Allerdings gibt es Grenzen, wie Krishna, Sahay und Walsham in [Krishna+04, S. 65] herausstellen:

> *Große Unterschiede in Normen und Werten können nicht harmonisiert werden, da sie von tief sitzenden Unterschieden in den kulturellen Hintergründen, der Ausbildung und dem Arbeitsleben abgeleitet werden. Beispiele beinhalten die Haltung gegenüber Hierarchie und Macht und unterschiedlichen Geschäftspraktiken.*

Darüber hinaus müssen Sie sich im Klaren darüber sein, dass es einen Grenzwert für Kommunikation und Vertrauen gibt, der dann erreicht wird, wenn die Notwendigkeit, Nähe herzustellen, ignoriert wird. Werkzeuge und Technologien können Ihnen helfen, die Beziehung und die Zusammenarbeit für einige Zeit aufrechtzuerhalten. Jedoch wie Dale Karolak in [Karolak98, S. 19] klarstellt:

> *Je virtueller eine Organisation ist, desto mehr Leute müssen sich persönlich treffen. Natürlich nicht täglich, aber es muss eine Art Plan geben, der es den Teammitgliedern erlaubt, dass sie sich regelmäßig treffen, sagen wir mal jeden zweiten Monat oder zumindest alle Vierteljahr in einem Projekt, das ein Jahr dauert.*

Diese Empfehlung liegt darin begründet, dass der Grenzwert nach acht bis zwölf Wochen erreicht wird, wenn man sich ausschließlich auf elektronische Kommunikation verlässt.

Ein anderes wichtiges Mittel zur Herstellung von Vertrauen und gegenseitigem Respekt ist die Anerkennung der verschiedenen Standorte, indem man die unterschiedlichen persönlichen Meetings alternierend an den diversen Standorten abhält. Auf diese Art erhält jeder nicht nur eine Idee davon, wie sich die Arbeit wohl an diesem Standort gestaltet, sondern hat auch das Vergnügen, abwechselnd der Gast und der Gastgeber zu sein.

Letztendlich müssen Sie die unterschiedlichen Kulturen, die in Ihrem Projekt involviert sind, respektieren. Diese haben ebenfalls einen Einfluss auf die agile Entwicklung. Diese Unterschiede haben ihren Ursprung nicht nur in der Geografie und Sprache, sondern auch in Strategien, Politik, Werten und Historie. Ein Unternehmen ebenso wie die Gesellschaft definiert eine Kultur, die ebenfalls das Verhalten der Mitarbeiter beeinflusst. Ein verteiltes Team muss diesen Effekt zu seinem Vorteil nutzen und gemeinsam eine Projektkultur schaffen sowie die Projekthistorie in Erinnerung behalten, zur Betonung der kulturellen Gemeinsamkeiten.

5 Standorte in Verbindung halten

Wir stimmen den anderen nur zu,
wenn wir eine Gemeinsamkeit
zwischen ihnen und uns empfinden.

Jean de La Bruyère

Nachdem im letzten Kapitel der Aufbau von Kommunikation und Vertrauen bei verteilter Entwicklung erläutert wurde, konzentriert sich dieses Kapitel darauf, diese Kommunikation und das Vertrauen über einen längeren Zeitraum zu bewahren. Je größer der Abstand ist und je mehr Standorte zusammenarbeiten müssen, desto schwieriger (und teurer) ist es, die Standorte auf Dauer in Verbindung zu halten. Sind die involvierten Standorte nicht eng miteinander verbunden, wird es schwierig, das Projekt zum Erfolg zu führen. Deshalb empfiehlt ein Kollege von mir immer, dass man ein Projekt nie über mehr als drei Standorte verteilen sollte, da es nahezu unmöglich ist, mehr als drei Standorte zu synchronisieren. Erran Carmel betont dies in [CarmelTjia05, S. 172] in Form des ersten Prinzips für das organisatorische Design für verteilte Projekte:

Reduzieren Sie die Zahl der Projektstandorte so weit wie möglich.

Zum Aufbau von Vertrauen, gegenseitigem Verständnis und Respekt muss man die Teammitarbeiter zusammenbringen. Aus diesem Grund wiederhole ich das entsprechende Prinzip des Agilen Manifests (siehe [AgileManifesto]):

Die effizienteste und effektivste Art, Informationen an und innerhalb eines Entwicklungsteams zu übermitteln, ist im Gespräch von Angesicht zu Angesicht.

Da es vermutlich zu teuer ist, das gesamte Team gelegentlich zusammenzubringen, müssen Sie einen Weg finden, der die Beziehungen zwischen den Standorten und Teams ermöglicht. Sie können dafür unterschiedliche Dinge in die Wege leiten, am besten aber kombinieren Sie alle Strategien.

Die Kommunikation muss zwischen den verschiedenen Standorten auf unterschiedliche Art und auf verschiedenen Ebenen stattfinden. Dabei empfiehlt es sich nicht, für jeden Standort nur eine *einzige Kontaktperson* (englisch: single point of contact) zu haben. Da, wie Erran Carmel in [CarmelTjia05, S. 144] verdeutlicht:

Diese [einzige Kontaktperson] trägt nicht notwendigerweise zu einer effektiven Führung bei. Für eine effektive Offshore-Führung benötigt man mehrere Kommunikationskanäle auf unterschiedlichen Ebenen und an verschiedenen Stellen.

In einem verteilten Projekt muss ständig sichergestellt sein, dass sich die verschiedenen Standorte gegenseitig vertrauen und dass der Grenzwert für Kommunikation und Vertrauen nicht erreicht wird (mehr dazu in Abschnitt 4.1.1).

5.1 Kommunikationsvermittler

Zur Etablierung von Vertrauen zwischen Standorten haben verteilte Projekte überaus gute Erfahrungen mit der expliziten Rollenbesetzung des Kommunikationsvermittlers (englisch: communication facilitator) gemacht. Ist das Projekt extrem groß und stark verteilt, werden unter Umständen sogar mehrere Leute benötigt, um diese Rolle auszufüllen.

Bitte beachten Sie, dass ich ausdrücklich hier über eine Rolle spreche. In einigen meiner Projekte hatten wir diese Rolle als Vollzeitposition definiert, in anderen hatten wir einige Projektmitarbeiter in unterschiedlichen Positionen gebeten, diese Rolle zusätzlich zu übernehmen. Für welche Strategie Sie sich auch immer entscheiden, Sie müssen darauf achten, dass diese Personen für diese Aufgabe sozial qualifiziert sind, sodass die anderen Projektmitarbeiter ihnen auch vertrauen. Wie ich auch in [Eckstein04, S. 60] betone, hat der Kommunikationsvermittler oder auch

[...] dieses Kommunikationsteam [...] die Aufgabe, alle Teams und Teammitglieder immer wieder »abzuklappern«, Feedback einzuholen sowie Defizite und (potenzielle) Probleme zu entdecken (und am besten gleich zu lösen).

Scott Ambler schlägt in [Ambler02] vor, die Verbindung zwischen den Standorten mit *Reisenden* zu unterstützen:

Ein Reisender ist jemand, der an einem Standort für ein paar Tage oder Wochen arbeitet und dann zum nächsten Standort weiterzieht, um dort für einige Zeit zu arbeiten.

Folglich ist ein Reisender eine Art Kommunikationsvermittler, wie er weiter erklärt:

Reisende helfen Informationen unter den Teammitgliedern zu verbreiten, und sie sorgen dafür, dass alle, sowohl kulturell als auch technologisch, synchronisiert sind.

Häufig übernehmen Projektmitarbeiter, die sowieso an wechselnden Standorten arbeiten müssen, zusätzlich die Rolle des Kommunikationsvermittlers. Der Chefarchitekt ist ein solches Beispiel. Für den Kommunikationsvermittler gelten einige Eigenschaften, auf die ich nachfolgend eingehen will.

5.1.1 Kommunikationsvermittler als Vertrauensperson

Ich finde es wichtig, dass der Kommunikationsvermittler keine Managerrolle innehat. Im besten Falle ist er sogar nicht einmal eine unternehmensspezifische hierarchische Autorität. So kann er diese Rolle mehr als Vertrauensperson oder Ombudsmann, denn als Kontrolleur wahrnehmen.

In der Rolle der Vertrauensperson wird der Kommunikationsvermittler häufig über die existierenden Probleme in Kenntnis gesetzt. Meistens genügt es, dass der Kommunikationsvermittler dann die richtigen Leute zusammenbringt, die eine Lösung herbeiführen können. Dies erfolgt manchmal dadurch, dass ein paar Mitarbeiter für eine gewisse Zeit bei einem anderen Team mitarbeiten, oder sogar noch einfacher dadurch, dass ein Meeting zu dem speziellen Thema einberufen wird.

5.1.2 Kompetenzen eines Kommunikationsvermittlers

Da die Teammitglieder die meiste Zeit mit dem Kommunikationsvermittler über technische Probleme reden werden, ist es essenziell, dass er über technisches Wissen verfügt. Allerdings werden selten echte technische Probleme genannt, zumeist sprechen die Teammitglieder über soziale oder Kommunikationsprobleme, die sie als technische Probleme verkleiden. Aus diesem Grund muss der Kommunikationsvermittler in der Lage sein, die wirklichen Probleme zu demaskieren.

Damit der Kommunikationsvermittler tatsächlich vom Team anerkannt wird, muss er nicht nur über technisches Fachwissen verfügen, sondern auch soziale Fertigkeiten haben. Ansonsten werden die Teammitglieder schnell zu der Meinung gelangen, dass der Kommunikationsvermittler von ihren Bedürfnissen und Nöten keine Ahnung hat.

Weiterhin muss der Kommunikationsvermittler zeigen, dass es sinnvoll ist, mit ihm Probleme zu diskutieren. Dies kann er ganz einfach dadurch, indem er die Teammitglieder entsprechend unterstützt. Ansonsten würde das Team mit ihm nur Zeit verschwenden.

5.1.3 Management durch Herumfliegen

Ein effektiver Managementstil ist Management durch Herumlaufen (englisch: Management by Walking Around, MBWA). MBWA konzentriert sich auf die Pflege persönlicher Kontakte zwischen dem Management und den Mitarbeitern.

Die Idee basiert auf der Tatsache, dass man in einem persönlichen Gespräch viel mehr lernen kann, als man je durch irgendeinen indirekten Kontakt in Erfahrung bringen kann. Auf diese Art bekommt der Manager eine Menge darüber mit, was gerade los ist, und kann so ein Gefühl über den wahren Projektstatus entwickeln.

In einem verteilten Team kann man das durch einfaches Herumlaufen leider nicht erreichen. Stattdessen müssen das Management und alle anderen Schlüsselpersonen, wie der Kommunikationsvermittler, der Chefarchitekt (vgl. Abschnitt 3.2.2), der Product Owner usw., herumfliegen (englisch: Management by Flying Around, MBFA), wie Erran Carmel sagte (siehe [Carmel99, S. 189]):

> *Der globale Softwaremanager praktiziert das Management durch Herumfliegen (MBFA). Er stellt Zeit für persönliche Kontakte mit den Teammitgliedern an allen Standorten sicher.*

Nur durch MBFA hat man die Gewähr, dass alle Teams die gleiche Vision haben und dass sich die Schlüsselpersonen der unterschiedlichen Teamprobleme bewusst sind. Erran Carmel betont in [CarmelTjia05, S. 170] darüber hinaus, dass es zu MBFA keine Alternative gibt:

> *Im umgekehrten Fall verlegen sich viel zu viele virtuelle Manager auf das Management durch Herummailen (englisch: Management by E-Mailing around, MBEA) [...]. Ein Team zu bitten, eine Aufgabe bis zu einem bestimmten Zeitpunkt zu erledigen, ist nicht annähernd so effektiv, wie dorthin zu fliegen und sicherzustellen, dass sie es in der Zeit fertig kriegen.*

Aus diesem Grund ist für jeden Manager eines globalen oder verteilten Projekts häufiges Fliegen oder Reisen eine Grundvoraussetzung.

5.2 Botschafter

Endlich können wir auch etwas von der Politik lernen. Sobald eine Nation eine Beziehung mit einer anderen Nation pflegen möchte, eröffnet sie in dieser anderen Nation eine Botschaft. Der Botschafter ist dann der direkte Kontakt zu dieser anderen Nation. Wichtig ist, dass er vor Ort präsent ist und somit »zufällig« Dinge mitbekommt und diese dann direkt an sein Heimatland zurückberichten kann. Darüber hinaus repräsentiert der Botschafter auch sein eigenes Land und übermittelt Informationen zu der anderen Nation. Dadurch, dass er sowohl Zuhörer als auch Sprecher ist, repräsentiert der Botschafter sein Land.

Abb. 5–1   *Botschafter*

5.2.1   Standorte repräsentieren

In einem verteilten Projekt ist zwingend genau die gleiche Position zu besetzen, die im politischen Leben ein Botschafter ausfüllt. Jeder Standort muss an jedem anderen Standort repräsentiert sein (vgl. auch [Fowler06]). Beachten Sie, dass ich hier nicht über Stellvertreter von Featureteams spreche, sondern von Standorten. Das heißt, so ein Stellvertreter repräsentiert meist mehrere Teams bzw. Teammitglieder, die alle an seinem eigenen Heimatstandort sitzen.

Durch die Repräsentation des Heimatstandorts wird, wie mein Kollege David Hussman bei einer Podiumsdiskussion auf der XP-Konferenz 2005 zum Thema »Offshore Agile Software Development« anmerkte, eine *cross-shore communication* – eine Kommunikation über Standorte hinweg – erzeugt. Der Botschafter stellt also die Kommunikation standortübergreifend in alle Richtungen sicher.

In den meisten Projekten wird das Konzept des Botschafters meist nur einseitig implementiert. Entweder es gibt lediglich Botschafter, die die Zentrale an den entfernten Standorten vertreten, oder es gibt nur Botschafter in der Zentrale, die jeweils ihren entfernten Heimatstandort vertreten. Angenommen in Deutschland wäre die Zentrale und Russland sowie Irland die entfernten Standorte, dann gibt es meist eine russische und eine irische Repräsentation in Deutschland, aber weder einen russischen Botschafter in Irland noch einen deutschen Botschafter in Russland. Der Hauptgrund für diese Strategie ist, dass die meisten verteilten Teams immer noch zentral koordiniert werden.

Solange die Entwicklung zentral koordiniert wird (mehr dazu in Abschnitt 2.1.7), ist es ausreichend, dass die Botschafter auch nur zentral vertreten und nicht untereinander vernetzt sind. Von der Zentrale aus wird die Kommunikation durch häufige Reisen zu den entfernten Standorten aufrechterhalten. Ist die Entwicklung jedoch global integriert bzw. bereits in der dritten Stufe der globalen Entwicklung oder dabei, diese Stufe zu erreichen, ist es zwingend notwendig, dass jeder Standort an jedem anderen an der Entwicklung beteiligten Standort durch einen Botschafter vertreten ist. Ansonsten wird die Koordination der entfernten Standorte nie funktionieren.

5.2.2   Eigenschaften und Kompetenzen eines Botschafters

Nicht jedes Teammitglied hat die Qualifikation zum Botschafter, und außerdem möchte auch nicht jedes Teammitglied das Opfer bringen, für eine (längere) Zeit weit weg von zu Hause zu sein. Als erste Voraussetzung muss der Botschafter in der Lage sein, den Kontakt mit seinem Heimatstandort zu halten. Weiterhin muss er mutig genug sein, die Position seines Heimatstandorts klar zu vertreten, ohne dadurch am Botschafterstandort in Probleme zu geraten. Es muss also eine Person sein, die respektiert wird und über hohe soziale Kompetenz verfügt, was es ihr ermöglicht, die Übersetzung der technischen und auch aller anderen Bedenken von einem Standort auf den anderen zu leisten.

Hinsichtlich des zeitlichen Einsatzes gilt es herauszufinden, welche der infrage kommenden Personen auch bereit ist zu reisen. Es gibt immer ein paar Mitarbeiter, die gerne reisen. Für andere ist Reisen in Ordnung, solange es nicht für immer ist. Und wieder andere mögen es überhaupt nicht oder sind beispielsweise aus persönlichen Gründen nicht in der Lage dazu oder haben grundsätzlich Angst vor dem Reisen.

Damit eine Person nicht während des gesamten Projekts vom eigenen Standort entfernt ist, benötigen Sie einen Pool von Botschaftern. Auch diejenigen, die grundsätzlich gerne reisen, sind es irgendwann leid, wenn sie für mehrere Jahre unterwegs sind, da sie dadurch den sozialen Kontakt zu ihrem Zuhause verlieren. Außerdem verliert ein Botschafter, der für die gesamte Projektlaufzeit in der (gleichen) Botschaft sitzt, leicht den Kontakt zu seinem Heimatstandort. Daraus folgt, dass sich der Botschafter zu sehr an die neuen Gegebenheiten anpasst und aus diesem Grund seinen eigenen Standort nicht mehr repräsentieren kann. Ich machte einmal eine Erfahrung dieser Art, als wir in einem Projekt einen unserer Kunden gebeten hatten, seine Kollegen bei uns vor Ort im Projekt zu vertreten. Dieser Kunde hatte so großen Spaß daran, mit uns zu arbeiten, dass er sich über kurz oder lang nicht mehr mit seinen Kollegen, den anderen Kunden, sondern mit uns Entwicklern identifizierte. Dadurch war er nicht mehr in der Lage, uns die wertvollen Dienste zu leisten, die wir uns von ihm ursprünglich versprachen.

5.2.3   Terminplan

Wenn Sie jetzt einen Pool an Botschaftern haben, müssen Sie einen Weg finden, wie sich diese die Arbeit teilen. Der Rhythmus der Iterationen bietet eine gute Basis für die Termin- und Reiseplanung der Botschafter. Es ist eine gute Idee, mit jeder Iteration den Botschafter zu wechseln. Allerdings hängt die Frequenz dieses Wechsels von mehreren Faktoren ab, so zum Beispiel davon, wie weit entfernt die Botschaft ist oder wie schwierig es ist, dorthin zu gelangen.

Sie sollten es unbedingt vermeiden, dass die gleichen Personen die Botschafterrolle für die gesamte Projektlaufzeit übernehmen. Folglich müssen Sie für einen regelmäßigen Wechsel der Botschafter Sorge tragen.

Damit jeder weiß, wer in welcher Iteration den Standort wo vertritt, sollte man den Terminplan der Botschafter für jeden Standort veröffentlichen. Dafür kann sich das Projekt-Wiki gut eignen. Dieser öffentliche Terminplan der Botschafter sollte nicht nur die zeitliche Planung aufzeigen, sondern auch Informationen über die Erreichbarkeit der Botschafter enthalten, speziell Telefonnummern und eventuell auch E-Mail-Adressen, falls sich hier irgendetwas von den Kontaktinformationen am Heimatstandort unterscheidet.

5.2.4   Konkrete Aufgaben

Außer der Aufgabe, seinen Heimatstandort zu repräsentieren, nimmt der Botschafter auch an der täglichen Synchronisation über alle Teilteams eines Projekts teil. In Scrum wäre das zum Beispiel das Scrum of Scrums (mehr dazu in Abschnitt 9.2.2). Gibt es noch eine weitere Ebene von Scrum of Scrums, wie zum Beispiel ein Standort-Scrum-of-Scrums an seinem Heimatstandort, dann sollte er auch an diesem teilnehmen. Hat der Botschafter noch eine weitere Rolle, wie beispielsweise – was ziemlich wahrscheinlich ist – als reguläres Teammitglied eines Featureteams, dann nimmt er selbstverständlich auch an der täglichen Synchronisation seines Featureteams teil. Das bedeutet allerdings, dass der Botschafter oftmals außerhalb der regulären Bürozeiten telefoniert. Deshalb sollte auch der Botschafter insofern respektiert werden, als man – zumindest ab und zu – eine Uhrzeit für diese Synchronisationen findet, die auch für ihn einigermaßen angenehm ist.

Alle Probleme, die während des Scrum of Scrums genannt werden und die die Kommunikation sowie die Koordination zwischen seinem Heimat- und dem Botschafterstandort betreffen, sollte er als offene Punkte weiterverfolgen. Meist sind dies Themen wie:

- Sicherstellen, dass alle ihre Telefonanrufe und E-Mails auch standortübergreifend beantworten.
- Die richtigen Leute für die Lösung eines Problems zusammenbringen.
- Fehlendes Wissen übertragen bzw. dafür sorgen, dass dies erfolgt.

Das heißt, meistens geht es für den Botschafter darum, die Kommunikation zwischen den verschiedenen Standorten sicherzustellen, oder wie Martin Fowler es in [Fowler06] ausdrückt:

> *Eine wichtige Aufgabe des Botschafters ist Klatsch weiterzuverbreiten. Bei jedem Projekt gibt es eine Menge informeller Kommunikation. Während vieles davon unwichtig ist, ist einiges davon sehr wichtig – und das Problem ist, dass man nicht sagen kann, was was ist.*

5.3   Soziale Verbindungen

Zur Gewährleistung von gegenseitigem Respekt und Vertrauen über die verschiedenen Standorte hinweg, müssen Sie sicherstellen, dass diese Standorte in einer sozialen Verbindung stehen. Diese soziale Verbindung wird zusätzlich den Fokus auf die kulturellen Gemeinsamkeiten – und nicht die Unterschiede– verstärken.

5.3.1   Gemeinsam feiern

Wann immer das gesamte Projektteam ein Ziel erreicht, ist es von zentraler Bedeutung, dass das Team diesen Erfolg gemeinsam feiert. Dieses gemeinsame Feiern erzeugt Stolz auf die Arbeit und fördert außerdem eine Kultur der gemeinsamen Zielerreichung.

Die beste Art und Weise so etwas gemeinsam zu feiern, ist das gesamte Team persönlich zusammenzubringen (mehr dazu in Abschnitt 4.2.2). Geht das nicht, so ist eine Variante, an den verschiedenen Standorten zu feiern und dabei Einblicke von den Feiern an den anderen Standorten über beispielsweise Webcams zu erhalten.

Solche gemeinsamen Feiern erhöhen ganz nebenbei den Grenzwert für Vertrauen und Kommunikation. Der größte Gewinn ist jedoch, dass die Projektmitarbeiter gemeinsam etwas erleben und in Verbindung bleiben.

5.3.2   Die Kraft der Bilder

Wenn sich Menschen nicht allzu häufig sehen, muss ihr Gedächtnis über Bilder unterstützt werden. Normalerweise haben wir von jedem Teammitglied ein Foto mit den zugehörigen Kontaktinformationen im Projekt-Wiki. Weiterhin stellt jedes Featureteam Fotos von seinem Iterationsrückblick (siehe Abschnitt 8.2) und -planungstreffen (siehe Abschnitt 7.3) ins projektinterne Netz.

All diese Vorgehensweisen machen es für die Leute einfacher, nach Urlaub oder Krankheit den Anschluss wiederzufinden. Zudem ist es eine gute Hilfe für Projektneulinge, um loszulegen.

5.3.3 Am Leben der anderen teilhaben

Kollegen berichteten mir, dass sie sehr gute Erfahrungen damit gemacht haben, dass sie an jedem Standort eine Webcam an dem jeweiligen sozialen Treffpunkt (wie der Kaffeeküche) installiert haben. Das half allen Standorten, enger zusammenzurücken und damit auch das Vertrauen untereinander aufrechtzuerhalten.

Andere Mitarbeiter von verteilten Projekten treffen sich unregelmäßig in einem »virtuellen Café«, um dort über alles Mögliche miteinander zu diskutieren. So wurde dieser »Ort« beispielsweise dafür genutzt, um die letzten Spiele der Fußballweltmeisterschaft zu analysieren.

5.3.4 Reisen angenehmer machen

Wir sammeln immer alle Reiseinformationen in unserem Projekt-Wiki. So finden sich dort beispielsweise Informationen über die Fluglinien, die die besten Verbindungen anbieten. Man erfährt dort auch, ob man während der Zeit am fremden Standort besser ins Büro mit einem Mietwagen, einem Taxi oder öffentlichen Verkehrsmitteln kommt. Dazu kommen noch Details wie z.B., welche Kosten man zu erwarten hat und welche Kreditkarten nicht akzeptiert werden.

Die wichtigsten Auskünfte sind aber vermutlich die, die beschreiben, was man in der Gegend unternehmen kann. Diese beziehen sich zum Beispiel genauso auf empfehlenswerte Kneipen wie auf Vorschläge zu touristischen Besichtigungen.

All diese Dinge helfen, das Reisen – das ja oft schon schwierig genug ist – einfacher zu machen und auch so zu gestalten, dass es mehr Spaß macht.

Abb. 5–2   *Angenehme Reisen*

5.4   Werkzeuge

In der Zeit, in der sich die Mitarbeiter nicht persönlich treffen können, muss die Kommunikation und Zusammenarbeit mit Werkzeugen unterstützt werden. Diese Unterstützung kann einfach ein Telefonanruf oder das Senden einer E-Mail sein, sie kann sich aber auch wesentlich anspruchsvoller und komplexer gestalten.

Für die Zusammenarbeit und Kommunikation gibt es unterschiedliche Bedürfnisse und Ansprüche, entsprechend gibt es verschiedene Werkzeuge, die diesen gerecht werden:

■ **Anzahl der Leute**
Manchmal muss man nur mit einer Person in Kontakt treten, manchmal mit einer ganzen Gruppe von Leuten. Handelt es sich nur um ein Einzelgespräch, müssen Sie sich im Klaren darüber sein, dass die Informationen unter Umständen nicht an die restlichen Personen weitergegeben werden (was eventuell die Intention des Einzelgesprächs ist oder auch im speziellen Fall nicht notwendig ist).

■ **Antwortzeit**
Es gibt Zeiten, zu denen man auf eine sofortige Rückmeldung angewiesen ist, und es gibt andere Zeiten, zu denen eine kurze oder sogar längere Verzögerung in Ordnung ist. Vielleicht wollen Sie Ihre Kollegen nur auf etwas aufmerksam machen, wofür aber kein direktes Feedback notwendig ist.

■ **Ein- oder multidirektional**
Häufig ist es notwendig, dass man einem Kollegen oder einer Gruppe von Leuten etwas zeigt, das heißt, jeder muss das gleiche Bild vor Augen haben. Aber manchmal reicht der reine Blick auf etwas nicht aus, stattdessen ist es notwendig, dass mehrere Leute auch über die Distanz hinweg parallel an einem Artefakt arbeiten.

Um das richtige Werkzeug ausfindig zu machen, müssen Sie zuerst den Zweck der virtuellen Verbindung herausfinden. Sie müssen dabei aber akzeptieren, dass die eingesetzten Werkzeuge die Zusammenarbeit und Kommunikation nur unterstützen, sie aber nicht ersetzen können.

5.4.1   Direkte Verbindungen

Zur Vereinfachung der Kommunikation für alle Mitarbeiter empfehle ich dringend, dass Telefonnummern (Festnetz und mobil), E-Mail-Adressen und andere Zugangsmöglichkeiten, wie z.B. Instant Messaging, mit den genauen Angaben bekannt gemacht werden. Vermeiden Sie jede Art von Indirektion, wie beispielsweise Telefonnummern oder E-Mail-Adressen, die nicht beim gewünschten Ansprechpartner, sondern im Sekretariat ankommen. Die Veröffentlichung dieser Zugangsmöglichkeiten oder auch direkten Verbindungen trägt zur Herstellung von Vertrauen in der ganzen Mannschaft bei. Sie gewährleistet, dass keiner im Team unverantwortlich mit diesen Daten umgeht.

Die Veröffentlichung dieser direkten Verbindungen im projektinternen Wiki erlaubt allen schnell und unkompliziert diese Zugriffsdaten zu finden und vermeidet so umfangreiches Suchen.

5.4.2 Synchron versus asynchron

Eine synchrone Kommunikation ermöglicht Ihnen, mit Ihrem Gesprächspartner zur gleichen Zeit zu sprechen, das heißt, das Gespräch ist zeitlich synchronisiert. Wenn ich zum Beispiel einen Bekannten auf der Straße treffe und wir ein Gespräch anfangen, dann befinden wir uns beide im gleichen Gespräch zur exakt gleichen Zeit. In einem asynchronen »Gespräch« unterhalten sich die Gesprächspartner zu unterschiedlichen Zeiten, das heißt, das Gespräch verläuft zeitlich asynchron. Wenn ich beispielsweise meiner Familie eine Nachricht auf dem Küchentisch hinterlege, bevor ich das Haus verlasse, kann meine Familie diese Nachricht lesen und sie auch beantworten, wann immer dies zeitlich für sie passt.

Synchrone Werkzeuge werden meist als reichhaltiger, intensiver betrachtet, gleichzeitig sind sie aber auch schwieriger in der Handhabung. Die Intensivität basiert auf der direkten Rückmeldung auf alles Gesagte. Der Grund für den schwierigen Gebrauch liegt darin begründet, dass synchrone Werkzeuge den Teilnehmern nicht viel Zeit geben, das Gehörte zu verdauen und dann entsprechend zu antworten. Das ist meist schon für introvertierte Menschen problematisch, aber für Personen, die sich unsicher über ihr Sprachvermögen sind, besonders dann, wenn sie in ihrer zweiten oder dritten Fremdsprache sprechen müssen, gilt dies umso mehr.

Asynchrone Werkzeuge haben den großen Vorteil, dass sie keine Unterbrechung der aktuellen Arbeit bedeuten und den Teilnehmern so viel Zeit lassen, wie sie benötigen, um die Anfrage zu verstehen. Außerdem können sie für die Formulierung einer Antwort ihre Kollegen, ein Wörterbuch oder was immer sie benötigen zurate ziehen, um sich sowohl bezüglich der Frage als auch ihrer Antwort sicher zu sein. Der größte Nachteil der asynchronen Kommunikation ist das Fehlen von Nähe und Unmittelbarkeit, was diese Art der Kommunikation weniger vertrauenswürdig macht. Da man meist seinen Gesprächspartner weder sieht noch hört, kann man sich nie sicher sein, wie etwas gemeint ist. Dadurch, dass man kein unmittelbares Feedback erhält ist die Gefahr, dass man aneinander vorbeiredet, besonders groß. Insbesondere subtile Dinge, wie zum Beispiel Ironie (die Sie grundsätzlich in so einer Umgebung vermeiden sollten), sind viel schwieriger zu erkennen und zu verstehen.

Wie Sie sehen, gibt es Vor- und Nachteile für beide Arten der Kommunikation – das Wichtige ist, dass man alle Kommunikationskanäle verwendet, um den Informationsaustausch intensiver zu gestalten und um allen Beteiligten die Möglichkeit zu geben, den für sie besten Kommunikationsweg mit den jeweiligen Kollegen zu finden.

5.4.3   Audio oder Video

Für die tägliche Synchronisation (mehr dazu in Abschnitt 9.2.1) haben wir Videokonferenzen nicht als mächtiges und hilfreiches Kommunikationsmittel angesehen. Vermutlich basiert unsere empirische Erkenntnis auf den Ergebnissen verschiedener Studien. Obwohl Ernst Bekkering und J. P. Shim in [BekkeringShim06, S. 106] herausfanden, dass sowohl bei Audio- als auch bei Videokonferenzen Vertrauen höher empfunden wird als bei der Kommunikation über E-Mail, entdeckten sie gleichzeitig, dass

> *[...] das visuelle Bild nicht viel mehr Informationen besteuert als Audio alleine. Dieses Ergebnis steht im Einklang mit vorherigen Studien über das Erkennen von Lügen in Videokonferenzen [...]*

Allerdings setzen wir immer dann Videokonferenzen ein, wenn wir etwas darstellen oder aufzeigen müssen. Diese Strategie ist analog zu den Erkenntnissen von Bekkering und Shim:

> *Selbstverständlich kann Video auf andere Art zur Kommunikation beitragen als durch die Verbesserung von Vertrauen oder der Erkennung von Lügen, zum Beispiel indem man den Teilnehmern die Möglichkeit gibt, eine Aktion oder ein Objekt vorzuführen.*

Eine weitere Einsatzmöglichkeit von Video ist die Wissensvermittlung, indem zum Beispiel Schulungseinheiten oder Präsentationen in Form eines Videos zur Verfügung gestellt werden und zeitunabhängig verfolgt werden können.

Das Telefon ist nicht nur für die tägliche Synchronisation bestens geeignet, sondern auch zur Klärung von Missverständnissen. Das Telefon hilft besonders zur Wahrung der Kommunikations- und Vertrauensbeziehung, da es eine wesentlich direktere Verbindung erlaubt als jedes andere Kommunikationsmedium, das zur Überbrückung von Distanz eingesetzt wird. Außerdem ist üblicherweise ein Telefon an jedem Arbeitsplatz vorhanden und von daher von jedem Mitarbeiter einfach einsetzbar. Aber trotzdem hat auch das Telefon einige Nachteile:

■ **Unmittelbare Antwort**
Wie alle synchronen Kommunikationswerkzeuge verlangt das Telefon, dass die Teilnehmer unmittelbar antworten. Das ist manchmal schwierig, besonders wenn die Sprache als Hindernis empfunden wird oder wenn es den Personen unangenehm ist, laut zu sprechen. Speziell bei der Verwendung des Telefons muss darauf geachtet werden, dass man langsam und deutlich spricht und sich außerdem eines einfachen Vokabulars bedient.

▨ Qualität der Verbindung
Die Verbindungsqualität kann Missverständnisse verstärken und wiederum
eine Beziehung stören. Das sollte heutzutage kein großes Problem mehr darstellen, ist aber in manchen Gegenden immer noch schwierig.

▨ Unterbrechung
Ein Telefonanruf bedeutet immer eine unmittelbare Unterbrechung der aktuellen Arbeit. Wenn dies zu einem Problem wird, sollten Sie darüber nachdenken, explizite Telefonzeiten (oder Ruhezeiten) zu definieren.

5.4.4   Instant Messaging

Viele Mitglieder von verteilten Teams verwenden Instant Messaging, um mit
ihren Kollegen, die an anderen Standorten sitzen, zu sprechen. Dieses Werkzeug
strebt die direkte Verbindung an, die Vertrauensbildung fördert. Es ist jedoch
definitiv kein Ersatz für all die Gespräche, die in einem gesunden Projekt stattfinden. Instant Messaging bietet aber auf alle Fälle einige Vorteile:

▨ Sie sehen, wer erreichbar ist und wer nicht
Anders als bei E-Mail, wo man manchmal den Eindruck hat, als ob alle
E-Mails in einem schwarzen Loch versinken, da es unendlich lange dauern
kann, bis man endlich eine Antwort erhält.

▨ Direkte Rückmeldung auf Fragen
Da die Leute über den Instant Messenger deutlich machen, dass sie erreichbar
sind, antworten sie auf Fragen auch unmittelbar.

Vor allem der letzte Punkt stellt gleichzeitig einen der größten Nachteile dar – da
die Kommunikation unmittelbar erfolgt, unterbricht sie die Mitarbeiter zu jeder
Zeit. Eventuell müssen Sie darüber nachdenken, bestimmte Zeiten zu definieren,
zu welchen die Mitarbeiter erreichbar sind und zu welchen sie nicht unterbrochen
werden sollen. Meist reicht es aus, den Mitarbeitern bewusst zu machen, dass es
vollkommen in Ordnung ist, den Instant Messenger von Zeit zu Zeit zu schließen.

Obwohl Instant Messaging hauptsächlich einer synchronen Kommunikation
entspricht – es wird ja wohl kaum ein Gespräch über den Instant Messenger
begonnen, wenn der Gesprächspartner nicht zur Verfügung steht –, gibt es eine
leichte Verzögerung in der Kommunikation. Man muss nicht unmittelbar antworten und kann auch nochmals über eine Antwort nachdenken, zum Beispiel
unter Zuhilfenahme eines Wörterbuchs. Natürlich kann das Gleiche auch in
einem persönlichen Gespräch mitgeteilt werden, allerdings ist die verbale Kommunikation immer schneller als die schriftliche.

Häufig wird Instant Messaging verwendet, um einen anderen Kommunikationskanal zu eröffnen. Beispielsweise fangen die Leute an, sich über Messaging
auszutauschen, aber nur um letztendlich eine passende Zeit für ein Telefongespräch zu vereinbaren.

5.4.5   E-Mail

Vermutlich gibt es kaum ein verteiltes Projekt, das überhaupt keine E-Mails als
Kommunikationsmittel einsetzt. E-Mails haben den großen Vorteil, den alle asynchronen Werkzeuge haben (und natürlich auch all ihre Nachteile), dass man für
die Formulierung der E-Mail so viel Zeit in Anspruch nehmen kann, wie benötigt
wird. Natürlich kann auch hier argumentiert werden, dass das genauso für das
persönliche Gespräch oder für Instant Messaging gilt, allerdings besteht bei den
eben genannten Konversationsmitteln die Erwartungshaltung der unmittelbaren
Beantwortung, die bei E-Mails nicht existiert.

Der größte Nachteil von E-Mails ist, dass sie häufig missbraucht werden. Das
Problem fängt meist mit dem Aufsetzen eines E-Mail-Verteilers an, der sich auf
das gesamte Projekt bezieht. Dieser Verteiler ist dann dafür gedacht, dass alle
Projektmitarbeiter mitbekommen, was im Projekt gerade so vor sich geht.
Dadurch entsteht eine wahre E-Mail-Flut, die meist zur Folge hat, dass auch
wichtige E-Mails nicht mehr gelesen werden. Ein anderes Phänomen ist, dass
man beispielsweise in Österreich eine E-Mail erhält, die einen zu Kuchen in der
Kaffeeküche in den Staaten einlädt. Aber auch diese Art von E-Mails kann wertvoll sein, wie Bas Vodde[1] anmerkt:

> [...] es erzeugt ein besseres Verständnis zwischen den verschiedenen Standor-
> ten. [...] Eventuell frage ich jemanden am anderen Standort, wie der Kuchen
> geschmeckt hat. Diese Art von informellen Nachrichten und Fragen tragen
> zur Vertrauensbildung bei.

Aus diesem Grund kann so eine Information eine interessante Tatsache, wie den
Geburtstag eines Kollegen, beinhalten. Trotz allem empfinden viele Mitarbeiter
solche E-Mails eher als nervend, da ihr Hauptzweck das Füllen des Posteingangs
ist. Aus diesem Grunde empfehle ich, E-Mail-Verteiler umsichtig aufzusetzen und
sie bewusst einzusetzen.

Ein anderes typisches Problem mit E-Mails sind lange E-Mail-Ketten. Diese
entstehen meist durch wunderbare und wirklich wichtige Diskussionen von einer
Gruppe von Leuten. Die Schwierigkeit liegt später darin, die vielen Tatsachen und
getroffenen Entscheidungen wieder zu finden, da sie alle irgendwo in der langen
E-Mail begraben sind. Ich empfehle daher, sobald eine Diskussion über E-Mail
startet, diese auf die Kollaborationsplattform zu verlegen (z.B. auf das Wiki) und
sie dann dort fortzuführen. Auf der Kollaborationsplattform kann man die Informationen meist einfach wiederfinden, außerdem lassen sie sich dort versionieren
und auf eine sinnvolle Art und Weise strukturieren. Im Gegensatz dazu wird eine
Diskussion über E-Mail im Laufe der Zeit immer chaotischer und schwieriger zu
verfolgen. Durch den Umzug einer Diskussion von E-Mail auf die Kollaborationsplattform verändert sich ebenfalls die Charakteristik der Information von

---

1.   Persönliche Unterhaltung mit Bas Vodde.

einem transienten Zustand (in der E-Mail) zu einem persistenten (auf der Plattform). Dadurch steht die Information für alle Projektmitarbeiter zur Verfügung,
und zwar unabhängig davon, ob sie vorher an der Diskussion teilgenommen
haben oder nicht.

5.4.6   Virtueller Raum

Einige Projekte verwenden Chaträume oder sogar Second Life®-Einrichtungen
(siehe [SecondLife]), um sich im virtuellen Raum zu treffen. Dieser virtuelle
Raum wird hauptsächlich zur Wahrung der sozialen Kontakte verwendet. Ich
habe jedoch von einem Projekt gehört, das gute Erfahrungen mit dem Einsatz von
Second Life® gemacht hat, und zwar sowohl in der täglichen verstreuten Synchronisation (mehr dazu in Abschnitt 9.2.3) als auch für die Unterstützung beim
virtuellen paarweisen Programmieren (siehe Abschnitt 9.1.1).

5.4.7   Gemeinsames Repository

Wie in jedem anderen Projekt auch, so benötigt man gerade auch in einem verteilten Projekt einen definierten Ort, an dem alle Dokumente aufgefunden werden
können. Es ist sehr hilfreich, wenn dieser Ort einen gemeinsamen Zugriff auf die
Dokumente erlaubt und auch deren Versionierung ermöglicht. Unsere Strategie
ist meist, dass wir alle Dateien in einem Konfigurations- und Versionsmanage-
mentwerkzeug vorhalten, das dann über das Inter- oder Intranet von allen Standorten zugreifbar ist. Sorgen Sie bitte dafür, dass das Sicherheitskonzept der beteiligten Standorte diesen Zugriff auch für alle Mitarbeiter erlaubt (mehr dazu in
Abschnitt 6.4.5).

Bitte beachten Sie, dass wir nicht nur den Code und die Tests versionieren,
sondern tatsächlich alles, was auch nur einen Teil des Projekts dokumentiert, wie
zum Beispiel den Projektplan oder den Terminplan der Botschafter etc. Für Informationen, die nicht dateibasiert sind, verwenden wir normalerweise unsere
Hauptkollaborationsplattform – das Wiki –, um diese Art von Informationen zu
speichern. In den verschiedenen Projekten, in denen ich tätig war, hatten wir
unterschiedliche Wikis im Einsatz – aber alle stellten Versionierung zur Verfügung, was uns erlaubte, auf frühere Versionen zurückzugreifen, wenn dies notwendig war.

5.4.8   Wiki und andere Kollaborationsplattformen

Häufig muss eine verstreute Gruppe gemeinsam auf das gleiche Artefakt schauen.
Zum Beispiel ist es in einer verstreuten täglichen Synchronisation oft hilfreich,
wenn alle Mitglieder eines Featureteams den Iterationsplan einsehen können.
Manchmal möchte ein Gruppenmitglied den anderen auch etwas erklären. Um

dies zu tun, müssen jedoch alle das gleiche Artefakt – wie zum Beispiel die vorbereiteten Folien – einsehen. Viele Kollaborationswerkzeuge konzentrieren sich genau auf solch eine Verwendung (eRoom, SharePoint oder NetMeeting sind solche Beispiele). Und Sie werden feststellen, dass diese Werkzeuge für diesen Zweck sehr hilfreich sind.

Immer wieder reicht es aber für eine verstreute Gruppe nicht aus, lediglich das gleiche Artefakt anzusehen, sondern sie müssen gleichzeitig zusammen am identischen Artefakt arbeiten, obwohl sie sich nicht im gleichen Raum befinden. Das ist zum Beispiel dann der Fall, wenn ein verstreutes Featureteam das Design für eine Funktionalität gemeinsam entwerfen möchte. Dann muss jedes Featureteammitglied in der Lage sein, eine Änderung am gleichen Artefakt vorzunehmen. Ein einfaches Werkzeug, das das virtuelle gemeinsame Arbeiten an Artefakten erlaubt, ist ein Wiki, obwohl sich die Unterstützung der meisten Wikis lediglich auf das gemeinsame Arbeiten an schriftlichen und nicht an grafischen Artefakten bezieht. Aus diesem Grund sollten Sie auch überlegen, virtuelle oder sogenannte gemeinsam genutzte Weißwandtafeln (englisch: Shared Whiteboards), wie zum Beispiel [AgilePlanner], einzusetzen. Bei den meisten der vorher genannten Kollaborationswerkzeuge, wie z.B. NetMeeting, muss die Kontrolle über ein Artefakt explizit auf eine andere Person in einem virtuellen Meeting übertragen werden, sodass diese Person eine Änderung vornehmen kann. Durch diese Kontrollübertragungen kann dann jeder das Artefakt verändern, allerdings hat immer eine dedizierte Person die Kontrolle und die Entscheidung darüber, wer als Nächster die Kontrolle über das Artefakt erhalten wird. Diese Arbeitsweise entspricht nicht dem gemeinsamen Arbeiten an einem Artefakt, wie es sich zum Beispiel anbieten würde, wenn man als Gruppe um ein Flipchart oder eine Weißwandtafel steht und zusammen ein Design entwirft.

Damit das Wiki auch auf Dauer für das Projekt hilfreich bleibt, muss seine Struktur immer wieder überdacht und eventuell angepasst werden. Ansonsten laufen Sie Gefahr, dass im Wiki zwar alle Informationen stecken, Sie diese der Unübersichtlichkeit wegen aber nicht mehr auffinden.

Typischerweise funktionieren alle diese Kollaborationswerkzeuge am besten, wenn sie zusätzlich durch Audio unterstützt werden. Die Verwendung eines Werkzeugs wie dem Wiki in Verbindung mit dem Telefon oder einer Videokonferenz ist absolut sinnvoll, wenn man über etwas diskutieren möchte, das man gleichzeitig vor Augen haben muss. Auf diese Weise bereichern diese Werkzeuge die Kommunikation über die Distanz.

5.5   Zusammenfassung

Koh et. al. entdeckten vier Stimuli (siehe [Koh+07, S.71]), die eine erfolgreiche virtuelle Gemeinschaft, wie ein verteiltes Projekt, ermöglichen. Die vier Stimuli sind:

▪ **Einbindung von Führung**

   Einbindung von Führung ist kritisch für den Aufbau von Beziehungen ...

   Das ist der Grund, warum »Management durch Herumfliegen« so wichtig ist.

▪ **Interaktionen außerhalb des Netzes (offline)**

   Interaktionen außerhalb des Netzes erhöht die soziale Präsenz ...

   Wenn die Leute virtuell zusammenarbeiten, müssen sie sich ihrer Kollegen durch Interaktionen außerhalb des Netzes, wie zum Beispiel durch gemeinsame Feiern, bewusst werden. Nur diese Interaktionen außerhalb des Netzes helfen den Teammitgliedern, sich zu

   [...] verstehen, sich gegenseitig zu vertrauen und sich miteinander zu identifizieren, was eine stärkere Basis für gemeinsame virtuelle Aktivitäten schafft.

▪ **Brauchbarkeit**

   Nur wenn die Teammitglieder den Nutzen in der gemeinsamen Interaktion erkennen, werden sie auch etwas dazu beitragen. Zum Beispiel müssen wir immer wieder die Regeln für die tägliche Synchronisation oder für das Scrum of Scrums wiederholen. Wenn die Mitarbeiter sich nicht an diese Regeln halten, ist dieses Meeting nur für einige wenige, aber nicht für alle Teilnehmer sinnvoll. Aus diesem Grund müssen Sie darauf achten, dass, wann immer Zusammenarbeit gefordert ist, auch alle Beteiligten den Sinn und Zweck dieser Zusammenarbeit verstehen und einen Nutzen daraus ziehen können.

▪ **Qualität der Infrastruktur**

   Die Infrastrukturqualität ist die Basis für die meisten Arten der Zusammenarbeit im Team. Dies ist unabhängig davon, ob wir über eine gute Qualität für die Telefonverbindung sprechen, über einen einfachen Zugang zum Wiki für alle oder über gutes Antwortzeitverhalten beim Zugriff auf die gemeinsame Codebasis. Deshalb wird

   [...] in jeder virtuellen Gemeinschaft zufriedenstellendes Antwortzeitverhalten des Systems allgemein als eine notwendige Ausstattung verstanden.

Um die Verbindung zwischen den unterschiedlichen Standorten aufrechtzuerhalten, benötigen Sie vor allem einen direkten Kontakt zwischen Personen, die auf die Herstellung und Bewahrung dieses Kontakts achten. Obwohl der Botschafter am stärksten diese Rolle besetzt, müssen auch andere Personen, wie zum Beispiel die Manager, diese Aufgabe erfüllen. Die verschiedenen Standorte in Verbindung

zu halten, erfordert auch Zeit für informelle Kommunikation, wie Daniela
Damian in [Damian07, S.24] berichtet:

*Das Fehlen von informeller Kommunikation in globalen Teams beeinflusst
den Aufbau von Beziehungen negativ [...]*

Besondere Ereignisse, wie das gemeinsame Feiern der Fertigstellung eines
Release, tragen zum Aufbau einer engeren Beziehung bei, als sie tatsächlich physisch existiert. Dies trifft auch auf einige Technologien zu wie beispielsweise das
Zurschaustellen der aktuellen Bilder im Projekt-Wiki. Selbst wenn Sie gute Kollaborationswerkzeuge im Einsatz haben, werden diese nicht alle Probleme in der
Zusammenarbeit lösen. Die Vorbedingung ist das Aufsetzen einer guten und
funktionierenden Zusammenarbeit, die dann wiederum durch adäquate Werkzeuge unterstützt werden kann. Wenn Sie ein Werkzeug auswählen, müssen Sie
sich dessen bewusst sein, dass die meisten Werkzeuge eine bestimmte Manage-
mentstrategie verfolgen und unterstützen, zum Beispiel die eines autoritären Füh-
rungsstils. Oder am anderen Ende des Spektrums – die der vertrauensvollen und
partizipativen Führung.

Es funktioniert jedoch nichts besser für den Aufbau und die Wahrung einer
vertrauensvollen Beziehung als ein persönliches Treffen. Aus diesem Grund müssen Sie von Zeit zu Zeit eine Möglichkeit schaffen, die es den Projektmitarbeitern
erlaubt, dass sie persönlich zusammenkommen.

6 Entwickeln und Ausliefern

*Holzhacken ist bei manchen Leuten deshalb so beliebt,
weil sie den Erfolg dieser Tätigkeit sofort sehen können.*

Albert Einstein

Viele Leute meinen ja, bei Agilität gehe es darum, die handelnden Personen in den Mittelpunkt zu stellen. Tatsächlich steht aber die Auslieferung von Software im Mittelpunkt, wie ein Prinzip des Agilen Manifests betont (siehe [AgileManifesto]):

Liefere Software häufig, alle 2 Wochen bis alle 2 Monate, aus, wobei die Präferenz auf kürzeren Zeitabständen liegen soll.

Unter der Berücksichtigung der verschiedenen Anforderungen der beteiligten Personen ist der ganze Prozess auf die Auslieferung von wertvoller Software ausgerichtet. Um dies sicherzustellen, muss die Softwareentwicklung von einem empirischen, das heißt von einem auf Erfahrung beruhenden Prozess unterstützt werden, wie Ken Schwaber in [Highsmith02, S. 108] herausstellte:

Mit einem empirischen Prozess hat man einen komplett anderen Kontrollmechanismus. [...] Bei empirischen Prozessen muss man, um Anpassungen zu machen, ständig überwachen.

In diesem Abschnitt möchte ich mich nicht so sehr auf den eigentlichen Wert der Software konzentrieren (dies ist Fokus des nächsten Kapitels), dafür aber umso mehr auf deren Auslieferung.

Ein Release ist die Sammlung einer Folge von Iterationen, die als Ergebnis eine sinnvolle Funktionalität für den Kunden bietet. Somit sollte mit Ausnahme der Planung die Auslieferung dieser sinnvollen Funktionalität in den meisten Fällen keinen extra Aufwand erfordern, da die letzte Iteration und das Ende des Release zusammenfallen. Gelegentlich machen beispielsweise die Komplexität eines Produkts und die Anforderung an die Auslieferung eine spezielle Iteration notwendig. Der ausschließliche Zweck dieser speziellen Iteration ist die Fertigstellung des Release. Diese spezielle Iteration wird meist »Release-Iteration« oder Stabilisierungsiteration genannt. Der Fokus einer Release-Iteration ist demnach nicht die Entwicklung von neuer Funktionalität, sondern das Ausjustieren des bereits in vergangenen Iterationen entwickelten Systems, sodass ein lieferbares Produkt entsteht.

6.1   Iterationen

Auch die kürzeren Entwicklungszyklen, deren Hauptfokus auf der Arbeitsorganisation der relativ kurzen Zeiträume für die verschiedenen Featureteams liegt, haben die Auslieferung von wertvoller Funktionalität im Blickfeld. Das heißt, Iterationen haben sowohl die Arbeitsorganisation als auch frühzeitige Teilauslieferungen des Produkts im Blick.

6.1.1   Iterationslänge

Zweiwöchige Iterationen haben sich nicht nur in einer lokalen, sondern auch in verteilten agilen Entwicklungsumgebungen bewährt. Dies begründet sich darin, dass diese Dauer eine gute Balance zwischen der Risikoreduzierung durch häufiges Feedback und der Fertigstellung von sinnvoller Funktionalität bietet. Nur die Fertigstellung (und Lieferung) sinnvoller Funktionalität bietet einen echten Statusbericht über das Projekt.

Manchmal finde ich Projekte vor, die in der Mitte der Iteration eine Statusüberprüfung (englisch: sanity check) vornehmen. Eine andere weitverbreitete Bezeichnung ist zum Beispiel »Mid-Sprint Review«. Falls Sie das Bedürfnis nach so einer Statusüberprüfung in der Mitte der Iteration verspüren, sollten Sie dieses Bedürfnis als Smell[1] bzw. Hinweis dahingehend verstehen, dass Ihre Iterationen zu lang dauern. Der logische Schluss ist, dass man sich über den Projektstatus unsicher ist, weil der Zeitpunkt des letzten echten Statusberichts zu lange zurückliegt. Bevor Sie also eine Statusüberprüfung in der Iterationsmitte ansetzen, sollten Sie über die Kürzung der Iterationslänge nachdenken, um das Problem bei der Wurzel zu packen und nicht an den Symptomen herumzudoktern.

Immer wieder höre ich Leute fragen, ob die Iterationen in einer verteilten Umgebung nicht verlängert werden müssten, da für den höheren Koordinationsaufwand zwischen den verschiedenen Standorten mehr Zeit benötigt wird. Man kann jedoch genauso gut konträr dazu argumentieren – da durch die verteilte Entwicklung das Risiko erhöht ist, wäre es doch hilfreich, die Entwicklungszyklen zu verkürzen, um schneller Feedback zu erhalten. Letzteres erlaubt es Ihnen, zur gefragten Zeit zu agieren statt nach vollendeten Tatsachen zu reagieren. Wenn Sie beide Argumente gegeneinander abwägen, werden Sie feststellen, dass

---

1.   Ein Smell ist ein Hinweis auf ein Problem.

es keinen Anlass gibt, die Entwicklungszyklen aufgrund der verteilten Entwicklung zu verlängern. Tatsächlich tendiert die Mehrzahl der verteilten Projekte (siehe [Fowler06], [Jepsen06]) zur Verkürzung der Entwicklungszyklen, um das Risiko zu reduzieren. Wenn Sie dieser Mehrheit folgen, haben Sie den Vorteil, das Projekt aufgrund häufigen Feedbacks besser in die richtige Richtung zu lenken.

6.1.2   Das Konzept von done-done

In der agilen Welt hat sich die Überzeugung verbreitet, dass Funktionalitäten in einem Done-done-Zustand sein müssten. Meine Erfahrung zeigt, dass Teams oder einzelne Mitarbeiter schnell sagen, etwas sei fertig. Wenn es dann aber zur Vorführung des Features kommt, funktioniert es nicht. Die Antwort (die auch ich als Entwicklerin gab) war in dieser Situation »Ich weiß auch nicht, vorher hat es noch funktioniert«. Das Hauptproblem ist, dass die Definition von »fertig« variiert, und deshalb hat jeder ein anderes Verständnis darüber. »Fertig sein« kann Folgendes bedeuten:

- Die Funktionalität ist entwickelt.
- Die Funktionalität ist getestet.
- Die Funktionalität wurde integriert.
- Die Funktionalität funktioniert in der Test- oder Produktionsumgebung.
- Die Funktionalität kann ausgeliefert bzw. in Betrieb genommen werden.
- Die Funktionalität ist produktiv.

Häufig ist »fertig« lediglich gleichbedeutend mit dem ersten Zustand in der Liste. Der Ausdruck done-done (oder auf Deutsch auch: »wirklich echt tatsächlich fertig«) bezieht sich auf den letzten Zustand. Das heißt, die Funktionalität hat alle oben genannten Status durchlaufen und kann (theoretisch oder tatsächlich) an den Kunden übergeben und in Betrieb genommen werden. Nur dieser Zustand erzeugt das korrekte Feedback über den tatsächlichen Zustand des Projekts. Das ist der Grund, warum ein Featureteam alle Rollen abdecken muss, die für die Fertigstellung einer Funktionalität benötigt werden. Dazu gehören Tester, Dokumentationsersteller usw. Es bedeutet auch, dass am Ende der Iteration nur die Funktionalitäten, die im Done-done-Zustand sind, in die Berechnung der Teamgeschwindigkeit der Featureteams eingehen (mehr zur Teamgeschwindigkeit in Abschnitt 7.2.4).

Für ein verteiltes Projekt ist es unmöglich, ein System auszuliefern, wenn jeder Standort oder jeder Teammitarbeiter ein anderes Verständnis darüber hat, was ein fertiges Feature ausmacht. Sie werden eine Menge Integrationsprobleme vermeiden, sobald alle das Konzept von done-done verinnerlicht haben.

6.1.3   Iterationen als Herzschlag

Ich betrachte Iterationen immer als den Herzschlag des Projekts. Sie bilden einen kontinuierlichen Rhythmus, der es dem Team erlaubt zu planen, zu machen, zu überprüfen und dann basierend auf dem aktuellen Feedback entsprechende Anpassungen zu tätigen. In einem biologischen System erhält der Herzschlag das System am Leben und erlaubt es, den Gesundheitszustand des Systems zu überprüfen. Auf ähnliche Weise erlauben es auch die Iterationen, den (Gesundheits-) Zustand des Projekts zu überprüfen. Folglich sollte Ihr Herzschlag den gleichen Rhythmus für das gesamte Projekt haben – oder in anderen Worten, das ist der Grund, warum die Iterationen über alle Standorte und Featureteams hinweg synchronisiert sein sollen.

Es wird vorkommen, dass dieser Rhythmus minimale Unterschiede aufweist. Dies geschieht, weil die Teammitglieder aufgrund von unterschiedlichen Feiertagen oder Urlaubszeiten in den verschiedenen Ländern andere Abwesenheiten haben. Sie müssen jedoch sicherstellen, dass diese Unterschiede den Herzschlag nicht komplett durcheinanderbringen. Haben Sie in Ihrem Projekt unterschiedliche Herzschläge (sprich unterschiedliche Iterationslängen), müssen Sie dies insofern als Smell betrachten, dass es sich scheinbar um individuelle Personen oder auch Teams handelt, die sich alle nur auf ihre eigenen Sachen konzentrieren. Das Projekt agiert nicht als vereintes Projekt.

6.1.4   Verzögern der Auslieferung

Sie sollten am Ende jeder Iteration immer die Auslieferung des aktuellen lauffähigen Systems als Ziel anvisieren. Es können jedoch Umstände vorliegen, die die Lieferung jeder geplanten Funktionalität im Done-done-Zustand verhindern:

■ Verspätete Hardware
Wenn Sie eine eingebettete Anwendung entwickeln, die auf einer Hardware laufen soll, die selbst noch entwickelt wird, sind Sie vermutlich nicht in der Lage, am Iterationsende die Software auf der neuen Hardware auszuliefern. Eine Strategie ist die Auslieferung der Features auf der letzten verfügbaren Hardware. Nicht immer ist das jedoch sinnvoll, da diese Hardware gegebenenfalls noch nicht die geforderten Schnittstellen unterstützt. Alternativ müssen die Funktionalitäten dann auf einem Simulator überprüft werden. Beide Strategien haben zur Folge, dass die Features nicht done-done sind. Daraus folgt, dass Sie einerseits ein anderes Verständnis von »fertig« etablieren müssen (z.B. die Funktionalität ist auf dem Simulator überprüft) und andererseits zusätzliche Zeit einplanen müssen, um die Funktionalitäten letztendlich auf der später verfügbaren Hardware zu liefern.

■ **Extensive Tests**

Abhängig von dem System, das Sie entwickeln, können Sie vor dem Problem stehen, dass die Systemtests nicht in der gleichen Iteration durchgeführt werden, in der auch die Features entwickelt werden. Allerdings tritt dieses Problem meist dann auf, wenn die Systemtests nicht automatisiert und aus diesem Grund sehr zeitintensiv sind. Ist dies der Fall, sollten Sie die Systemtests nach und nach automatisieren. In anderen Fällen müssen extensive Last- und Performanztests durchgeführt werden, oder das System ist aus irgendwelchen anderen Gründen zu groß, um in der gleichen Iteration getestet zu werden. Beispielsweise ist Craig Larman (siehe [Larman04]) der Meinung, dass man in Projekten, die mit mehreren Teams durchgeführt werden, häufig auf dieses Problem trifft. In diesen Fällen müssen die Tests eine Iteration nach der Entwicklung der jeweiligen Funktionalitäten durchgeführt werden. Das wird auch Test-Pipelining genannt. Als Konsequenz verzögert sich die Auslieferung der Features immer um eine Iteration, und Sie haben de facto die Iterationslänge verdoppelt oder um ein Vielfaches verlängert, falls Ihr System Tests durchlaufen muss, die sogar länger als eine Iteration dauern.

■ **Detaillierte Dokumentation**

Dokumentation ist Bestandteil der Entwicklung der Funktionalitäten. Manche Funktionalitäten unterliegen mehreren Designs und Redesigns während der Iteration, sodass diejenigen, die die Dokumentation erstellen, diese nicht vor dem Iterationsende fertigstellen können. Analog finden Sie dies bei FDA[2]-regulierten Projekten, da diese meist eine umfangreichere Dokumentation erfordern als andere Projekte. Ähnlich wie bei den extensiven Tests bleibt Ihnen auch hier nur die Möglichkeit, die Funktionalitäten letztendlich eine Iteration später auszuliefern. Die dazugehörigen Tests und auch das Feedback des Product Owner sollten bereits in der aktuellen Iteration erfolgen. Die Features hingegen erreichen den Done-done-Zustand erst in der nachgelagerten Iteration, in der dann die Dokumentation auch abgeschlossen wird.

■ **Spezielle Umgebung**

Häufig deckt sich die Entwicklungs-, Test- und Integrationsumgebung nicht mit der Produktivumgebung. So wird in der Produktivumgebung oft eine andere Hardware vorgefunden, sowie andere Datensätze, was sich auch negativ auf das System auswirken kann. Idealerweise steht eine Test- oder Integrationsumgebung zur Verfügung, die die Produktionsumgebung widerspiegelt und auf der das System unter realen Umständen getestet werden kann. In manchen Fällen steht so eine Umgebung jedoch gar nicht oder nur zu sehr eingeschränkten Zeiten zur Verfügung, was die Fertigstellung wiederum entsprechend verzögert.

---

2. FDA: Food and drug administration, definiert die Regularien für sicherheitskritische Systeme.

Die Auslieferung zu verzögern ist nie eine gute Idee – ein schnelles Feedback ist immer vorzuziehen. Wann immer Sie die Notwendigkeit sehen, die Auslieferung zu verzögern, sollten Sie primär die tatsächliche Ursache herausfinden und dann nach Möglichkeiten suchen, diese zu beseitigen. Das heißt, Sie sollten nur dann, wenn keinerlei Alternativen existieren, auf die Strategie der verzögerten Auslieferung ausweichen.

6.2 Release

Während am Ende jeder Iteration auf die Fertigstellung von einzelnen Features geachtet wird, sollen am Ende eines Release mehrere Funktionalitäten (in diesem Zusammenhang auch Featurebündel genannt) vorliegen, die zusammen aus Kundensicht sinnvoll sind. Ein Release wird aus diesem Grund als eine Folge von Iterationen definiert.

Spätestens am Ende einer Iteration würden Sie gern das Feedback von allen beteiligten Personen einholen – den Testern, den Fachexperten, den Interessenvertretern und natürlich auch von den Kunden. Obwohl die Funktionalitäten (theoretisch) am Ende jeder Iteration an den Kunden geliefert werden können, wird das selten am Ende jeder einzelnen Iteration getan. Aber von Zeit zu Zeit – meine Empfehlung ist spätestens alle drei Monate – sollten Sie das Ergebnis dem Kunden zur Verfügung stellen.

6.2.1 Release-Iteration

Manche Teams benötigen eine separate *Release-Iteration*, um das System in einen Zustand zu bringen, der eine tatsächliche Auslieferung an den Kunden ermöglicht. Andere Teams halten ihr System am Iterationsende immer in einem Zustand, der es ihnen erlaubt, das System auf Verlangen an den Kunden auszuliefern, um wertvolles Feedback zu erhalten.

Es gibt verschiedene (berechtigte) Gründe, die eine Release-Iteration notwendig machen. Überwiegend ist der Grund jedoch die mangelnde Disziplin im Team. Die Erfahrung zeigt, dass, obwohl allen die erforderlichen Schritte, um eine Funktionalität in den Done-done-Zustand zu bringen, klar sind, diese trotzdem nicht entsprechend durchgeführt werden. Features werden geliefert, obwohl einige Kleinigkeiten fehlen (z.B. die Dokumentation oder einige Tests). Trifft dies auf Ihr Projekt zu, ist der Bedarf an einer Release-Iteration in Wahrheit ein Smell. Es kann aber auch andere Gründe als Disziplinmangel geben, die die Lieferfähigkeit des Systems am Iterationsende verhindern.

Alle unter Abschnitt 6.1.4 erläuterten Beispiele, verspätete Hardware, extensive Tests, detaillierte Dokumentation und spezielle Umgebung, können einen triftigen Grund für eine Release-Iteration darstellen. Beispielsweise mussten wir bei der Entwicklung eines eingebetteten Systems jeweils eine Release-Iteration einplanen, um die Funktionalitäten auf der neuen Hardware zu aktivieren, da wir diese auch erst zur Release-Iteration erhielten.

In einem anderen Projekt war es notwendig, das System in einer anderen Umgebung zu testen als in der, die uns normalerweise zur Verfügung stand. Diese Umgebung war aber so teuer, dass man uns nicht den ständigen Zugriff in jeder Iteration darauf ermöglichen konnte. Deshalb behalfen wir uns auch hier mit einer Release-Iteration, in der wir das System auf der speziellen Umgebung testen konnten.

6.2.2 Releasestandort

Benötigt Ihr Projekt eine Release-Iteration, empfiehlt es sich, dass jedes Team, das zur Lieferung dieses Release beiträgt, dessen Abschluss mit mindestens einem Stellvertreter unterstützt. In den Projekten, in denen ich gearbeitet habe und die eine Release-Iteration benötigten, entschieden wir weiterhin, dass diese Stellvertreter räumlich zusammenkamen, um die Fertigstellung des Systems zu gewährleisten.

Die verschiedenen Stellvertreter der involvierten Teams trafen sich dann persönlich an diesem Releasestandort, um das Release zum Laufen zu bringen. Es kann auch funktionieren, wenn die entsprechenden Personen über das Telefon erreichbar sind, verschiedene Zeitzonen erschweren diese Vorgehensweise jedoch.

Generell trafen wir uns nie immer am selben Standort. Um den Reiseaufwand auszugleichen und eine Verbesserung des gegenseitigen Respekts und Vertrauens zwischen allen Projektmitarbeitern zu schaffen, änderten wir die Örtlichkeiten des Releasestandorts mit jedem Release. Vorraussetzung dafür ist die Verfügbarkeit der technischen Umgebung an jedem Standort.

6.3 Integration und Build

Die Funktionalitäten sollten am Iterationsende in einem lieferbaren bzw. Done-done-Zustand sein. Dieser Zustand schließt ein, dass die zu liefernden Funktionalitäten in einem kohärenten, das heißt in sich geschlossenen, System integriert sind. Gewährleisten Sie kein kohärentes System, werden die Features in verschiedenen Varianten des Systems geliefert. Dann können Sie sich jedoch über den tatsächlichen Zustand des Systems nie sicher sein. Darüber hinaus werden Sie nie wissen, wie viel Zeit am Projektende noch benötigt wird, um aus diesen Systemvarianten *ein* lieferbares Produkt zu erstellen. Deshalb ist das eine kohärente lauffähige System die hauptsächliche – wenn nicht sogar die einzige – Messgröße für den Projektstatus. Aus diesem Grund möchte man dieses eine kohärente lauffähige System so oft wie möglich vorfinden – idealerweise immer dann, wenn ein Projektmitarbeiter eine Aufgabe beendet hat. Erfolgt nach jeder Aufgabenfertigstellung eine Integration, so nennt man das fortlaufende Integration (englisch: continuous integration) – diese sollte das Ziel eines jeden agilen Teams sein.

6.3.1   Lokal funktionierende Integration

Integration ist harte Arbeit. Es bedarf eines hohen Maßes an Aufwand und Kosten während der gesamten Projektlaufzeit, damit die Integration und das Bauen des Systems reibungslos von statten gehen. Der größte Fehler, den ich in verteilten Projekten gesehen habe, war der, dass die Integration nicht einmal an einem Standort vernünftig funktioniert hat, bevor das Projekt über den Globus verteilt wurde.

Sie können sich sicher vorstellen, dass die Probleme, die man dann bereits an einem Standort hat, exponentiell anwachsen, sobald das Projekt auf mehrere Standorte verteilt wird. Je später diese Probleme adressiert werden, desto schwieriger werden sie. Hinzu kommt, dass die Probleme auch Auswirkungen auf die anderen Standorte haben, sodass man sie meist an mehr als einem Standort lösen muss.

Integration ist der Moment, an dem der gesamte Entwicklungsaufwand zusammenkommt. Daraus folgt, dass die Integration der einzige Ort oder Zeitpunkt ist, an dem Sie einen aussagekräftigen Status-»Bericht« über Ihr Projekt erhalten – alles andere mag nahe an der Wahrheit sein, spiegelt diese aber selbst nicht wider. Deshalb muss eine nicht funktionierende Integration sehr ernst genommen werden. Ich empfehle, dass Integrationsproblemen immer die höchste Priorität zugesprochen wird, da sie ungelöst dazu tendieren, verschleppt und immer massiver bzw. schwieriger zu werden.

6.3.2   Integration erfordert Aufwand

Unterschätzen Sie nie die Komplexität und den erforderlichen Aufwand für die Etablierung eines reibungslosen Integrations- und Build-Prozesses. Carsten Ruseng Jakobsen[3] berichtet, wie die Firma Systematic das gewährleistet:

> *Systematic hat einen reibungslosen Integrations- und Build-Prozess als so wichtig erachtet, dass wir automatisch die Zeit erfassen, die wir benötigen, um einen fehlgeschlagenen Build wieder zum Laufen zu bringen. Die Entwickler erhalten ein rotes Zeichen auf ihrem Schreibtisch, das darauf hinweist, dass der letzte Build fehlgeschlagen ist. Die Richtlinie ist, den Build in weniger als acht Arbeitsstunden wiederherzustellen.*

Wie ich auch in [Eckstein04, S. 90] empfehle, sollten Sie circa 10% des Entwicklungsaufwands zur Sicherstellung der Integration und des Build aufwenden.

---

3.   Persönliche Unterhaltung mit Carsten Ruseng Jakobsen.

Wenn Sie also 30 Personen haben, die Features entwickeln, müssen mindestens drei die Integration und den Build gewährleisten.

Stellen Sie weiterhin sicher, dass diese Mitarbeiter 100% ihrer Zeit dieser Aufgabe widmen können. Es wäre riskant, wenn die verantwortlichen Personen nur einen Teil ihrer Zeit für diese Arbeit zur Verfügung haben.

Wir erzielten die besten Erfahrungen mit separaten Teams, die die Verantwortung für Integration und Build übernahmen (was auch die Ausführung der Integrations- und Smoke-Tests[4] beinhaltet). Dieses Integrationsteam arbeitet trotzdem genauso wie ein reguläres Featureteam. Das Team schätzt seine Aufgaben, plant die Iterationen und hat ebenfalls eine Teamgeschwindigkeit, die gemessen wird. Der größte Unterschied ist der, dass es für dieses Team vollkommen in Ordnung ist, wenn es durch eine dringende Anfrage unterbrochen wird. Andere Teams hingegen akzeptieren keinerlei Unterbrechung während der Iteration – sie berücksichtigen die gewünschten Änderungen in der nächsten Iterationsplanung (mehr dazu in Abschnitt 7.3). Die Unterbrechungen haben für das Integrationsteam in den meisten Fällen die höchste Priorität, da ihre Hauptaufgabe darin besteht, den Build am Laufen zu halten.

Wie ich auch in [Eckstein04, S.89] anmerke, muss klar sein, dass das nicht bedeutet,

> [...] dass Integration nur von diesem Team durchgeführt wird. Integration ist immer eine Aufgabe für alle Teammitglieder. Dazu gehört, dass ein Team nicht nur die Aufgabe hat, seinen Code, sondern vor allem auch den eigenen Code mit dem der anderen Teams, mit denen man in einer Beziehung oder Abhängigkeit steht, zu integrieren.

Die Hauptaufgabe des Integrationsteams besteht also darin, den Integrations- und Build-Prozess zu optimieren, nicht aber die Integration und den Build selbst durchzuführen. Beispielsweise ist ein Flaschenhals oft das »Auschecken« (englisch: check-out) des Codes. Die Aufgabe des Integrationsteams ist dann, nach Möglichkeiten zu suchen, die diesen Vorgang beschleunigen.

Beim Integrationsteam handelt es sich meistens um ein verstreutes Team. Da sich die Integrationsprobleme selten auf einen Standort beschränken, können diese auch nicht nur von einem Standort gelöst werden.

In einigen Projekten hatten wir das Integrationsteam als virtuelles Team aufgesetzt. Das heißt, es gab dedizierte Mitarbeiter in regulären Featureteams, die für Integration und Build verantwortlich waren. Diese Kollegen tauschten sich häufig untereinander aus und waren auf diese Art Teil des virtuellen Integrations- und Build-Teams. In wenigen anderen Projekten haben wir die Verantwortung für Integration und Build nicht auf bestimmte Personen übertragen. Mitarbeiter von Featureteams wechselten sich in der Übernahme dieser Aufgabe für einen

---

4. Ein Smoke-Test stellt sicher, dass das System grundsätzlich funktioniert und nicht beispielsweise direkt nach dem Start wieder abstürzt (siehe [McConnell96]).

bestimmten Zeitraum ab, z.B. für die Dauer einer Iteration. Das kann sehr gut gelingen, wenn sich jeder mit den Werkzeugen auskennt und diese auch entsprechend gut funktionieren. Trotz allem empfanden wir diese Vorgehensweise komplizierter als mit einem expliziten Integrationsteam, da Integration und Build ein ganz spezielles Wissen erfordern, das man nicht so einfach erlangt. Bis sich jeder Projektmitarbeiter dieses Wissen angeeignet hat, vergeht mehr Zeit im Vergleich dazu, wenn nur eine Gruppe von Leuten sich dieses Wissen aneignen muss. Natürlich ist es immer besser, wenn jedes Projektmitglied den gleichen Wissensstand hinsichtlich des Projekts besitzt, dieses Ziel ist bei großen Projekten nur leider nicht erreichbar.

Verantwortungsbewusstsein für einen funktionierenden Integrations- und Build-Prozess, Kompetenz und ein Notfallplan erhöhen die Berechenbarkeit bezüglich der Häufigkeit der Auslieferung eines lauffähigen Systems.

6.3.3   Ein fehlgeschlagener Build stoppt die Produktion

Ein Integrationsproblem oder ein langsamer Build stellt einen Stillstand oder eine Verlangsamung des gesamten Projekts dar. Das kann man gut mit dem Stillstand einer Fertigungsstraße vergleichen. Bitte beachten Sie, dass es noch kein Problem ist, wenn die Fertigungsstraße zum Stillstand kommt. Wird jedoch der Grund für den Stillstand nicht schnell beseitigt wird, ist es ein Problem.

Ich habe ein verteiltes Projekt gesehen, das über vier verschiedene Standorte verteilt war, aus 40 Entwicklern bestand und extreme Integrationsprobleme hatte. Das Hauptproblem war, dass nur eine Person Vollzeit für diese Aufgabe zur Verfügung stand. Zwei zusätzliche Teammitarbeiter unterstützten diese Person, mussten aber ihre Zeit zwischen Integration und Entwicklung aufteilen. Einer von den beiden hatte offiziell nur 20%, der andere nur 30% der Arbeitszeit für Integration und Build zur Verfügung. Obwohl dieses Projekt eigentlich vier Vollzeitmitarbeiter für Integration und Build benötigt hätte, gab es letztendlich rein rechnerisch nur eineinhalb Personen für diese wichtige Aufgabe.

Zu diesem Zeitpunkt stellt die Projektführung oft mehr Personal für den Bereich der Entwicklung zur Verfügung, um die Verlangsamung des Projekts (die auf Integrations- und Build-Probleme basiert) aufzuhalten. Fälschlicherweise assoziiert man hier stagnierenden Fortschritt mit mangelnder Entwicklung von Funktionalitäten. Um die Entwicklung zu beschleunigen, muss man stattdessen aber den Fokus auf die Integration legen. In diesem speziellen Fall mussten wir letztendlich sogar den Entwicklungsaufwand reduzieren und uns dann im Wechsel mit einer größeren Mannschaft den Integrations- und Build-Problemen annehmen, bis ein reibungsloser und zuverlässiger Ablauf wieder möglich war. Das heißt, manchmal wird man nur dadurch schneller, dass man sich langsamer fortbewegt.

6.3.4 Integration als Herz des Projekts

Ich habe leider zu häufig beobachtet, dass Projekte, egal ob sie (nur) groß oder auch verteilt waren, die Wichtigkeit von Integration und Build ignorieren. Verstehen wir die Iteration als Herzschlag des Projekts, dann sind Integration und Build das Herz des Ganzen. Folglich muss diesen Bereichen eine hohe Priorität während des Gesamtprozesses zukommen.

Abb. 6–1   *Integration als Herzschlag*

Nun da wir die Integration als das Herz des Projekts definiert haben, ist es naheliegend, dass alle notwendigen Werkzeuge zur Durchführung von Integration und Build für sämtliche Teammitarbeiter gleichermaßen (einfach) zugänglich sind, und zwar unabhängig von ihrem Standort. Vielleicht ist dies bereits Ihr Alltag. Aus meiner Projekterfahrung weiß ich von Schwierigkeiten aufgrund von rigide eingestellten Firewalls, Anwendung verschiedener Lizenzstrategien oder ungenügenden Bandbreiten – um nur einige Hindernisse aufzuzählen. Deshalb empfehle ich dringend, die Möglichkeit des Zugriffs und die Arbeitsfähigkeit der gesamten Infrastruktur als Iterationsziel der ersten Iteration während des Projektstarts zu erklären (mehr zum Projektstart in Abschnitt 10.1.1).

Integration und Build müssen ständig gewartet werden, da über den Lauf der Zeit unterschiedliche Probleme auftauchen. Unter anderem wird die Entwicklungsbasis (hoffentlich) über die Zeit größer. So kann es zum Beispiel vorkommen, dass sich plötzlich die Build-Zeit gegenüber der letzten Iteration verdoppelt hat. Meistens vermeiden die Mitarbeiter es, ihre Ergebnisse in das Gesamtsystem zu integrieren, wenn Build und/oder Integration zu lange dauern. Dies führt dann aber dazu, dass ein höheres Maß an Änderungen integriert werden muss, was die Build-Zeiten nochmals deutlich erhöht. Aus diesem Grund sollten Sie nie die Wichtigkeit der ständigen Optimierung des Integrations- und Build-Prozesses unterschätzen.

6.4   Infrastruktur

Für die erfolgreiche Auslieferung eines lauffähigen Systems benötigen Sie eine Umgebung, die Ihnen diese Arbeit überhaupt erst ermöglicht. Aus diesem Grund möchte ich das entsprechende Prinzip des Agilen Manifests hier wiederholen (siehe [AgileManifesto]):

> *Gründen Sie Projekte mit motivierten Individuen. Geben Sie ihnen die Umgebung und Unterstützung, die sie benötigen, und vertrauen Sie ihnen, dass sie ihre Aufgaben erfüllen werden.*

Ein funktionierendes agiles Team wird sich immer für die Infrastruktur zuständig fühlen und die Verantwortung entsprechend übernehmen. Der Grund ist, dass das Team nicht behindert werden möchte und deshalb viele Infrastrukturarbeiten direkt innerhalb des Teams übernehmen wird. Ein agiles Team beruft sich nicht darauf, dass andere Abteilungen diese Arbeiten für das Team erledigen werden. Trotz allem ist es in manchen Firmen oder Standorten schwieriger als in anderen, solche Infrastrukturarbeiten selbst zu übernehmen, da dies nicht den gängigen Richtlinien entspricht.

Für manche Teams ist es bereits problematisch, rechtzeitig die notwendigen Werkzeuge und die erforderliche Umgebung zur Verfügung zu haben. Hintergründe hierfür können standortabhängig komplizierte Bürokratien, mangelndes Wissen über bestehende Infrastruktur oder schlicht die Beschaffung benötigter Werkzeuge (da sie selten angefordert werden) sein. Oftmals hilft es, lösungsorientiertes Wissen des einen Standorts auf den problembehafteten Standort zu übertragen. Die Infrastrukturbetreuer sind meist (offiziell) nicht Teil des Projekts, was den Wissenstransfer erschweren kann. Aus diesem Grund sind Beharrlichkeit und Kreativität gefordert, um alle Teams an allen Standorten arbeitsfähig zu machen. In einem meiner Projekte entschied sich der Manager dafür, diese Unterstützung aus dem eigenen Projektbudget zu bezahlen und dafür speziell ausgebildete Leute einzustellen, obwohl kein Budget für Infrastruktur existierte, da es in der Firma eine separate Abteilung für diese Aufgaben gab.

6.4.1   Prozesse und Werkzeuge für Integration und Build

In »typischen« agilen Teams (d.h. Mitarbeiter, die räumlich zusammensitzen) arbeiten alle Teammitglieder auf der gleichen Codebasis. Sie bauen das System neu, wann immer sie eine Aufgabe fertiggestellt haben, was wiederum in mehreren Builds pro Tag resultiert (fortlaufende Integration genannt). Alternativ sammeln sie den gesamten Entwicklungsfortschritt und starten den Build am Ende des Arbeitstages (tägliche Builds genannt).

Martin Fowler (siehe [Fowler06]) rät, den Standort des Build-Servers mit Bedacht zu wählen, so z.B. dort, wo die Mehrzahl der Entwickler tätig ist. Dieser Rat hilft natürlich nur, wenn die Entwicklung nicht gleichmäßig über verschiedene Standorte verteilt ist. Grundsätzlich sollte alles getan werden, damit der Zugriff auf den Build-Server von allen Entwicklungsstandorten aus schnell funktioniert.

In agilen Teams finden Sie häufig folgenden Verfahrensablauf, der von den genannten Werkzeugen unterstützt wird (die Beispiele orientieren sich an einer Java-Umgebung):

Erstellen einer neuen Version
Sobald ein Entwickler eine Aufgabe abgeschlossen hat, wird er den neuen oder geänderten Code in die gemeinsame Codebasis einchecken. Das bedeutet typischerweise, dass eine neue Version dieses Codes erzeugt wird, beispielsweise mittels eines Werkzeugs wie Subversion (siehe [Subversion]) oder Git (siehe [Git]).

Bauen des Systems
Nach Einchecken eines neuen Stück Codes wird das gesamte System übersetzt (und eventuell gelinkt – abhängig von der verwendeten Programmiersprache). Übliche Werkzeuge für das Bauen des Systems sind Ant (siehe [Ant]) oder Maven (siehe [Maven]).

Unit Tests und Integrationstests durchführen
Nach erfolgreichem Bauen des Systems werden zunächst alle Unit Tests und danach die Integrationstests durchgeführt. Letztere stellen vorwiegend sicher, dass nichts beschädigt wurde. Als Werkzeug sowohl zum Erstellen als auch zum Durchführen von Unit- und Integrationstests wird meist JUnit (siehe [JUnit]) verwendet.

Smoke-Tests durchführen
Danach wird ein Smoke-Test durchgeführt. Dieser überprüft lediglich, ob das System problemlos startet und nicht sofort abstürzt. Der Smoke-Test wird üblicherweise manuell durchgeführt (mehr dazu in [McConnell96]).

Andere Tests
Schlussendlich werden alle anderen Tests durchgeführt, die die Korrektheit des Systems überprüfen. Typische Beispiele sind hier funktionale und Systemtests. Diese werden weitgehend automatisiert.

Die ersten drei Schritte – Erstellen einer neuen Version, Bauen des Systems und die Durchführung der Unit Tests sowie Integrationstests – werden häufig automatisch über ein Integrationswerkzeug wie CruiseControl (siehe [CruiseControl]) oder Hudson (siehe [Hudson]) durchgeführt. Es gibt zwei Verfahren, die den Ablauf dieser drei Schritte anstoßen. Entweder werden diese Schritte gestartet, sobald jemand etwas in das Versions- und Konfigurationsmanagementsystem eingecheckt hat, oder das System baut und testet automatisch nach Ablauf einer vordefinierten Zeit (z.B. alle zehn Minuten). Falls während des Prozesses ein Problem auftritt, informiert das Werkzeug die Personen, die das Problem verursacht haben.

Der dargestellte Build- und Integrationsprozess hört sich vermutlich einfach an. Sie sollten dabei jedoch beachten, was auch Jan-Erik Sandberg und Lars Arne Skår herausgearbeitet haben (siehe [Sandberg Skår07]):

Es ist kein Problem, einen fortlaufenden Build in einem großen Team zu etablieren, aber fortlaufende Integration sicherzustellen ist schwierig.

Eine kontinuierliche Verbesserung des Integrations- und Build-Prozesses (durch entsprechende Mitarbeiteranzahl) sowie die Realisierung einer lokal (vor der verteilt) funktionierenden Integration sollten Fokus Ihres Alltags sein. Häufig profitieren verteilte Teams von einem zweistufigen Integrationsansatz, bei dem zuerst lokal und dann erst global integriert wird. Ein Grund für diesen Ansatz ist, dass die Bandbreite oftmals für die globale Integration nicht ausreichend ist. Verteilte Teams verfolgen deshalb die Strategie, in der ersten Stufe lokal und fortlaufend während ihres Arbeitstages zu integrieren und dann in der zweiten Stufe am Ende des Tages global zu integrieren entsprechend einer täglichen Integration.

6.4.2   Konfigurationsmanagement

Eine kohärente Codebasis, auf der alle Projektmitarbeiter arbeiten, ist die zugrunde liegende Idee für Teamwork. Zudem muss diese Codebasis in der Lage sein, jedes Stück Code zu versionieren und auch Konfigurationen auf Basis verschiedener Versionen zu erzeugen (auch Labeling genannt). Inzwischen sind Versionierung und Labeling ein Standard für nahezu jedes Konfigurationsmanagementwerkzeug. Eine reibungslose Funktionalität des Konfigurationsmanagementwerkzeugs wird nur dann gewährleistet, wenn der vom Werkzeug vorgegebene Prozess befolgt wird. Leider ist dieser jedoch selten auf eine verteilte Umgebung abgestimmt. Gemäß Estublier (siehe [Estublier00]) ist genau das das Problem der Mehrzahl der zurzeit existierenden Konfigurationsmanagementwerkzeuge. Was aber tatsächlich benötigt wird, sind Werkzeuge, die einen flexiblen Prozess unterstützen.

Ich empfehle aus diesem Grunde dringend, bereits zu Beginn des Projekts auf die Harmonisierung des vom Werkzeug vorgeschlagenen Prozesses mit den eigenen Bedürfnissen zu achten und diese Aufgabe zum Ziel der ersten Iterationen während des Projektstarts zu deklarieren (mehr zum Projektstart in Abschnitt 10.1.1).

Viele verteilte Teams haben gute Erfahrungen mit Subversion als ihr Konfigurationsmanagementwerkzeug gemacht. Die Basis für eine performante Arbeit in einer verteilten Umgebung ist, dass die Bandbreite eine schnelle Zugriffsmöglichkeit auf die Codebasis erlaubt. Oftmals stellt sich heraus, dass sie viel zu langsam ist. Eine mögliche, meines Erachtens jedoch nicht unumschränkt empfehlenswerte Lösung ist die Replizierung der aktuellen Codebasis auf einem lokalen Server. Die Arbeit auf den häufig (möglichst mit Unterstützung der entsprechenden Werkzeuge) synchronisierten Kopien birgt die Gefahr der Erzeugung widersprüchlicher Versionen und ist somit fehleranfällig.

Die evolutionäre Stufe, auf der sich ein Unternehmen bezüglich seiner Entwicklung in der globalen Zusammenarbeit befindet (mehr dazu in Abschnitt 2.1.7), wird von den Konfigurationsmanagementwerkzeugen direkt unterstützt bzw. widergespiegelt[5]. Visual Source Safe (siehe [VisualSourceSafe]) ist beispielsweise ein Werkzeug, das die zentrale Entwicklung (Stufe I) unterstützt (oder auch vorschreibt). Für die zentrale Koordination (Stufe II) sind nebenläufige Ansätze, wie sie beispielsweise von Subversion unterstützt werden, geeigneter. Und schlussendlich wird die global integrierte Entwicklung, das heißt die Netzwerkorganisation (Stufe III), von vollkommen verteilten Systemen wie Mercurial (siehe [Mercurial]) und Git unterstützt.

Eine verbreitete Arbeitsweise in verteilten Umgebungen ist, dass die Übergabe der Entwicklung zwischen den verschiedenen Standorten dem Sonnenverlauf folgt (englisch: follow the sun), wie Roger Nessier beispielhaft in [Nessier07] beschreibt:

> [...] die Inder übernehmen die Verantwortung für die Codebasis an ihrem Morgen und übergeben die Codebasis an das US-Team am Ende ihres Tages mit einem erfolgreichen Build.

Die Überlegung, einen Arbeitsablauf einzuführen, der dem Sonnenverlauf folgt, ist, dass zu jeder Uhrzeit am System gearbeitet werden soll. Dies bedingt jedoch, dass die beteiligten Standorte in zueinander passenden Zeitzonen lokalisiert sind, zum Beispiel mit einem jeweiligen Zeitunterschied von acht Stunden. Weiterhin benötigen Sie für diesen Ansatz ein Konfigurationsmanagementsystem, das allen Projektmitarbeitern den Zugriff auf die aktuelle Codebasis entweder direkt (empfehlenswert) oder indirekt über ein Replikat erlaubt. Dieses Vorgehen muss zusätzlich durch allgemeine Regeln für die Versionierung und das Codemanagement unterstützt werden. So empfiehlt Martin Fowler in [Fowler06, S. 3] zum Beispiel folgende Praktik:

> [...] wenn Sie Ihre Änderungen übergeben [...], sollten Sie erst nach Hause gehen, wenn Sie die E-Mail-Nachricht von CruiseControl erhalten haben, die Ihnen mitteilt, dass Ihre Änderungen in einem erfolgreichen Build resultierten. Ein schlechter Build spät in der Nacht ist viel gravierender, wenn das entfernte Büro auf diesem aufsetzt.

---

5.   Dank an Jamie Allsop für diesen Hinweis.

Follow-the-Sun
von Joseph Pelrine[a]

Für mich ist die große Herausforderung in standortübergreifender, verteilter Entwicklung nicht die technische Seite der Dinge, sondern eher der Aufbau von Vertrauen und Respekt zwischen Leuten, die sich eventuell nie persönlich getroffen haben. Dieser Mangel an Vertrauen verlangsamt den Entwicklungsprozess drastisch, da Teams manchmal mehr Zeit darauf verwenden, den Code eines anderen Teams zu überprüfen (um sich der Qualität zu versichern) als selbst zu entwickeln.

Ich habe dieses Problem in einem 24/5-Follow-the-Sun-XP/Scrum-Projekt bei einem Kunden gesehen. Die Lösung war eine strikte Befolgung einiger allgemeiner vereinbarter Regeln. Die Teams befolgten alle Extreme-Programming-Praktiken rigoros, schrieben jeden Produktivcode paarweise, machten testgetriebene Entwicklung und sorgten über konstantes Refactoring dafür, dass der Code immer so einfach wie möglich war. Programmierrichtlinien wurden vereinbart, konsequent durchgesetzt und durch den fortlaufenden Integrationsprozess automatisch überprüft. Auf Nachfrage bestätigten alle Teammitarbeiter, dass allein schon diese Praktiken ihnen geholfen haben, schneller zu sein, da sie beruhigt in dem Wissen waren, dass alle anderen genauso konsequent waren.

Die Arbeitszeiten der verschiedenen Teams waren aufeinander abgestimmt, und die Arbeit wurde durch »Übergabe-Meetings« koordiniert – eine Art verteiltes Daily Scrum, in dem das übergebende Team darüber berichtete, was es während des vergangenen Tages getan hatte, und das übernehmende Team darüber, was es den kommenden Tag tun wird. Nach dem Meeting machte das übernehmende Team kurze Besprechungsnotizen im Wiki. Normalerweise mag ich es nicht, wenn Teammitglieder schriftliche Protokolle über solche Besprechungen führen (da dies oft eine Schuldzuweisungskultur impliziert). Wir haben aber festgestellt, dass, während die Information durch alle Teams über die ganze Welt verteilt wird, eine kleine schriftliche Dokumentation die »stille Post« oder die Störung dieses Informationsflusses auf nützliche Art vermeidet.

Die eine Technik, die dem Prozess letztendlich durchschlagenden Erfolg brachte, war die goldene Regel des Teams: Am Ende eines Arbeitstages wurde der gesamte Code in das Quellcodekontrollsystem eingecheckt, alle Tests mussten erfolgreich durchlaufen, der Build funktionieren und die Build-Zeit unter zehn Minuten sein. War dieser nicht erfolgreich, wurde der Stand der letzten Version der Baseline zurückgespielt, die all diese Bedingungen erfüllte, und alles andere verworfen. Wenn das bedeutete, dass das Ergebnis eines ganzen Arbeitstages vernichtet werden musste, dann Pech gehabt ... Ein nicht funktionierender Code wird NIEMALS an ein anderes Team weitergegeben.

a. Joseph Pelrine (Schweiz), europäischer Pionier in agiler Entwicklung, *http://metaprog.com*.

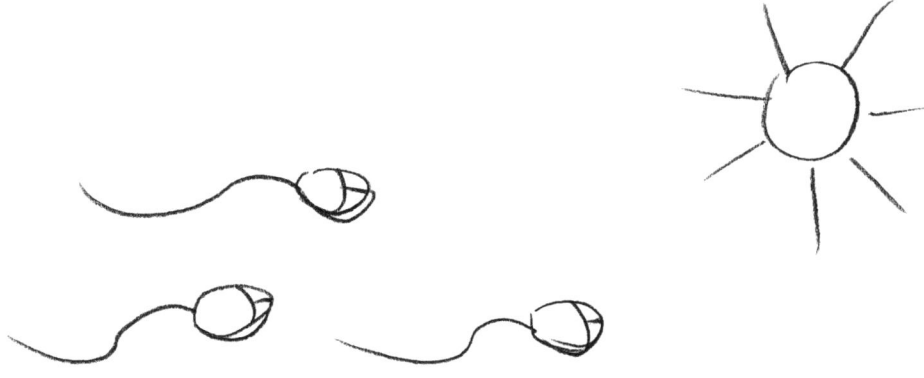

Abb. 6–2   *Follow the Sun*

6.4.3   Strom

An manchen Standorten können auch technische Störungen, wie Stromausfälle, problematisch sein. Unglücklicherweise gibt es – außer das Problem zu eskalieren und auf »bessere Zeiten zu hoffen« – keine echte Lösung für so eine Herausforderung. Aus Projektperspektive können Sie, in Abhängigkeit von der Häufigkeit solcher Störfälle, diese Ausfälle einplanen. Die Reduzierung der Teamgeschwindigkeit oder ein Umzug zu einem störungsfreien Standort sowie die firmeneigene Stromherstellung sind hier Alternativen. Speziell die zweite Möglichkeit impliziert all das, was längere Reisen mit sich bringen, wie zum Beispiel hohe Kosten oder soziale Trennungen.

Kurzfristige Stromausfälle können Sie natürlich auffangen, indem Sie für diese Standorte Notebooks mit Akkubetrieb bereitstellen.

6.4.4   Netzwerk

Eines meiner Projekte stellte uns vor das Problem, dass beim Besuch eines anderen Standorts die Änderung der Netzwerkmasken (IP-Adressen) als Arbeitsvoraussetzung notwendig war. Das war verglichen mit anderen Infrastrukturproblemen banal, aber lästig. Der Grund für die Anpassung der Netzwerkmasken bestand darin, dass die Netze überall anders aufgesetzt waren. Dieser zusätzliche Arbeitsschritt ist zwar leicht handhabbar, bedeutet jedoch einen ärgerlichen Mehraufwand in Form eines ständigen Neustarts (wir arbeiteten nicht in einer Unix-Umgebung). Effizienter ist es, wenn alle Netze, die von einem Projekt standortübergreifend genutzt werden, analog aufgesetzt sind.

Wenn es sich bei Ihrem verteilten Projekt gleichzeitig um ein großes Projekt handelt, müssen Sie sicherstellen, dass das verwendete Netzwerk auch mit der Netzwerkbelastung zurechtkommt. Ich empfehle, das Netzwerk von Beginn an mit einer hohen Kapazität auszustatten. So schließen Sie von vornherein das Auftreten zusätzlicher Probleme während wichtiger Phasen, wie der Produktauslieferung, aus.

6.4.5 Sicherheit

Manche Standorte oder Firmen verfolgen im Rahmen der IT-Sicherheit eine hinderliche Philosophie. In einigen Projekten hatten wir das Problem, dass einer der Standorte nicht in der Lage war, auf die gemeinsame Codebasis oder auf das Konfigurationssystem zuzugreifen. Der Grund war schlicht, dass die installierte Firewall diesen Zugriff nicht gestattete. Die Philosophie des Standorts wiederum verbot die entsprechende Änderung. Kircher, Jain, Corsaro und Levine machten in einem Projekt, das über Deutschland, Indien, Italien und den USA verteilt war, eine ähnliche Erfahrung (siehe [Kircher+02, S.567]):

> *Da Prashant [Jain] die meiste Zeit hinter der Firewall [in Indien] arbeiten musste, war er nicht in der Lage, direkt auf das Team-Repository zuzugreifen. Die anderen Teammitglieder sendeten ihm einen dynamischen Speicherauszug via E-Mail. Dieser Prozess war langwierig und fehleranfällig.*

Interessant ist, dass in einem dieser Projekte, bei denen diese IT-Sicherheitsprobleme auftraten, alle Entwicklungsstandorte tatsächlich zum gleichen Unternehmen gehörten und trotzdem diese Schwierigkeiten hatten. Insofern haben wir nie eine zufriedenstellende Lösung gefunden. In einem Projekt sendeten wir die Änderungen an der Codebasis per E-Mail hin und her (Sie können sich sicher vorstellen, wie mühsam das war). In anderen Projekten verwendeten wir die ungeschützteren Ports des Intranets, um dieses Hindernis zu überwinden. Das ist nur eine von vielen Geschichten, die aufzeigen, wie IT-Sicherheit den Projektfortschritt behindert. Eine Erfahrung, von der Bas Vodde[6] wie folgt berichtet.

> *[...] IT-Sicherheit führt häufig zu einer total falschen Denkweise über Produktentwicklung und [...] der Fokus auf IT-Sicherheit ist oft eher hinderlich als dienlich. Speziell in einer agilen Umgebung, da sie [die IT-Sicherheit] Lernen unterbindet.*

Sangwan und seine Kollegen (siehe [Sangwan+07, S.163]) berichten von einem Projekt, das ein Konfigurationsmanagementwerkzeug nutzte, das über eine öffentliche Netzwerkverbindung mit mittelmäßiger Bandbreite nicht ausreichend funktionierte. Dann erkannten sie:

> *[...] die Wichtigkeit der Software-Konfigurationsmanagementinfrastruktur und entschieden, auf das Versionskontrollsystem von Subversion umzusteigen. Sie erlaubten den Zugriff auf das Repository über Standard-HTTP und hatten den Vorteil, selbst restriktive Netzwerkumgebungen erreichen zu können.*

---

6. Persönliche Unterhaltung mit Bas Vodde.

Dies lässt die Schlussfolgerung zu, dass einfache Entwicklung gegenüber notwendiger Sicherheit sorgfältig abgewogen werden muss.

6.4.6   Werkzeuge

Die standortübergreifende Verfügbarkeit der gleichen Werkzeuge in denselben Versionen wird die gemeinsame Entwicklung vereinfachen. In einigen Projekten waren wir auch mit unterschiedlichen Entwicklungsumgebungen erfolgreich, aber nur deshalb, weil wir die Art der Speicherung des Codes aus den verschiedenen Entwicklungsumgebungen im Versionskontrollsystem harmonisierten. Als Beispiel soll hier die Tabulatortaste dienen. Stellen Sie sicher, dass entweder die Tabulatortaste nicht verwendet wird oder dass die Werkzeuge so aufgesetzt werden, dass der Effekt der Verwendung des Tabulators an jedem Arbeitsplatz als eine vordefinierte Anzahl von Leerzeichen abgelegt wird (was normalerweise nicht der Fall ist und zu unlesbaren Codes führt).

Insbesondere wenn man in einer Programmiersprache entwickelt, die compiliert werden muss, wie z.B. C++, ist es essenziell, dass alle Werkzeuge überall in den gleichen Versionen installiert sind. Ansonsten laufen Sie Gefahr, dass das System an einem Standort zwar funktioniert, nicht aber an einem anderen.

6.5   Zusammenfassung

Zur Gewährleistung von regelmäßigen Systemauslieferungen müssen Sie die Iterationen in Form eines Projektherzschlags wirksam einsetzen. In einem gesunden System erfolgt der Herzschlag regelmäßig und in einem konstanten Rhythmus. Solch ein Herzschlag entsteht, wenn Sie die gleiche Iterationslänge etablieren und die Iterationen, soweit es die Zeitzonen erlauben, synchronisieren. Sowohl dieser regelmäßige Herzschlag als auch das gemeinsame Verständnis über die Bedeutung, wann etwas fertig bzw. done-done ist, tragen dazu bei, dass am Ende jeder Iteration ein Produktivsystem erstellt werden kann.

Auch wenn jede Iteration in ein verwendbares System mündet, benötigen manche Projekte eine separate Iteration, Release-Iteration genannt, die die Lieferfähigkeit des Produkts gewährleistet. Die Release-Iteration folgt dem gleichen Herzschlag analog der anderen Iterationen. Darüber hinaus ist es hilfreich, wenn die Teams, die zu dieser Auslieferung beitragen, einen oder zwei Repräsentanten zum Releasestandort entsenden, an dem das Produkt gemeinsam fertiggestellt wird. Der Releasestandort ist jedoch kein bestimmter oder beständiger Ort, sondern wechselt vielmehr mit jedem Release.

Wenn man die Iterationen als Projektherzschlag bezeichnet, so ist die Integration das Herz des Projekts. Erst nach jeder Integration haben Sie tatsächlich ein kohärentes System. Häufig werden die Wichtigkeit und der geforderte Aufwand für einen reibungslosen Integrations- und Build-Mechanismus in einer verteilten

Umgebung unterschätzt. Sie sollten darauf achten, dass die Integration zuerst an einem Standort funktioniert, bevor das Team anwächst und verteilt wird. Aber wann immer ein Integrationsproblem auftritt, muss es die höchste Priorität zugewiesen bekommen, da eine nicht funktionierende Integration gleichbedeutend mit einem Stillstand einer Fertigungsstraße ist.

In Abhängigkeit der verteilten Infrastruktur und dem Verteilungsgrad des gesamten Projekts werden die Projektmitarbeiter gegebenenfalls tagsüber auf einer lokalen Codebasis arbeiten und erst am Tagesende die Ergebnisse in die globale Codebasis integrieren. Die meisten Infrastrukturprobleme, die ein verteiltes Projekt verlangsamen, gehen auf eine hinderliche Unternehmensphilosophie zurück.

7 Der Geschäftswert ist das Ziel

*Hat etwas Wert,
es muss zutage kommen.*

Johann Wolfgang von Goethe

Der Kern der Agilität ist es, den höchstmöglichen Geschäftswert für den Kunden sicherzustellen, wie ein Prinzip des Agilen Manifests herausstellt (siehe [AgileManifesto]):

> *Unsere höchste Priorität ist es, den Kunden durch frühzeitige und regelmäßige Lieferungen von nützlicher Software zufriedenzustellen.*

Der Grund für diesen Fokus sollte offensichtlich sein: Nur wenn das von uns erstellte System einen Geschäftswert für den Kunden bietet, kann das Projekt als erfolgreich bezeichnet werden. Es geht jedoch nicht darum, sich lediglich auf den Geschäftswert zu konzentrieren, sondern der *höchste* Geschäftswert ist das Ziel. Das heißt, im zu erstellenden System sollte immer der zum momentanen Zeitpunkt maximale Geschäftswert umgesetzt sein.

Speziell in einer verteilten Umgebung und umso mehr in einer großen *und* verteilten Umgebung ist das Risiko hoch, dass das Projekt aufgrund diverser Nebenschauplätze den höchsten Geschäftswert aus den Augen verliert.

7.1 Steuerung mithilfe wertvoller Funktionalitäten

Der Fachexperte hilft dem Featureteam, die fachlichen Funktionalitäten besser zu verstehen, und verifiziert diese gemeinsam mit dem Tester. Die Struktur des Featureteams ermöglicht die Fertigstellung und Auslieferung dieser Funktionalität. Woher weiß jedoch das Featureteam, welche Funktionalität zu einem bestimmten Zeitpunkt den höchsten Geschäftswert für den Kunden darstellt? Dies ist die Aufgabe des Kunden vor Ort, Kundenrepräsentanten oder – wie Scrum die Rolle bezeichnet – der *Product Owner* gibt uns die Antwort auf die Frage. Der Product

Owner hat die Aufgabe, das Featureteam anhand der gewünschten fachlichen Funktionalitäten zu steuern.

Der Product Owner benötigt dafür den Überblick über alle geforderten Features und deren aktuelle Prioritäten. Das Featureteam hat die Aufgabe, dem Product Owner die mögliche Anzahl der in einer Iteration lieferbaren Features mitzuteilen. Darüber hinaus meldet es unfertige Funktionalitäten einer Iteration, um eine neue Priorisierung zu ermöglichen.

Der Product Owner ist also derjenige, der die Maximierung des Geschäftswerts durch die Aussteuerung der Iterationen mittels Features sichert. Weiter entscheidet der Product Owner am Ende der Iteration über Akzeptanz und Ablehnung der gelieferten Funktionalitäten.

7.1.1   Verbindung zum realen Kunden

Die Hauptverantwortung des Product Owner liegt in der Entscheidungsfindung bezüglich der Prioritäten der fachlichen Funktionalitäten. Allerdings kann er diese Aufgabe nur verantwortungsvoll wahrnehmen, wenn er sich auch als Kundenrepräsentant versteht. Aus diesem Grund ist es essenziell, dass der Product Owner regelmäßig im Kontakt mit den (echten) Kunden steht, sodass er in der Lage ist, die Entscheidungen im Sinne der Kunden zu treffen. Der Product Owner hat Kenntnis über die Wünsche und Bedürfnisse des Kunden bzw. darüber, was zu einem bestimmten Zeitpunkt den höchsten Geschäftswert für den Kunden darstellt. Damit dieses Wissen jedoch nicht auf Annahmen basiert, ist es entscheidend, dass der Product Owner eine gute und direkte Beziehung zu den Kunden und ein detailliertes Verständnis über das Kundengeschäft hat.

Diese Beziehung muss aufgebaut und dann über die ganze Projektlaufzeit bewahrt werden. Laden Sie Ihre Kunden zu einem Ihrer Standorte ein und nehmen Sie dies zum Anlass, kundenseitiges Feedback zum aktuellen System einzuholen. Alternativ können Sie den Standort des Kunden aufsuchen, wodurch Sie einen besseren Eindruck von den Kunden, der Umgebung und dem aktuellen Einsatz des zu entwickelnden Systems gewinnen. Wenn neben dem Product Owner ab und an auch einige andere Teammitglieder den Kundenstandort besuchen, wird dies für ein besseres Verständnis und eine bessere Beziehung zwischen Kunden und Team sorgen.

Die Verbindung zu einem entfernten Kunden
von Daniel Karlström[a]

Der Umgang mit dem Kunden ist in einem global verteilten Projekt hauptsächlich deswegen so schwierig, weil es nur wenige Gelegenheiten für den direkten Kontakt gibt. Jede Gelegenheit, mit dem Kunden ins Gespräch zu kommen, ist aus diesem Grund wichtig – und die Qualität dieser Gespräche entscheidet meist über den Erfolg oder Misserfolg des Projekts.

Der Kunde ist der einzige Interessenvertreter, der die Kenntnis über das hat, was getan werden muss. Die Redensart »der Kunde hat immer Recht«, trifft ganz speziell auf Softwareprojekte zu. Was der Kunde nicht weiß, ist, wie die gewünschte Funktionalität implementiert wird und welche Einschränkungen die verwendete Technologie aufweist. Es ist von höchster Bedeutung, mit den Kundenerwartungen durch frühzeitige Klärung der Realisierbarkeit umzugehen. In unseren Projekten beinhaltet dies die Erwartungshaltung bezüglich des grafischen Designs, der Performanz, der Anzahl kompatibler Geräte usw. zu klären. In einer konzeptionellen oder gar Vorabschlussphase zu viel zu versprechen, wird bei der Präsentation des ausführbaren Produkts Probleme verursachen, entweder während der Auslieferung oder bereits während des Entwicklungsprozesses.

Im Laufe des Projekts gewinnt der Kunde mehr Wissen über die Umsetzbarkeit der gewünschten Funktionalität sowie die Alltagstauglichkeit dieser Funktionalität in seiner Praxis. Erst dadurch entwickelt der Kunde die Idee über das, was er wirklich will. Die Entwickler lernen hauptsächlich, was der Kunde vorgibt, aber sie gewinnen auch ein größeres Wissen über bessere Umsetzungsmöglichkeiten der Funktionalitäten. Diese kontinuierliche Entwicklung hilft dem Projekt, das bestmögliche Endprodukt zu erzeugen, aber sie erfordert auch ein sehr gutes Verhältnis zwischen dem Kunden und den Entwicklern. Dieses Verhältnis bezieht sich nicht nur auf die Kommunikation, sondern auch auf eine sehr vertrauensvolle Geschäftsbeziehung zwischen der Organisation der Kunden und der der Dienstleister.

Alle Interessenvertreter müssen begreifen, dass Änderungen an den anfangs vorgeschlagenen Funktionalitäten zwar zu einem verbesserten Endprodukt, aber vermutlich auch zu höheren Entwicklungskosten führen. Sie können auch eine spätere Lieferung des Produkts als ursprünglich geplant bewirken. Jede Änderungsanforderung muss deshalb vom Kunden mit dem Blick auf diesen Zielkonflikt evaluiert werden. Es wäre schlau, wenn man solche Vorkommnisse schon zu Beginn des Projekts einplanen würde, obwohl der Bedarf für diese Änderungen in diesem Stadium nicht ersichtlich ist. Darüber hinaus ist sich der Kunde zu diesem Zeitpunkt meist sehr sicher über das, was er meint zu wollen. Jeder Hinweis auf Flexibilität im Funktionsumfang kann in der Angebotsphase von einigen Kunden als Zeichen von Schwäche gedeutet werden.

Dieser gesamte Lernprozess muss während der ganzen Projektlaufzeit durch häufige Kommunikation mit allen möglichen Mitteln unterstützt werden. In einem nicht verteilten Projekt würde man dazu vorzugsweise die Iterationsmeetings zwischen Kunden und Entwicklern nutzen oder sogar einen *Kunden vor Ort* wie in XP etablieren. Bei verteilter Entwicklung wird dies ersetzt durch Mittel wie E-Mail, VoIP oder Videokonferenzen (obwohl die Sorge über die Bandbreite dies in unserem Büro in Kambodscha unmöglich machen kann), die dabei bis zu ihrem vollen Leistungsvermögen ausgeschöpft werden müssen. Wir führen telefonische Statusmeetings zwischen kritischen Projektbereichen auf einer täglichen Basis durch. Und die Entwickler müssen wann immer möglich ein Chatfenster mit der Kontaktperson des Vertriebs und/oder dem Endkunden des Projekts, an dem sie gerade arbeiten, offen haben. Das führt manchmal dazu, dass man sogar über Kontinente hinweg einen einfacheren Informationsaustausch hat als über den Bürotisch.

In global verteilten Projekten haben wir herausgefunden, dass, sofern es das Budget zulässt, ein initiales Treffen zwischen dem technischen Team und dem Kundenrepräsentanten von Vorteil ist. Was genau während dieses Treffens entschieden und geplant wird, ist dabei weniger wichtig. Der Sinn besteht vielmehr darin, eine gute Arbeitsbeziehung zu schaffen, auf die dann die nachfolgende Kommunikation aufbauen kann. Die Spezifikation wird sich immer weiter entwickeln. Haben der Kunde und das technische Team ein gutes Arbeitsverhältnis, ist die Zusammenarbeit auch effektiv.

Ein festes Ziel zu erreichen, ist vergleichsweise einfach, Sie müssen nur zielen und abdrücken. Ein bewegliches Ziel zu treffen, ist hingegen schwierig. In den meisten unserer Projekte bewegt sich das Ziel sehr schnell. Sich darauf nicht neu einzustellen, würde bedeuten, das Ziel zu verfehlen. Keine Lieferung am Projektende ist besser, als das falsche Produkt zu übergeben, selbst dann, wenn das Ergebnis genau das beinhaltet, was zu Beginn des Projekts vereinbart wurde.

In einem unserer Projekte, in dem ein Stellvertreter des Kunden involviert war, definierten wir aufgrund von unglücklichen Zeitzonen und mangelnden Abrufen des E-Mail-Eingangs mehrere Tage als Feedback-Zyklen. Es gab Zeiten, bei denen diese Zyklen analog der restlichen Zeit bis zur Lieferung waren. Dies machte es absolut notwendig, einige kurze Zyklen zu etablieren. Unsere optimale Konfiguration ist, dass der Kunde und der technische Stellvertreter über die Funktionalitäten direkt miteinander im Gespräch stehen. Aber darüber hinaus ist auch eine Vertriebsperson benannt, die den Kunden bezüglich geschäftlicher Belange kontaktiert oder auch die technische Fachsprache, die Entwickler gerne verwenden, näher erläutert. Manchmal ist ein Stellvertreter des Kunden zwingend notwendig, insbesondere dann, wenn der Kunde nur sehr schwer erreichbar ist oder die Anwendung in einer dem Entwicklungsteam nicht geläufigen Sprache gehalten ist. Aber wir versuchen solche Situationen weitestgehend zu vermeiden.

Angesichts der reduzierten Möglichkeiten, in einem global verteilten Projekt zu kommunizieren, werden die agilen Werte wichtiger. Sie begünstigen ständige Kommunikation und schließen Missverständnisse während – nicht nur am Anfang oder am Ende – des Projekts aus.

a.   Daniel Karlström (Kambodscha) ist CTO bei Golden Gekko Ltd.

7.1.2   Iterationsvorbereitung

Von kleinen lokalen agilen Teams sind Sie es vielleicht gewohnt, dass der Product Owner den größten Teil seiner Zeit während der Iteration damit verbringt, das Team zu unterstützen. Häufig braucht er am Ende der Iteration nur wenige Stunden, um die nächste Iteration vorzubereiten. Dieses Vorgehen funktioniert, weil der Product Owner durch die enge Zusammenarbeit mit den Mitarbeitern genau weiß, was das Team liefern wird. Daraus schlussfolgert er, welcher Umfang in der kommenden Iteration planbar ist. Hinzu kommt, dass es bei nur einem Team relativ einfach ist, den Gesamtzusammenhang des Projekts im Kopf zu haben, da das Projektziel und auch der Fortschritt in Richtung dieses Ziels ziemlich überschaubar sind.

Nahezu nichts von alledem trifft auf ein verteiltes (großes) Team zu. Zwar weiß der Product Owner durch die enge Zusammenarbeit mit »seinem« Featureteam vermutlich auch über die Lieferung dieses Teams Bescheid. Aber die zu erwartende Lieferung der anderen Featureteams kann die Prioritäten seines eigenen Featureteams beeinflussen. Aus diesem Grund ist die Abstimmung aller Product Owner untereinander eine Zusatzaufgabe. Das heißt, dass der Product Owner im Vergleich zu einer lokalen Umgebung mehr Zeit für die Vorbereitung der nächsten Iteration benötigt.

Darüber hinaus müssen die Product Owner bezüglich der Aussteuerung eines individuellen Featureteams gewährleisten, dass die ausgewählten Funktionalitäten kombiniert einen Sinn ergeben. Noch wichtiger ist, dass die Features, an denen ein Team arbeitet, nicht in Abhängigkeit von Funktionalitäten stehen, die von einem anderen Team bearbeitet werden. Die Teamstruktur (der Featureteams) sollte sicherstellen, dass die Funktionalitäten der verschiedenen Featureteams autark voneinander sind. Jan-Erik Sandberg und Lars Arne Skår betonten in [Sandberg Skår07]:

Wenn es für Sie schwierig ist, die Dinge, die zuerst erledigt werden müssen, aufgrund der Abhängigkeiten zwischen den Teams zuerst zu tätigen, haben Sie vermutlich die falsche Teamstruktur.

Wenn Sie also auf starke Abhängigkeiten zwischen geplanten Features treffen, sollten Sie die Teamstruktur überdenken. Wenn Sie nach dieser wiederholten Überprüfung zu dem Schluss kommen, dass die eingesetzte Teamstruktur die höchstmögliche Selbstständigkeit zwischen den Arbeitsaufgaben erzeugt, Sie aber dennoch mit den Abhängigkeiten kämpfen, müssen Sie die voneinander abhängigen Funktionalitäten bei der Planung entsprechend berücksichtigen. Das bedeutet, dass Sie die Features nicht nur nach ihren fachlichen Prioritäten und Risikobetrachtungen durch die Architekten einplanen können, sondern zusätzlich bedenken müssen, dass Funktionalitäten, die voneinander abhängen, nicht im gleichen Zeitraum eingeplant werden. Primär bleibt zu sagen, dass das effektivste Vorgehen nach wie vor die Übergabe der in Abhängigkeit stehenden Funktionalitäten an das gleiche Featureteam ist.

In den seltenen Ausnahmen, in denen dies nicht möglich ist, müssen die Product Owner mit den Architekten gemeinsam die Abhängigkeiten analysieren und einen Plan erstellen, der diese für die Planung der nächsten Iterationen aufzeigt. Mike Cohn (siehe [Cohn06, S. 210]) nennt dies einen rollierenden vorgreifenden Plan (englisch: rolling lookahead plan):

Ein rollierender vorgreifender Plan schaut ganz einfach eine kleine Anzahl an Iterationen voraus (typischerweise nur zwei oder drei) und erlaubt den Teams, ihre Arbeit untereinander durch Informationsaustausch zu koordinieren. Dabei wird geklärt, woran jedes Team in der nahen Zukunft arbeiten wird.

Sowohl die Erstellung also auch die ständige Aktualisierung dieses vorgreifenden Plans kosten Zeit. Wenn Sie also die Notwendigkeit für solch einen Plan haben, müssen Sie sich im Klaren darüber sein, dass Ihre Product Owner mit der Sicherstellung der Realisierbarkeit dieses Plans beschäftigt sind.

In den meisten meiner Projekte haben wir eine sogenannte Vorplanung in der Mitte der laufenden Iteration gesetzt, um die kommende Iteration vorzubereiten. Dieses Meeting dient der Klärung aller Notwendigkeiten, sodass für die Featureteams später alles für die Durchführung der Iterationsplanung bereitgestellt ist. Diese Vorplanung wird vom Haupt-Product-Owner unter Beteiligung der Product Owner und Architekten durchgeführt. Die technische Seite, also die Architekten, stellen sicher, dass die technischen Abhängigkeiten nicht übersehen werden. Beispielsweise schlagen sie vor, dass es hilfreich wäre, die Funktionalität A vor der Funktionalität B zu realisieren. Erkennt der Haupt-Product-Owner die vorgebrachten Argumente an, wird er voraussichtlich die Funktionalität B auf eine spätere Iteration verschieben. Ein anderer Vorschlag der technischen Seite kann sein, dass, falls das Featureteam X an der Funktionalität A arbeitet, es weiterhin Sinn macht, dass dieses Team ebenfalls die Funktionalität C umsetzt. Die finale Entscheidung über die Reihenfolge der Funktionalitäten obliegt dem Fachbereich, also dem Product-Owner-Team angeführt vom Haupt-Product-Owner. Die Fachseite nimmt die Anregungen des technischen Teams in jedem Fall auf, trifft aber unter Umständen eine abweichende Entscheidung (und zahlt den Preis dafür, dass es evtl. teurer ist, eine Funktionalität früher als später umzusetzen). Neben den ausgewählten Funktionalitäten und (wenn zutreffend) einem aktualisierten vorgreifenden Plan ist das Ergebnis der Vorplanung der Entwurf der Akzeptanzkriterien für jedes der selektierten Features. Dies trägt dazu bei, dass man mehr über die eventuellen Abhängigkeiten zwischen den Funktionalitäten erfährt und die Iterationsplanung mit dem Featureteam später schneller durchführbar ist.

Wenn Sie all die notwendigen Arbeiten zur Aussteuerung eines verteilten Teams in Betracht ziehen, stellen Sie fest, dass die Product Owner viel Zeit während der laufenden Iteration zur Vorbereitung der kommenden Iteration aufbringen müssen. Aus diesem Grund ist es – wieder mal in Abhängigkeit von der Komplexität und der Domäne Ihres Projekts – erforderlich, dass zusätzliche Fachexperten als reguläre Mitarbeiter die verschiedenen Featureteams betreuen. Diese werden benötigt, um die Teams bei der Klärung der Funktionalitäten während der Iteration zu unterstützen.

7.1.3   Anforderungen verstehen

Traditionelle verteilte Projekte, die eine lineare Vorgehensweise verfolgen, klären die Anforderungen nicht nur im Voraus, sondern meistens auch an einem Standort, der nicht dem Entwicklerstandort, das heißt dem Standort, an dem die Anforderungen später umgesetzt werden, entspricht. Die zugrunde liegende Idee ist dabei, dass die Anforderungen so spezifiziert werden, dass Mehrdeutigkeiten vollkommen ausgeschlossen sind und die Implementierung der Anforderungen exakt der Spezifizierung entspricht.

Eine Erkenntnis ist, dass der Ausschluss von Mehrdeutigkeiten speziell bei Anforderungen nicht möglich ist. Insbesondere dann nicht, wenn Verfasser und Realisierer der Spezifikation unterschiedliche kulturelle Hintergründe haben. Der kulturelle Hintergrund ist die Basis für jegliche Verständigung. Wir müssen also sicherstellen, dass diejenigen, die das Fachwissen haben, eng mit denjenigen zusammenarbeiten, die die Fachlichkeit realisieren. Dieser Umstand macht eine Zusammenarbeit zwischen Product Owner und Featureteam notwendig (mehr dazu in Abschnitt 3.2.1). Weiterhin ist es wichtig, Feedback auf Basis des realen Systems zu erhalten und zu geben. Es muss gewährleistet sein, dass das Verständnis nicht durch ein weiteres (irreführendes) Dokument überdeckt wird. Deshalb liefern wir ein lauffähiges Stück Software mit jeder Iteration und fordern umgehend Feedback des Product Owner ein.

Die Erfahrungen zeigen, dass es immer eine Diskrepanz zwischen den zu Beginn geforderten und letztendlich angefragten Anforderungen gibt. Oft stimmt die ursprüngliche Meinung des Kunden hinsichtlich seines Bedarfs nicht mit dem letztendlichen realen Bedarf überein. Folglich ist der größte Teil der Zeit, den wir am Anfang mit der Anforderungsanalyse zubringen, verloren. Deshalb möchten wir uns diese wertvolle Zeit sparen und die Anforderungen erst dann klären, wenn wir wissen, dass sie die höchste Priorität haben und sie jetzt auch umgesetzt werden sollen (und nicht eventuell in fünf Monaten).

7.1.4   Benötigte Dokumentation als Anforderung behandeln

Zur Auslieferung einer Funktionalität im Done-done-Zustand muss die Funktionalität nicht nur implementiert, sondern auch dokumentiert werden (mehr zu done-done in Abschnitt 6.1.2). Manche Projektumgebungen erfordern jedoch mehr als nur Featuredokumentationen. Agile Projekte werden immer zunächst die Dokumentation auf ihren Bedarf und damit auf ihren Geschäftswert hinterfragen oder nachprüfen, ob die Erstellung der Dokumentation der Erzeugung von Überflüssigem entspricht. Unterliegt Ihr Projekt beispielsweise den FDA-Regularien, ist es vom agilen Standpunkt her klar, dass die FDA einfach ein weiterer Interessenvertreter für dieses Projekt ist. Folglich bedeutet jede von der FDA geforderte und erstellte Dokumentation eine Vergrößerung des Geschäftswerts und wird analog zu allen anderen Anforderungen behandelt. Das heißt, der Product Owner muss die Bedürfnisse der verschiedenen Interessenvertreter (inklusive der FDA) gegeneinander abwägen und die Anforderungen entsprechend priorisieren.

Gelegentlich steht eine geforderte Dokumentation direkt mit einem Feature in Verbindung und ist somit ebenfalls ein Kriterium für die Erfüllung des Done-

done-Zustands. Handelt es sich dabei um eine umfangreiche Dokumentation, kann es eine große Herausforderung sein, diese im gleichen Zeitraum wie das Feature fertigzustellen. Gegebenenfalls müssen Sie die Verzögerung der Auslieferung in Betracht ziehen (mehr dazu in Abschnitt 6.1.4).

7.2   Teamgeschwindigkeit

Beginnen Sie ein neues Projekt mit einem neuen Team oder starten Sie mit einer agilen Vorgehensweise (selbst wenn das Projekt schon läuft), so wissen Sie meist nicht, mit welcher Geschwindigkeit das Team die Funktionalitäten liefert. Einen Plan für das gesamte Projekt oder auch nur für die kommende Iteration zu entwickeln wird damit erschwert. Die Planung der nächsten Iteration, selbst wenn es die erste ist, ist dabei jedoch um einiges einfacher als die Erstellung des Projektplans.

Wenn Sie einen Projektplan erstellen müssen, bevor Sie die erste Iteration durchlaufen haben, empfehle ich Ihnen, zu Beginn die erste Iteration zumindest zu planen. Sie können dann diese (geplanten bzw. geschätzten) Zahlen für die Vorausberechnung des restlichen Projekts nutzen. Die geschätzte erste Iteration kann als Basis für die Entwicklung des Projektplans dienen. Sie sollten sich jedoch im Klaren darüber sein, dass speziell die Zahlen der ersten (lediglich geplanten) Iteration höchstwahrscheinlich recht ungenau sein werden. Sie sind jedoch die besten Zahlen, die Sie zu diesem Zeitpunkt haben. Darüber hinaus wissen Sie, dass diese mit dem Abschluss jeder Iteration präziser werden. Aus diesem Grund ist es sehr wichtig, dass Sie den Projektplan regelmäßig – vorzugsweise nach jeder Iteration – aktualisieren.

Haben Sie jedoch die Wahl, dann entwickeln Sie den Projektplan erst nach der Durchführung von ein bis drei Iterationen. Das wird für einen wesentlich realistischeren Projektplan sorgen.

7.2.1   Mit unbekannter Teamgeschwindigkeit planen

Das Problem bleibt bestehen – wie können Sie die erste Iteration tatsächlich planen, wenn Sie bzw. das Team die Teamgeschwindigkeit nicht kennen? Wir haben in vielen Projekten vorgewählte Funktionalitäten in kleinere Aufgaben (englisch: task) zerlegt und diese dann (in Stunden) geschätzt. Dieses Vorgehen hat für uns gut funktioniert. Als zusätzliche Information mussten die Teammitglieder ihre Verfügbarkeit in der kommenden Iteration herausfinden. Entgegen den Erwartungen entspricht diese »verfügbare Zeit« eher einem Ideal denn der Realität.

Idealzeit entspricht der Zeit, in der Ihr Team für das Projekt verfügbar ist, und zwar ausgedrückt in Arbeitsstunden unter der Annahme, dass es keine Unterbrechungen geben wird. *Realzeit* entspricht der Idealzeit abzüglich der zeitlichen Unterstützung der Mitarbeiter für diverse Nebentätigkeiten, wie zum Bei-

spiel der Beantwortung von E-Mails, Telefon, Fragen von Kollegen usw. Die Realzeit entspricht manchmal der Teamgeschwindigkeit, obwohl diese Geschwindigkeit mehr auf der tatsächlichen Lieferung als auf der real verfügbaren Zeit
basiert.

Da wir die tatsächliche Teamgeschwindigkeit in diesem Beispiel nicht kennen, verwenden wir die Realzeit, um die erste Iteration zu planen. Später werden
wir die Teamgeschwindigkeit basierend auf der tatsächlichen Lieferung und dem
Prinzip des Wetters von gestern berechnen (mehr zu realistischer Planung in
Abschnitt 4.3.3). Meine Daumenregel ist die Verwendung eines Divisors von
zweieinhalb zur Ableitung der Realzeit von der Idealzeit. Um diese Berechnung
zu vereinfachen nehmen wir an, dass Sie ein kleines Team mit drei Leuten haben.
Das Team hat sich für einwöchige Iterationen entschieden. Weiterhin gehen wir
davon aus, dass alle Teammitglieder in der kommenden Iteration zu 100% zur
Verfügung stehen. Das heißt, die Idealzeit wäre dann drei mal fünf Tage, also 15
ideale Tage. Mit dem Faktor von zweieinhalb kommen wir dann entsprechend
auf sechs reale Tage. Folglich plant das Team nur Aufgaben für insgesamt sechs
Tage ein.

Abb. 7–1   *Wetter von gestern*

Am Ende der Iteration kann das Team den Umfang der tatsächlichen Lieferung
addieren und diese Zahl als seine Teamgeschwindigkeit für die nächste Iteration
ansetzen. Nach Abschluss der ersten Iteration basiert somit die Teamgeschwindigkeit auf der Lieferfähigkeit (und den Schätzungen der gelieferten Funktionalitäten) und nicht auf der Zeit, die auf dem Kalender vergeht.

7.2.2   Schätzeinheit

Ohne nachzudenken werden Teams Funktionalitäten immer in der Einheit Zeit schätzen. Dabei ist jedoch unklar, auf welche Art Zeit sich diese Schätzung bezieht – auf die Ideal- oder die Realzeit. Bezieht sich die Schätzung auf die Zeit, die auf der Uhr vergeht, oder auf die Zeit, die ohne Unterbrechung auf eine Aufgabe verwendet wird? Sie können weiterhin die Einheit Zeit verwenden, wenn für jeden klar ist, welche Zeit sich dahinter verbirgt. Häufig tendieren Teams dazu, in Idealzeit zu schätzen, da sie es sich einfach nicht vorstellen können (oder wollen), wie viel Zeit sie für andere Nebenaufgaben benötigen. Wenn auch in Ihrer Umgebung in Idealzeit geschätzt wird, müssen Sie herausfinden, wie viel davon in Realzeit geleistet werden kann. Beispielsweise können Sie die geschätzte Idealzeit für die in einer Iteration fertiggestellten Features aufaddieren, wobei sich die Iteration über eine Timebox in Realzeit erstreckt. Sie finden so gegebenenfalls heraus, dass Ihr fünfköpfiges Team in einer zweiwöchigen Iteration (was 10 Personenwochen entspricht) tatsächlich Funktionalitäten liefern kann, die in Summe auf vier Wochen geschätzt wurden. Also kann dieses Team in zehn Personenwochen vier Wochen Idealzeit leisten.

Eventuell ging es Ihnen bereits beim Lesen des vorhergehenden Abschnitts so – diese Art der Rechnerei ist häufig verwirrend. Zur Vereinfachung der unterschiedlichen Bedeutungen von Zeit verwerfen agile Teams oft die Idee, in (Ideal-) Zeit zu schätzen. Stattdessen verwenden sie eine andere – künstliche – Einheit. Eine übliche Einheit sind Punkte, manchmal näher bezeichnet als Featurepunkte, Story-Punkte oder Komplexitätspunkte[1]. Obwohl wir jedem Team viele Freiheitsgrade lassen, verwenden wir die gleiche Schätzeinheit über das gesamte Projekt. Das heißt, wir entscheiden uns für eine Bezeichnung der Schätzeinheit, und diese gilt dann für alle am Projekt beteiligten Teams. In meinen Projekten wählten wir überwiegend die Einheit der Komplexitätspunkte. Häufig kombinieren wir die Schätzung in Komplexitätspunkten mit relativen Schätzungen. Beispielsweise betrachten wir, ob das Feature A die gleiche Komplexität hat wie das Feature B, oder ob das Feature A so komplex ist wie Feature C und D zusammen.

Agile Teams schätzen die Features gemeinsam. Dadurch erhalten sie solidere Schätzwerte. Häufig verwenden Teams eine Praktik, die »Planungspoker« genannt wird, die Mike Cohn in [Cohn06] ausführlich beschrieben hat und weiter unten erläutert wird. Die gemeinsamen relativen Schätzungen in Punkten eliminieren das Problem, das andere Projekte oft haben, wenn ein Entwickler ein Feature schätzt, aber ein anderer dieses umsetzt.

Wenn Sie mit einer agilen Vorgehensweise starten, sollten Sie zu Beginn eine gemeinsame Grundlinie für die Schätzungen entwickeln. Eine gemeinsame Grundlinie bedeutet zum Beispiel, dass acht Komplexitätspunkte das Gleiche

---

1.   Mike Cohn nennt diese Story-Punkte. Sie finden eine sehr detaillierte Beschreibung in [Cohn06, S. 35ff].

über die Komplexität eines Features für jeden Mitarbeiter in jedem Team aussagt. Der Start mit einer gemeinsamen Grundlinie garantiert nicht, dass sich diese während des Projekts in jedem Featureteam nicht marginal verschiebt. Jedes Featureteam schätzt seine eigenen (neuen oder geänderten) Funktionalitäten selbst ab. Das ist einer der Gründe, warum es so schwierig – oder gar unmöglich – ist, die Teamgeschwindigkeit unterschiedlicher Featureteams zu vergleichen.

7.2.3 Planungspoker

Der Planungspoker ist eine weitverbreitete Schätztechnik, die die Basis für die Erstellung eines Plans ist. Planungspoker, der im Grunde ein Schätzpoker oder – traditioneller – ein Schätz-Workshop ist, ermöglicht es einem Team, gemeinsam Funktionalitäten zu schätzen, obwohl deren Details zu diesem Zeitpunkt noch unbekannt sind.

An diesem Workshop nehmen der Product Owner und die Entwickler teil. Der Product Owner stellt die zu schätzenden Funktionalitäten vor und klärt aufkommende Fragen, während die Entwickler, also jeder, der zur Fertigstellung der Funktionalitäten beiträgt: Programmierer, Tester, Datenbankexperten usw., die Schätzung übernehmen. Diese Schätzung erfolgt üblicherweise im kompletten Team. Alle Entwickler haben den gleichen Stapel von »Spiel«-Karten, und auf jeder dieser Karte ist ein anderer, aber vorgegebener möglicher Schätzwert notiert. Ebenso wie Mike Cohn in [Cohn06] empfehle auch ich, mit den folgenden möglichen Schätzwerten zu starten: 1, 2, 3, 5 und 8.

Die Schätzung beginnt damit, dass der Product Owner (kurz) eine Funktionalität vorstellt. Die Entwickler stellen gegebenenfalls ein paar Fragen, um vorab Unklarheiten zu beseitigen. Anschließend legt jeder Entwickler für sich einen Schätzwert für die vorgestellte Funktionalität fest, indem er eine seiner Karten zieht. Geschätzt wird in Komplexität: 1 bedeutet, dass es sich um ein einfaches Feature handelt, und 8 drückt aus, dass dieses Feature sehr komplex ist. Nun werden die Features relativ zueinander geschätzt. Das heißt, dass eine mit einer 5 eingeschätzte Funktionalität genauso schwierig ist wie zwei andere Funktionalitäten zusammen, die mit 2 und 3 geschätzt wurden. Sobald alle Entwickler ihre Wahl getroffen haben, drehen alle zur gleichen Zeit ihre Karten um (das ist der eigentliche Pokeraspekt). Haben alle das Feature mit dem gleichen Wert geschätzt, ist die nächste Funktionalität an der Reihe. Unterscheiden sich die Schätzwerte, gibt es zum Beispiel eine 1, drei mal die 5 und eine 8, erfolgt eine Diskussion zwischen denjenigen, die die Extremwerte geschätzt haben. So wird beispielsweise derjenige, der die Funktionalität mit einer 1 geschätzt hat, sagen: »Ich habe schon mal ein ähnliches Feature implementiert, und das war wirklich einfach.« Der die 8 wählte, wird eventuell antworten: »Das glaube ich gerne, vermutlich ist die Implementierung einfach, aber dies ist wirklich schwierig zu testen, weil ...« Die anderen Workshop-Teilnehmer (inklusive Product Owner) tragen ihren Teil zur Klärung der Angelegenheit bei. Anschließend wird das Feature, unter Anwendung des gleichen Prozesses, erneut geschätzt. Dieser Ablauf wird wiederholt, bis die gesamte Gruppe zu einem Einvernehmen kommt, was vergleichbar der Breitband-Delphi-Methode (siehe [BreitbandDelphi]) ist. Für das Schätzen einer Funktionalität mit Planungspoker braucht eine Gruppe in der Regel nicht mehr als drei Schätzrunden.

Das Ziel von Planungspoker ist die Schätzung der Funktionalitäten, aber meiner Erfahrung nach liegt der wirkliche Nutzen in den Diskussionen, die über die Funktionalitäten geführt werden. Diese Diskussionen gewährleisten, dass das komplette Team das gleiche Verständnis über die eigentliche Bedeutung der unterschiedlichen Features entwickelt.

Bitte beachten Sie, dass bei Planungspoker der Schätzwert nie über die Bildung des Mittelwerts der individuellen Schätzungen ermittelt wird. Die Verwendung des Mittelwerts für eine Schätzung ist eine der schlechtesten Methoden zur Einigung auf einen Wert, hinter dem eine Gruppe von Personen stehen soll. Der Durchschnittswert sorgt nur dafür, dass sich keiner für diesen Schätzwert verantwortlich fühlt (es hat ihn ja niemand geschätzt), und damit wird diese Schätzung bedeutungslos.

Idealerweise kommt ein verstreutes Team ab und an zur Durchführung dieses Schätz-Workshops zusammen. Die meisten Schätzungen werden während des Projektstarts durchgeführt (mehr zum Projektstart in Abschnitt 10.1.1). Zu dieser Zeit wird das Startteam sowieso an einem Standort zusammenarbeiten. Für Schätzungen, die später benötigt werden, ist der Reiseaufwand für ein verstreutes Team eventuell zu hoch. Dann ist es effizienter, Planungspoker mit virtuellen Mitteln, wie Webcams oder Onlineversionen von Planungspoker (siehe [PlanningPoker]), durchzuführen.

Wie ich oben bereits erwähnte, werden die meisten Schätzungen während des Projektstarts durch das Startteam getätigt. Das Startteam wird alle zu dieser Zeit bekannten Features schätzen, insofern Sie Agilität und Planungspoker von Anfang an in Ihrem Projekt verwenden. So erstellt dieses Team eine Grundlinie für die weiteren Schätzungen. Sobald das Projekt wächst und sich über mehrere Standorte ausbreitet, stellt sich die Frage, wer die Schätzungen für später angeforderte Features erledigt und wie sich diese Schätzungen dann mit bereits existierenden vergleichen lassen. Es gibt verschiedene Ansätze zur Lösung dieser Probleme:

■ Schätzteam
Das ursprüngliche Startteam kommt weiterhin zusammen, um Planungspoker zur Schätzung von neuen Features durchzuführen, auch nachdem das Projekt vergrößert wurde und mehrere Teams mitarbeiten.

- Der Vorteil dieser Vorgehensweise ist, dass sich die Schätzwerte immer aneinander ausrichten, da alle Beteiligten das gleiche Verständnis über die Grundlinie haben. Oder in anderen Worten, eine Funktionalität, die mit einer 3 geschätzt wurde, hat immer die gleiche Komplexität analog eines ebenfalls mit einer 3 eingeschätzten Features. Bitte beachten Sie, dass selbst mit dieser Vorgehensweise die Teamgeschwindigkeiten nicht wirklich vergleichbar sind, da Sie nicht exakt gleiche Teams vorfinden werden.

- Der Nachteil dieser Vorgehensweise ist, dass die Technik des Planungspokers nicht im gesamten Team bekannt ist und die Featureteams kein gemeinsames Verständnis über die Bedeutung der Features mittels der Schätztechnik entwickeln. Den anderen Teams werden die Schätzwerte aufoktroyiert – oder es fühlt sich für sie zumindest so an.

Individuelle Teamschätzungen

Diese Vorgehensweise entsteht meist, wenn Agilität und/oder Planungspoker als Technik erst im Laufe des Projekts eingeführt werden. Das heißt, einige Funktionalitäten wurden ursprünglich auf eine andere Art geschätzt (oder überhaupt nicht), und später wechselt das gesamte verteilte Projektteam auf diese neue Technik. Bevor dann jedes Featureteam seine eigenen Features mit Planungspoker abzuschätzen beginnt, sollten Sie eine gemeinsame Grundlinie mit Repräsentanten von allen Featureteams erstellen. Es funktioniert optimal, wenn sich diese Repräsentanten persönlich treffen und zur Erzeugung der Grundlinie eine bestimmte Menge an Funktionalitäten mit unterschiedlicher Komplexität schätzen. Dabei handelt es sich normalerweise um einen einmaligen Workshop. Die Repräsentanten kehren dann zu ihren Teams zurück und stellen sicher, dass die gleiche Grundlinie für die weiteren Schätzungen durch die individuellen Featureteams Anwendung findet.

- Der Vorteil dieser Vorgehensweise liegt in der Effizienz. Jedes Team schätzt seine Features, sobald sie auftauchen. Ein langwieriges Warten auf das Schätzteam unterbleibt. Da es sich hier um die Schätzwerte des Featureteams handelt, übernimmt dieses nicht nur die Verantwortung für diese Schätzungen, sondern – und das ist noch wichtiger – eignet sich mittels der Schätztechnik das Wissen über die Features an. Daraus folgt, dass die Mitglieder des Featureteams ein gemeinsames Verständnis über die Funktionalitäten, die sie umsetzen werden, haben.

- Der Nachteil dieser Vorgehensweise ist, dass die Grundlinie nach einer Weile eine unterschiedliche Bedeutung hat. Jedes Featureteam wird ein leicht verändertes Verständnis darüber entwickeln, was für eine Art Feature als einfach oder schwierig gilt. Das wird zu unterschiedlichen Teamgeschwindigkeiten führen. Aber wie bereits erwähnt, sind Vergleiche von Teamgeschwindigkeiten nicht sinnvoll, da kein Team dem anderen exakt gleicht.

Auch wenn Sie das Projekt mit einer agilen Methode und der Verwendung von Planungspoker mit einem Team und damit mit einer Grundlinie starten, sobald Sie nach Vergrößerung und Verteilung des Projekts auf individuelle Teamschätzungen übergehen, wird die Grundlinie in den verschiedenen Teams auseinanderdriften. Damit dies überschaubar bleibt, empfiehlt es sich, einige Personen des ursprünglichen Schätzteams an den ersten Schätz-Workshops der individuellen Feature-teams teilnehmen zu lassen. Diese werden in das jeweilige Featureteam das gleiche Verständnis über die Grundlinie übertragen. Mit diesem kombinierten Ansatz haben Sie die beste Strategie für zukünftige Schätzungen in Ihrem Repertoire.

Wollen Sie Planungspoker in ein bereits existierendes verteiltes Team einführen, empfehle ich, dass sich Repräsentanten der verschiedenen Featureteams von Zeit zu Zeit treffen, um die Grundlinie neu zu justieren. Auf diese Weise können Sie gewährleisten, dass die Grundlinie nicht gravierend zwischen den verschiedenen Featureteams auseinanderdriftet.

7.2.4 Unterschiedliche Teamgeschwindigkeiten

Meist braucht es so circa drei Iterationen, bis sich ein Team, für das Agilität neu ist, an den Rhythmus von Planen – Machen – Überprüfen – Anpassen gewöhnt. Nach weiteren zwei Iterationen, also insgesamt circa fünf Iterationen, stabilisiert sich die Teamgeschwindigkeit.

Bitte beachten Sie weiterhin, dass Geschwindigkeiten von verschiedenen Teams (oder Projekten) nicht verglichen werden können. Das ist hauptsächlich darin begründet, dass die Teamgeschwindigkeit auf den Schätzungen basiert. Eine logische Schlussfolgerung scheint zu sein, dass eine höhere Teamgeschwindigkeit gegenüber einer niedrigen zu präferieren ist. Wenn sich jedoch die hohe Teamgeschwindigkeit auf sehr pessimistische Schätzungen bezieht und die niedrige auf sehr optimistische, kann dies bedeuten, dass das Team mit der niedrigen Geschwindigkeit in der Tat produktiver ist. Obwohl wir versuchen, diese Unterschiede über eine gemeinsame Grundlinie auszugleichen, wird es trotzdem immer noch einige Unterschiede zwischen den individuellen Featureteams geben.

Wichtig ist, die Geschwindigkeit für das gesamte Projektteam zu messen. Sie werden diese ganz einfach über die Addition aller Teamgeschwindigkeiten ermitteln können. Wenn beispielsweise Featureteam A 15 Punkte pro Iteration fertigstellt, Featureteam B 21 und Featureteam C 13, dann ergibt sich eine Geschwindigkeit für das Projekt von 49. Sie können diese Geschwindigkeit für die Vorhersage des Projektfortschritts ansetzen. Gehen Sie davon aus, dass das gesamte Projekt in allen folgenden Iterationen Funktionalitäten, die insgesamt mit 49 Punkten geschätzt wurden, fertigstellen kann. Einige von Ihnen werden argumentieren, dass man die Geschwindigkeiten der verschiedenen Featureteams nur dann aufaddieren kann, wenn man zuvor die Punkte exakt kalibriert hat. Die Schätzungen der restlichen Features sind jedoch genauso unpräzise kalibriert. In den von mir begleiteten Projekten war die einfache Addition ausreichend präzise zur Hochrechnung der Liefertermine.

Mit diesen Zahlen können Sie frühzeitig Aussagen darüber treffen, ob Sie den Abgabetermin einhalten können und welches Ergebnis zum Abgabetermin lieferbar ist. Diese Zahlen dienen auch als Anhaltspunkte für eventuelle Schwierigkeiten eines Teams. So wird sich beispielsweise die Auswirkung einer Featureteam-vergrößerung oder eines größeren Verteilungsgrades direkt in einer Schwankung der Geschwindigkeit des betroffenen Teams ausdrücken. So wird die Teamgeschwindigkeit zu einer Art Spiegel für auftretende Risiken.

Wenn es keinen Sinn ergibt, Teamgeschwindigkeiten zu vergleichen, dann sollte es verständlich sein, dass es ebenso wenig sinnvoll ist, Geschwindigkeiten zwischen einzelnen Teammitgliedern zu vergleichen. In unseren Projekten kennen wir nicht einmal die Geschwindigkeit einer einzelnen Person. Wir sind lediglich an der Geschwindigkeit jedes einzelnen Teams interessiert, da wir nur wissen müssen, ob die Lieferung des Projekts gefährdet ist. Außerdem werden Sie feststellen, dass die wichtigsten Teammitglieder kaum in der Lage sind, auch nur eine einzige Aufgabe in der Iteration zu übernehmen, was einer individuellen Geschwindigkeit von null entspräche. Aber der Grund für null Geschwindigkeit ist, dass genau diese Mitarbeiter den Rest des Teams unterstützen. Diese Personen sorgen für den teaminternen Wissenstransfer sowie für eine gemeinsame Vision und Projektkultur im Team. Obwohl also deren Geschwindigkeit gleich null ist, ist ihr Beitrag zum Projekt gewaltig.

7.3 Iterationsplanung

Der Product Owner steuert jede Iteration durch die Auswahl der nächsten Features der jeweils höchsten Priorität. Das Featureteam, meist repräsentiert durch den Coach, trägt insofern zu dieser Auswahl bei, als es dem Product Owner mitteilt, welche Funktionalitäten in der laufenden Iteration nicht fertiggestellt werden und inwiefern es Abhängigkeiten oder auch technische Risiken gibt, die beachtet werden müssen. Alle diese Informationen stellen gemeinsam die Basis für die Iterationsplanung dar.

7.3.1 Featureteams planen individuell

Jedes Featureteam plant individuell seine eigene Iteration. Wenn Sie also mehrere Featureteams etabliert haben, planen alle unabhängig voneinander ihre Iteration. Haben Sie mehrere Product Owner, die die verschiedenen Featureteams unterstützen, liegt es an diesen, gemeinsam mit dem Chefarchitekten entsprechende Vorkehrungen zu treffen, damit die unterschiedlichen Planungen final kompatibel sind. Wie jedoch bereits zuvor diskutiert, wird die Teamstruktur entlang der Features dafür sorgen, dass es lediglich marginale Abhängigkeiten zwischen den Featureteams gibt.

Der Koordinationsaufwand erhöht sich deutlich, wenn Sie die Teams auf eine andere Art, zum Beispiel entlang technischer Komponenten, strukturiert haben. Bei Featureteams müssen Sie nur mit wenigen Arbeitsüberschneidungen rechnen, da die meisten Features unabhängig voneinander sein sollten. Für den Fall, dass es über Teamgrenzen hinweg einen unerwarteten Bedarf an Koordination und Diskussion gibt, sollten Sie sicherstellen, dass alle Teams während der Planung erreichbar sind (z.B. per Telefon). Dadurch können die Teams auftretende Unklarheiten direkt und unkompliziert bilateral – oder auch multilateral – klären. Unterliegt das Projekt allerdings extremen Zeitunterschieden, müssen diese Unklarheiten anderweitig durch verschiedene Kommunikationsmedien beseitigt werden. Im Allgemeinen ist es hilfreich, wenn die Planung (ungefähr) zeitgleich stattfindet. Folgt das Projekt durch die gleichartige Terminierung der Iterationen überall dem gleichen Herzschlag, sollten Sie in der Lage sein, die Iterationsplanung zu synchronisieren.

7.3.2 Planungstreffen

Das Planungstreffen funktioniert optimal, wenn sich die Mitglieder der jeweiligen Featureteams persönlich treffen. Ist dies aufgrund des stark verstreuten Featureteams nicht machbar, sollten Sie es den Mitgliedern dieses Featureteams ermöglichen, sich zumindest zur Planung der ersten zwei Iterationen persönlich zu treffen. Im weiteren Verlauf des Projekts empfehle ich, eine gemeinsame Planung vor Ort von Zeit zu Zeit zu gewährleisten.

Diese Planung beginnt üblicherweise damit, dass der Product Owner die ausgewählten Funktionalitäten präsentiert, die er am Iterationsende als lieferbares Ergebnis erwartet. Bevor das Team mit der eigentlichen Planung beginnt, werden Unklarheiten mittels Fragen an den Product Owner beseitigt.

Nachdem das Team die Aufgaben geschätzt hat, vergleicht es (meist unter der Leitung des Coach) diese Schätzungen mit der real zur Verfügung stehenden Zeit für die kommende Iteration. Zusätzlich errechnet das Team die Summe der Komplexitätspunkte aller zu liefernder Funktionalitäten und zieht eine Querprobe gegen die (aktuelle) Teamgeschwindigkeit. Abhängig von diesen Zahlen treffen die Teammitglieder eine gemeinsame Aussage über den Lieferumfang der kommenden Iteration. Für diese Aussage ist unter Umständen noch eine Verhandlung mit dem Product Owner vonnöten. Der Product Owner muss gegebenenfalls einige Features hinzufügen oder reduzieren, abhängig von der Aussage des Teams, ob es mehr oder weniger als ursprünglich erwartet liefern kann. Am Ende dieser Sitzung wird das Featureteam offiziell festlegen, welche Funktionalitäten bei Abschluss der Iteration geliefert werden können.

Das Planungstreffen wird von den individuellen Featureteams durchgeführt. Die Product Owner stellen vorab durch die Vorplanung sicher, dass die Funktionalitäten, die von den verschiedenen Featureteams geplant werden, kombiniert für den Kunden einen Mehrwert definieren.

7.3.3 Termin für das Planungstreffen

In einem meiner Projekte konnten wir durchsetzen, dass sich die Mitglieder der verstreuten Teams für jede zweite Planung persönlich trafen. Außerdem wechselte der Treffpunkt für die Planung, die von Angesicht zu Angesicht stattfand, alternierend über die beteiligten Standorte. Dadurch verteilten sich die Reisetätigkeiten, und jedes Teammitglied konnte ab und zu den Vorteil des Heimatstandorts genießen.

Abb. 7–2   *Termin für das Planungstreffen*

Lassen Sie Planungstreffen nicht am Wochenbeginn oder am Ende der Woche stattfinden. Ansonsten müssen einige Teammitglieder bereits das Wochenende für ihre Reisen nutzen. Je nach den beteiligten Ländern in Ihrem verteilten Projekt müssen Sie herausfinden, wo genau die Wochengrenzen liegen. Nicht jedes Land (z.B. Israel) versteht Montag bis Freitag als Arbeitswoche. Deshalb ist mein genereller Rat, das Planungstreffen so festzulegen, dass das Reisen für die Teammitglieder so einfach wie möglich ist.

Für die Zeiten, in denen die verstreuten Featureteammitglieder keinen persönlichen Kontakt haben, müssen Sie ein virtuelles Planungstreffen organisieren. Für dieses virtuelle Treffen lassen sich hervorragend die verschiedenen Kommunikationswerkzeuge, wie NetMeeting, das Telefon oder auch das Wiki, eine Webcam oder Ähnliches, verwenden. In all meinen Projekten haben wir uns bei virtuellen Treffen nie auf *ein* Kommunikationswerkzeug beschränkt, da die verschiedenen Informationen, die man übertragen möchte, eine unterschiedliche Unterstützung benötigen.

7.3.4   Handfeste Planungswerkzeuge

Für die eigentliche Planung, das heißt für die Aufteilung der Features in Aufgaben und die Schätzung der Aufgaben, bevorzuge ich handfeste Werkzeuge, wie beispielsweise Karteikarten, Haftnotizzettel oder dergleichen. Ich ziehe greifbare den elektronischen Werkzeugen vor, weil die elektronischen Werkzeuge typischerweise eine dedizierte Person benötigen, die als Schreiber fungiert, während die anderen Teilnehmer nur ihre Gedanken über den Schreiber kanalisieren können. Das erste Problem ist, dass der Schreibende die Macht über das Notierte erhält. Darüber hinaus, und das ist das zweite Problem, kann die Planung nicht parallel erfolgen und nimmt damit deutlich mehr Zeit in Anspruch. Und das dritte Problem erörtert Bas Vodde[2] aufgrund seiner Erfahrungen folgendermaßen:

> [...] die Energie während der Planung ist viel niedriger aufgrund des zentralisierten Werkzeugs, der Fokus liegt immer auf demselben.

Hält das Team jedoch ein virtuelles Planungstreffen ab, muss es zwangsläufig elektronische Werkzeuge während der gesamten Planung einsetzen. Wir haben bei der gemeinsamen virtuellen Planung gute Erfahrungen mit der Verwendung von Videokonferenzen gemacht. Andere Projekte berichten von positiven Erfahrungen mit gemeinsam genutzten Weißwandtafeln[3], die den greifbaren oder handfesten Werkzeugen sehr nahe kommen. Aber seien Sie sich dessen bewusst, dass ein persönliches Planungstreffen mit handfesten Werkzeugen immer wesentlich schneller durchgeführt werden kann als ein virtuelles.

In allen meinen verteilten Projekten haben wir immer die Ergebnisse des Planungstreffens elektronisch festgehalten, trotz des Einsatzes handfester Werkzeuge zur Aufteilung der Features in Aufgaben und für das Schätzen der Aufgaben. Dabei haben wir nicht nur die Ergebnisse der verstreuten Featureteams elektronisch festgehalten, sondern auch die der lokalen Featureteams. Diese Ergebnisse sind für eine größere Gemeinschaft von Bedeutung als nur für das Featureteam selbst. Es ist sehr wichtig, dass die elektronischen Ergebnisse respektive der Iterationsplan an einer prominenten Stelle sichtbar und für jeden im Team einfach zugreifbar sind, da der Iterationsplan nicht nur das Ergebnis des Planungstreffens aufzeigt, sondern auch zur späteren Nachverfolgung während der Iteration verwendet wird.

---

2.   Persönliche Unterhaltung mit Bas Vodde.
3.   Dank an Frank Maurer für die Mitteilung seiner Erfahrung. Ein Beispiel für solch eine gemeinsam genutzte Weißwandtafel ist AgilePlanner (siehe [AgilePlanner]).

7.4 Iterationsverfolgung

Die tägliche Synchronisation sollte jedem Mitarbeiter eine gute Vorstellung über den Projektstatus vermitteln (mehr dazu in Abschnitt 9.2.1). Insbesondere das Team ist an einem detaillierteren Status interessiert. Zum Beispiel wir – als Featureteam – sind interessiert daran, Folgendes zu wissen:

- Sind wir in der Lage, die Features, die wir beim Planungstreffen zugesagt haben, zu liefern?
- Wie groß ist unser Restaufwand?
- Gibt es zwischen manchen Aufgaben eventuell Synergien?
- Benötigen wir für bestimmte Aufgaben Hilfe?

Product Owner, Chefarchitekt, Coach und Projektleiter können darüber hinaus diese Informationen nutzen, um dem Featureteam die entsprechende Unterstützung anzubieten.

7.4.1 Planungs- und Nachverfolgungswerkzeuge

Der Iterationsplan ist die Basis für jede Art von Nachverfolgung während der Iteration. Wie bereits erwähnt, sollte der Iterationsplan an einem gut sichtbaren, prominenten Ort zu finden und außerdem einfach zugreifbar sein. Letzteres bedeutet, dass jedes Teammitglied sowohl lesenden als auch schreibenden Zugriff auf den Iterationsplan haben muss. Lokale Teams verwenden aus diesem Grund häufig ein Projektposter oder eine Planungswand, die mit Karteikarten bestückt ist. Die Karten wandern in Abhängigkeit ihres Status (von geplant bis geliefert bzw. done-done) über die Wand.

Diese Art der Nachverfolgung funktioniert in einer verteilten Umgebung nicht. Einige kommerzielle Werkzeuge ahmen dieses Verhalten nach. Gegebenenfalls helfen Ihnen diese Werkzeuge zum Festhalten Ihres Iterationsplans. In meinen Projekten waren wir mit einigen Open-Source-Werkzeugen recht glücklich – und zwar nicht (nur) deshalb, weil sie kostenlos waren, sondern vor allem weil sie keine unnötige Komplexität in unser Projekt brachten.

Für uns hat in mehreren verteilten Projekten Trac (siehe [Trac]) am besten funktioniert. Wir profitierten vor allem von der einfachen Anwendung und noch wichtiger davon, dass auch Anpassungen unkompliziert durchführbar sind. Man kann Trac immer auf die Bedürfnisse des eigenen Projekts angleichen. Außerdem bietet es einige hilfreiche Features, wie zum Beispiel eine Anbindung an Subversion (siehe [Subversion]). Somit kann die Statusänderung zu done-done beispielsweise mit einer erfolgreichen Integration gekoppelt werden. Darüber hinaus haben wir gute Erfahrungen mit der Wiki-Integration von Trac gemacht. Das ersparte uns die Suche nach einem weiteren Werkzeug für unsere Kollaborationsplattform. Und schlussendlich verwendeten wir außerdem die integrierte Blog-Möglichkeit. Die Probleme, die bei der täglichen Synchronisation spezifiziert wurden, hielten wir damit fest. Bei den Aufzeichnungen konzentrierten wir uns allerdings ausschließlich auf die Problematiken, die auch für andere Teams von Interesse waren und spezielle Aufmerksamkeit erforderten. Meist verwendeten wir Trac sowohl für die langfristige Planung als auch für die Iterationsplanung und -verfolgung.

Gleichgültig für welches Werkzeug Sie sich am Ende entscheiden, wichtig ist nur Folgendes:

- **Das Werkzeug ist für jedes Teammitglied einfach zugreifbar.**
  Es ist hilfreich, wenn das Iterationsplanungs- und -verfolgungswerkzeug in eine Umgebung integriert ist, die auch anderweitig im Einsatz und aus diesem Grund immer geöffnet ist.

- **Das Werkzeug visualisiert den Fortschritt des Teams.**
  Das Werkzeug sollte den Status des Entwicklungsfortschritts entweder durch die Art der Anordnung der Aufgaben oder durch einen Farbcode sichtbar machen. Somit ist für jeden der Status bereits beim ersten Blick auf das Werkzeug erkennbar.

- **Das Werkzeug erlaubt jedem Teammitglied Lese- und Schreibrecht.**
  Um die exakte Nachverfolgungsinformation zu erhalten, muss jedes Team in der Lage sein, den Iterationsplan entsprechend zu aktualisieren. Sobald diese Aktualisierung vom eingesetzten Werkzeug erschwert wird, beispielsweise durch den Bedarf einer speziellen Umgebung oder von Lizenzen (von welchen kein Team je genug hat), unterbleibt diese Fortschrittsaktualisierung mit hoher Wahrscheinlichkeit.

Auch wenn Trac in einigen Projekten gut funktioniert hat, heißt das nicht zwingend, dass kein anderes Werkzeug Ihren Bedürfnissen besser gerecht wird. Der Vollständigkeit halber möchte ich noch andere Werkzeuge, die sich als hilfreich herausgestellt haben und die ebenfalls Open Source sind, erwähnen – unter denen sind XPlanner (siehe [XPlanner]) und PPTS (siehe [PPTS]). Weiterhin gibt es selbstverständlich auch die Möglichkeit, ein kommerzielles Werkzeug zu kaufen, das die geforderten Aufgaben erfüllt.

7.4.2   Ziele im Fokus behalten

Einige Dinge bedürfen einer besonderen Aufmerksamkeit während der Iteration:

- **Die Features mit der höchsten Priorität liegen im Fokus.**
  Als Erstes sollte sich das Team auf die hochpriorisierten Features konzentrieren und nicht parallel an Aufgaben niedrigerer Priorität arbeiten. Diese Strategie verhindert, dass am Ende alle Features begonnen, aber keines fertiggestellt wurde. Dies ist vor allem wichtig, wenn das Team nicht in der vorgegebenen Zeit (der Iteration) fertig wird. Das Team muss aus diesem

Grund auf den ersten Blick erkennen können, worauf es sich konzentrieren soll.

▪ **Die noch anstehenden Arbeiten kennen.**
Es ist wichtig, dass alle im Team über den Restaufwand informiert sind. Aus diesem Grund, wie es auch Scrum vorschlägt, bitte ich immer am Ende des Tages alle Teammitglieder, die begonnenen, aber noch nicht beendeten Aufgaben erneut zu schätzen. Diese erneute Schätzung bezieht sich ausschließlich auf den noch anstehenden Restaufwand bis zur Fertigstellung der Aufgabe. Bitte beachten Sie, dass es hierbei unwichtig ist, wie viel Zeit bereits die Bearbeitung der Aufgabe in Anspruch genommen hat. Die erneute Schätzung soll nicht feststellen, ob die initiale Schätzung korrekt oder inkorrekt war. Sondern die daraus entstehende Erkenntnis soll zeigen, ob die noch anstehenden Aufgaben in der restlichen Zeit fertiggestellt werden können.

▪ **Über den Fortschritt Bescheid wissen.**
Neben dem Wissen über den Restaufwand ist es außerdem wichtig, den Status der Aufgaben zu kennen. Wir haben gute Erfahrungen mit folgenden Status für Aufgaben gemacht: *geplant, in Bearbeitung, zu überprüfen* und *geliefert* (oder done-done). Der initiale Status einer Aufgabe (nach der Planung) ist der *Geplant*-Status. Sobald jemand anfängt, an einer Aufgabe zu arbeiten, ändert sich der Status zu *in Bearbeitung*. Ist die Aufgabe in Bearbeitung, ist das involvierte Teammitglied gefordert, so oft den Restaufwand (am Tagesende) zu überprüfen und gegebenenfalls erneut zu schätzen, bis die Aufgabe erledigt ist. Nachdem der Entwickler die Aufgabe beendet (entworfen, implementiert, getestet, integriert) hat, ändert sich der Status in *zu überprüfen*. Um den finalen *Done-done*-Status zu erreichen, muss eine Verifizierung stattfinden. Wie diese erfolgt, hängt von der jeweiligen Aufgabe ab. Es existieren Aufgaben, die zur Fertigstellung eines Features beitragen, wodurch dieses Feature mit einem durchgängigen Akzeptanztest (gegebenenfalls auf einer anderen Plattform) überprüft werden muss. Gelegentlich ist es notwendig, dass zum Übergang in den Done-done-Zustand ein Mitarbeiter die Aufgabe begutachtet, und bei wieder anderen Aufgaben gibt es vielleicht sogar eine (automatische) Überprüfung, die lediglich kontrolliert, ob alles Notwendige erstellt wurde.

All diese Verfolgungsaktivitäten werden von den individuellen Teammitgliedern durchgeführt. Bisweilen ist es notwendig, dass der Coach sie daran erinnert. Die erstellte Information ist für jede am Projekt interessierte Person relevant. Aus diesem Grund ist es hilfreich, wenn die verschiedenen Informationen, wie zum Beispiel die unterschiedlichen Zustände der Aufgaben, auf einfache Art und Weise sichtbar gemacht werden. Dies kann durch Sortierung, Farbcodierung oder durch visuelle Präsenz der Aufgaben an entsprechend markierten Stellen erfolgen.

Bei elektronischen Werkzeugen habe ich sehr positive Erfahrungen mit Farbcodes gemacht, da sie auf einfache Weise ein Bild über den Projektstatus geben, ohne dass die Details betrachten werden müssen. Weist dieses Bild auf Schwierigkeiten hin, ist eine Auseinandersetzung mit den Details zwingend notwendig, um auftretende Schwierigkeiten zu eliminieren.

Abb. 7–3   *Ziele im Fokus behalten*

7.5   Umgang mit Änderungen

Über die Iterationen können Änderungen Beachtung finden. Beispiele hierfür sind Feststellungen des Product Owner, dass Funktionalitäten ganz anders als zunächst angenommen benötigt werden oder dass die Prioritäten nicht mehr der Realität entsprechen. Jedes Featureteam plant für jede Iteration die Fertigstellung und Lieferung von mehreren Funktionalitäten. Wenn sich eine Änderung ergibt, kann diese in der Planung der nächsten Iteration berücksichtigt werden. Somit kann man auch dem folgenden Prinzip des Agilen Manifests gerecht werden (siehe [AgileManifesto]):

Stehe geänderten Anforderungen positiv gegenüber, selbst wenn sie bei der Entwicklung erst spät auftreten. Agile Prozesse machen sich Änderungen zum Vorteil des Kunden zunutze.

Ein Featureteam trägt immer die Gesamtverantwortung für ein Feature. Somit ist der Zusatzaufwand, der durch eine Änderung bezüglich Koordinierung und Integration entsteht, wesentlich geringer, als wenn sich ein Teilteam lediglich an einer technischen Komponente orientiert. Ist die Teamstruktur an technischen Komponenten ausgerichtet, sind die Verantwortung der Fertigstellung und die dazugehörigen Änderungen eines Features auf mehrere Teilteams verteilt und müssen entsprechend koordiniert werden.

7.5.1   Die Iterationslänge bestimmt das Antwortzeitverhalten

Agile Projekte berücksichtigen alle Arten von Änderungen immer zu Beginn, also während des Planungstreffens der Iteration. Dies geschieht unabhängig davon, ob sich die Änderungen auf Priorität, Funktionalität oder Ähnliches beziehen. Je kürzer folglich die gewählte Iterationslänge, desto einfacher ist es, mit Änderungen umzugehen, bzw. desto schneller können Sie auf geänderte Anforderungen reagieren. Verlangen beispielsweise der Product Owner oder der Kunde ein besseres Antwortverhalten, indem sie das Team während der Iteration aufgrund von geänderten Anforderungswünschen häufig unterbrechen, dann sollten Sie primär die Verkürzung der Iterationslänge in Betracht ziehen, um damit die Antwortzeit zu verkürzen.

Andererseits sollte die Iteration lang genug sein, um zumindest einige Features pro Featureteam fertigzustellen und liefern zu können. In einigen Projekten hatten wir einwöchige Iterationen, wodurch wir ein hervorragendes Antwortzeitverhalten erzielten und in der Lage waren, mit hoher Geschwindigkeit Features zu liefern. Aber dennoch sind zweiwöchige Iterationen üblicher. Sie haben sich häufig als adäquate Iterationslänge vor allem in großen verteilten Projekten bewährt.

Sie müssen die Iterationslänge finden, die für Sie sinnvoll ist. Wird jedoch ein besseres Antwortzeitverhalten erwartet, sollten Sie die etablierte Iterationslänge nochmals überdenken.

7.5.2   Mit Änderungswünschen umgehen

Ein Änderungswunsch wird wie andere bereits bekannte Anforderungen behandelt. Wird dieser genannt und bestätigt, erfolgt die Priorisierung durch den Product Owner, sodass er in eine der nächsten Iterationen eingeplant werden kann.

Es gibt jedoch Fälle, in denen ein Featureteam sowohl an einem neuen Release als auch an der Wartung eines früheren Release des gleichen Produkts arbeitet. Sind die Iterationen zum Beispiel zwei Wochen lang, beträgt das Antwortzeitverhalten für die Auslieferung eines Änderungswunsches maximal vier Wochen, wenn dieser zu Beginn der laufenden Iteration gestellt wurde. Häufig wird die Antwortzeit jedoch wesentlich kürzer sein. Iterationslänge und Antwortzeitverhalten stehen in direktem Zusammenhang. Ist das Antwortzeitverhalten nicht ausreichend, muss die Iteration verkürzt werden.

Handelt es sich allerdings bereits um einwöchige Iterationen, wird es äußerst schwierig, diese noch weiter zu reduzieren. Planen Sie dann in den Iterationsprozess für kurzfristige Änderungen einen konkret definierten Puffer (z.B. 2 Tage oder x Komplexitätspunkte) ein. Wann immer wir solch einen Puffer benötigten, entschieden wir zudem, dass dieser immer die höchste Priorität innerhalb der Iteration erhält. Änderungswünsche wurden also so lange im Laufe der Iteration hoch priorisiert, bis der dafür geplante Puffer aufgebraucht war. Anschließend akzeptierte das Team keine weiteren Änderungswünsche mehr.

Erste Priorität des Gesamtprojekts bleibt die Erzielung von Fortschritten bezüglich des neuen Produktreleases, um somit den Geschäftswert des Kunden zu maximieren. Die Limitierung des Puffers soll gewährleisten, dass der Fokus des Teams nicht durch die stetige Bearbeitung von Änderungen davon abgelenkt wird. Generell gilt der Grundsatz, für den schnelleren Umgang mit Änderungen die Iterationslänge zu verkürzen, sodass Änderungswünsche analog der anderen Features behandelt werden können.

7.5.3   Die Teamstruktur verändern

Eine substanzielle Änderung erfordert mehr als nur die Berücksichtigung im nächsten Planungstreffen. Diese bedingt gegebenenfalls eine neue Struktur der Featureteams, da sich einige Funktionalitäten komplett verschoben haben. In einem meiner Projekte mussten wir einige Featureteams in ihrer Gesamtheit komplett neu organisieren, da der Fachbereich, den diese Teams bearbeiteten, vollumfänglich aus dem Projekt gestrichen wurde.

Im Gegensatz zur featuregetriebenen Entwicklung versuchen wir normalerweise – aufgrund höherer Effektivität durch die Teamgemeinschaft –, die Teammitglieder eines Featureteams während der Projektlaufzeit (und auch darüber hinaus ist das nützlich) stabil zu halten. Manche Änderungen erfordern jedoch die Neustrukturierung der Teams. Die Organisation in Featureteams gewährleistet einen reibungslosen Ablauf, wenn aufgrund geänderter Anforderungen die Struktur umgestellt werden muss, selbst wenn diese sich über verschiedene Standorte auswirkt.

Da ein neu zusammengestelltes Team eine gewisse Anlaufzeit benötigt, um als Team zu harmonieren, sollten häufige Umstrukturierungen vermieden werden.

Aus diesem Grund versuchen wir nach so einer Neustrukturierung stets das gesamte Featureteam an einem Standort zusammenzubringen – vergleichbar mit dem Beginn des Projekts. Die Produktivität des Teams steigert sich um ein Vielfaches, wenn dem Team die Möglichkeit geschaffen wird, sich für eine Zeit persönlich zu treffen. Die Reisekosten (abhängig vom Verteilungsgrad) werden dann durch die höhere Effektivität des Teams kompensiert.

Ist das persönliche Treffen nicht realisierbar, visualisieren wir die Auswirkung für die Dauer der Neukalibrierung des Teams zur besseren Nachvollziehbarkeit. Typischerweise verwendet jedes agile Projekt verschiedene Metriken. Bei einer Änderung der Teamstruktur können Sie durch die Messgröße der Teamgeschwindigkeit auf einfache Weise feststellen, welche – meist negative – Auswirkung diese Veränderung auf die Teamgeschwindigkeit hat. Die extreme Vergrößerung eines Teams wird häufig durch eine Verminderung der Teamgeschwindigkeit um 30% angezeigt. Die Visualisierung dieser Dinge ist oft hilfreich, um für die notwendigen Maßnahmen zu argumentieren.

7.6 Projektplan

Der Product Owner steuert die Iterationen durch die Funktionalitäten. Darüber hinaus sind wir in der Lage, mithilfe der Iterationen mit den Änderungen umzugehen. Aber woher wissen wir, ob wir imstande sind, den Abgabetermin einzuhalten, wenn wir nur eine (detaillierte) Iterationsplanung direkt vor dem Beginn jeder Iteration erstellen? Was bislang fehlt, ist der Projektplan, der den Gesamtzusammenhang des Projekts und zwar von Anfang bis Ende darstellt. Wichtiger als die Entwicklung des Projektplans ist es jedoch zu verstehen, dass es sich bei diesem um ein lebendiges Dokument handelt, das häufigen Änderungen unterliegt. Jim Highsmith erklärte dazu (siehe [Highsmith02, S. 32]):

> *Agile Projekte werden nicht hinsichtlich der Erfüllung des Plans, sondern hinsichtlich der Erfüllung des Geschäftswerts kontrolliert. [...] Wenn wir die Auffassung von ständiger Änderung und Turbulenz verstehen, sind Pläne immer noch als Leitfaden, aber nicht als Kontrollmechanismen hilfreich – da sie dazu neigen, richtige Maßnahmen zu bestrafen.*

7.6.1 Releaseplanung

Wenn Sie die Funktionalitäten in – aus fachlicher Sicht – sinnvolle Einheiten zusammenfassen, können Sie das Projekt einfacher aussteuern, hilfreiches Feedback erhalten und gegebenenfalls früher Marktreife erreichen. Solche Featureeinheiten werden auch Featurebündel (englisch: feature pack) genannt. Während ein einzelnes Feature die Intention hat, einen Geschäftswert für einen Kunden zu bieten, so bietet ein Featurebündel oftmals die Möglichkeit, dass der Kunde das System bereits einsetzen kann. Selbst wenn Sie nicht planen, mit dem System nach

Fertigstellung eines bestimmten Featurebündels in Betrieb zu gehen, erhalten Sie jedoch hierfür ein wesentlich besseres Feedback als zu voneinander unabhängigen Funktionalitäten, die zusammengefasst keinen Mehrwert darstellen. Das positive Feedback liegt darin begründet, dass es stets einfacher ist, umfangreicher und aussagekräftiger zu testen, wenn dies sich sowohl auf die funktionale oder technische Seite des Systems als auch auf die Bedienerfreundlichkeit konzentriert.

Die Fertigstellung eines solchen Featurebündels ist oft gleichbedeutend mit der Fertigstellung eines Release. Manchmal unterscheiden wir zwischen einem internen Release, das vor allem für das Einholen von Feedback verwendet wird, und einem externen Release, das dem Kunden geliefert und von diesem auch eingesetzt wird. Ein externes Release bedeutet also eine tatsächliche Inbetriebnahme des Systems. Ein internes Release durchläuft die gleichen Schritte mit Ausnahme des letzten Schritts der Inbetriebnahme. Ein internes Release wird also auf einer Produktionsumgebung ausgeliefert, aber der Kunde wird es nicht produktiv einsetzen. Sie können den Projektplan in mehrere interne oder mehrere externe Releases oder auch in eine Kombination von beiden aufteilen. Dies hängt vom Aufbau Ihres Projekts und von den Bedürfnissen Ihres Kunden ab.

Beachten Sie jedoch, dass auch ein internes Release auf der Produktionsumgebung ausgeliefert und dort getestet wird. Am Iterationsende wird erwartet, dass der Product Owner (und der Kunde) Feedback zu dem System gibt. Der große Unterschied liegt darin, dass am Iterationsende nur einige Funktionalitäten geliefert werden, die aus Nutzersicht nicht die große Bedeutung haben. Am Releaseende hingegen wird ein Featurebündel geliefert, das nicht nur aus Nutzersicht sinnvoll, sondern auch einsetzbar ist.

Unter Berücksichtigung der Produktvision, der Interessen der unterschiedlichen Kunden und der Interessenvertreter liegt die Definition dieser sinnvollen Featurebündel in der Verantwortung des Product Owner. Der Product Owner entscheidet über die Paketierung der Funktionalitäten in mehrere Releases. Der Product Owner – wiederum in Vertretung aller Interessenvertreter (z.B. Marketing) – entscheidet ebenfalls über das Lieferdatum dieses Release. Die Coachs verifizieren mithilfe der Teams diesen ersten Releaseplan. Dabei kontrollieren sie die Releases auf Inhalt und Zeit, das heißt, sie überprüfen, welches Ergebnis zu welchem Zeitpunkt unter Berücksichtigung der Teamgeschwindigkeit geliefert werden kann. Weiterhin wird der Architekt dafür Sorge tragen, dass die angefragten Funktionalitäten keine gegenseitigen Abhängigkeiten in den verschiedenen Featureteams erzeugen. Werden jedoch Abhängigkeiten entdeckt, wird ein vorgreifender Plan (siehe Abschnitt 7.1.2) erstellt, der diese berücksichtigt.

7.6.2 Prognosen

Zu Beginn eines Projekts dient der erste Iterationsplan zur Prognostizierung des restlichen Projektverlaufs. Bei der Planung der ersten Iteration haben Sie eine Teamgeschwindigkeit angenommen (da Sie zu diesem Zeitpunkt die tatsächliche Teamgeschwindigkeit noch nicht kannten). Zur Verifizierung der Liefergegenstände können Sie jetzt ausrechnen, wie viele Iterationen Sie pro Release zur Verfügung haben. Die Termine für die Releases von der Fachseite (Product Owner bzw. Kunde) sind vorgegeben und die Iterationslänge bereits festgelegt. Stellen Sie sich vor, es ist jetzt Anfang März und Ihr nächstes Release ist für Anfang Juni geplant. Sie haben zweiwöchige Iterationen geplant – also werden Sie für die Fertigstellung des Release sechs Iterationen zur Verfügung haben. Diese Rechnung ist auch auf alle weiteren Releases anwendbar. Sie können für jede Iteration die gleiche Teamgeschwindigkeit analog Ihrer ersten Iteration annehmen. Haben Sie beispielsweise für die erste Iteration 49 Punkte als Teamgeschwindigkeit vorausgesetzt, können Sie daraus errechnen, wie viele Features im nächsten Release lieferbar sind. Wenn Sie diese Rechnung auf jedes geplante Release anwenden, ermöglicht es die Erstellung des Releaseplans.

Bitte beachten Sie, dass die erste Version Ihres Releaseplans vermutlich ungenau sein wird, da die Teamgeschwindigkeit für die Iterationen bisher nur angenommen, aber nicht bewiesen ist. Falls Sie also für die Erstellung des ersten Releaseplans eine andere (funktionierende) Technik einsetzen, sehe ich keine Schwierigkeit darin, diese zu verwenden. Es muss jedoch sichergestellt sein, dass der Releaseplan am Ende jeder Iteration nachgebessert wird. Zum Iterationsende wissen Sie genauer über die tatsächliche Teamgeschwindigkeit Bescheid. Es ist essenziell, dass dieses neue Wissen in den Releaseplan eingeht, um ihn dadurch präziser zu gestalten. Zusammenfassend ist nicht der erste Releaseplan der Schlüssel, sondern die weitere Präzisierung, die Sie mit jeder Iteration erhalten. Nur durch dieses konsequente Vorgehen gelangen Sie zu der Erkenntnis über Umfang und Zeitpunkt der Ergebnislieferung.

Meist wird der erste Iterationsplan mit einem (lokalen) Team aufgestellt. Deshalb müssen Sie in der verteilten Umgebung entsprechende Anpassungen für die oben vorgeschlagenen Prognosen vornehmen. In vielen Projekten gibt es ein Konzept für den Ablauf und die Hochskalierung des Vorhabens. Das heißt, Sie wissen, wann und in welcher Form das gesamte Team sowohl größer als auch verteilter wird. Nehmen Sie für den Moment an, dass alle zukünftigen Teams in gleicher Geschwindigkeit wie das erste Team arbeiten. Darüber hinaus wollen Sie eventuell einen Vorschlag von Scrum[4] befolgen und nehmen den folgenden »Verschleppungsfaktor« (englisch: drag factor) an: 1,2 – da Sie in einer verteilten Umgebung arbeiten – und außerdem 0,4 – da Sie mit mehreren Teams am gleichen Produkt

---

4. Scrum bietet diese Information auch im Web an:
    http://www.controlchaos.com/module/practicing_pelrine.pdf.

arbeiten. Dieser Verschleppungsfaktor wird Ihre angenommene Teamgeschwindigkeit reduzieren. Sie können entweder die Schätzwerte mit dem Verschleppungsfaktor multiplizieren und weiterhin die gleiche Teamgeschwindigkeit annehmen, oder Sie teilen die Teamgeschwindigkeit durch den Verschleppungsfaktor. Falls Sie dem letzten Vorschlag folgen und Ihre angenommene Geschwindigkeit ist 20, dann erhalten Sie unter Berücksichtigung des oben angegebenen Verschleppungsfaktors eine Teamgeschwindigkeit von 12,5. Das heißt, von dem Moment an, wo Sie mit mehreren Teams verteilt an dem Projekt arbeiten, sollten Sie mit dieser Geschwindigkeit rechnen. Ich empfehle jedoch als Ausgangspunkt die Verwendung der für die erste Iteration angenommenen Geschwindigkeit projiziert auf alle zukünftigen Teams, obwohl diese voraussichtlich ungenau sein wird. Alle anderen Vermutungen (inklusive der Berücksichtigung des Verschleppungsfaktors) sind jedoch zu diesem Zeitpunkt ebenso wenig genau. Durch die Iterationen werden Sie in der Lage sein, den Plan im Laufe der Zeit zu verbessern.

7.6.3 Release versus Meilenstein

Obwohl ein Release im Projektplan meist als Meilenstein behandelt wird, unterscheidet es sich insofern, als ein Release in einer Timebox stattfindet. Das heißt, es gibt ein festes Releasedatum. Hingegen ist ein Meilenstein häufig nicht an ein Datum, sondern an die Fertigstellung einiger vordefinierter Funktionalitäten gebunden. Im Gegensatz dazu ist der exakte Inhalt eines Featurebündels, das in einem Release geliefert wird, verhandelbar. Obwohl wir uns im Allgemeinen auf den Inhalt des Featurebündels einigen, sind dennoch die feingranularen Details nicht festgelegt und lassen auch Raum für den Umgang mit unvorhersehbaren Ereignissen. Diese können sich auf die (erste) Unsicherheit in der Genauigkeit der Teamgeschwindigkeit beziehen, auf technologische Probleme oder auch auf Verschiebungen der Prioritäten. Aber das Team verspricht (und steht zu seiner Zusage), ein System mit wertvollen, vom Kunden ausgewählten Features zu liefern, die zu einem festen Termin ihren Einsatz finden.

Agile Teams ziehen die Zusage eines Termins dem Versprechen einer vordefinierten Funktionalität vor. Einfach aus dem Grund, da die vordefinierte Funktionalität infolge von Verschiebungen in den Prioritäten oder geänderten Anforderungen zum Kundenvorteil selten von Bestand ist. Meilensteine werden im Gegensatz zu Releases oft verschoben. Diese Verschiebung trägt jedoch nicht zum Aufbau einer vertrauensvollen Beziehung zu dem Kunden bei.

Der Projektplan (manchmal auch schlicht Releaseplan genannt) stellt den Gesamtzusammenhang des Projekts dar und muss infolgedessen auch allen Projektmitarbeitern bekannt sein. Realeasetermine und Featurebündel sollten für keinen Projektbeteiligten überraschend auftauchen, und zwar unabhängig vom jeweiligen Standort des Mitarbeiters. Dadurch trägt der Projektplan einen wichtigen Teil zur Umsetzung der gemeinsamen Vision im gesamten Projekt bei. Und eine gemeinsame Vision ist wiederum Teil des Prozesses, der es den Mitarbeitern erlaubt, sich als ein Team zu fühlen, trotz ihrer (weit) verstreuten Arbeitsplätze.

7.7 Zusammenfassung

Das Aussteuern einer Iteration über die Funktionalitäten hilft den Fokus auf die Lieferung des Geschäftswerts zu halten. Nach einigen Iterationen ist das Team in der Lage, seine Geschwindigkeit zu ermitteln. Diese Teamgeschwindigkeit trägt dazu bei, das Risiko zu reduzieren, da damit ein genauerer Projektplan erstellt werden kann.

Auch wenn der Iterationsplan überwiegend bei verteilten Teams elektronisch erfasst wird, hilft es, konservative – handfeste und greifbare – Werkzeuge für die Erstellung dieses Plans zu verwenden. Der sofortige Einsatz von elektronischen Werkzeugen lenkt meist von der tatsächlichen Planung ab, und die Mitarbeiter konzentrieren sich mehr auf das Werkzeug und die Eleganz des Ergebnisses.

Während einige Personen noch immer glauben, dass Agilität eine ungeplante (und eventuell sogar chaotische) Vorgehensweise ist, trifft genau das Gegenteil zu. Agile Teams zeigen immer den aktuellen Status und die entsprechend notwendigen Änderungen in ihrem Plan auf. Für ein agiles Team ist also nicht der Plan als Dokument wichtig, sondern das Planen als Aktivität. Aus diesem Grund ist die Agilität sehr gut für verteilte Entwicklung geeignet, wie Markus Biehl in seiner Studie folgert (siehe [Biehl07, S. 58]):

> *Detaillierte Planung, Flexibilität während der Implementierung und kompetente Führung sind viel entscheidender für die Implementierung eines globalen IS [Informationssystems] als für die Implementierung eines lokalen IS.*

Planungspoker ist eine hervorragende Technik, um nicht nur ein besseres Verständnis hinsichtlich der Anforderungen zu entwickeln, sondern auch um Schätzwerte für diese Anforderungen zu bestimmen. Wenn jedes Team seinen eigenen Schätzpoker-Workshop durchführt, muss die Grundlinie für Schätzungen von Zeit zu Zeit abgeglichen werden. Der große Vorteil der Teamschätzung ist, dass jedes Featureteam ein Verständnis über seine Funktionalitäten entwickelt und noch wichtiger auch die Verantwortung für die eigenen Schätzungen übernimmt. Diese Schätzungen werden dann sowohl zur Planung der Iterationen als auch zum Messen der Teamgeschwindigkeit jedes einzelnen Featureteams verwandt.

Die Nachverfolgung der Iteration durch alle Teammitglieder trägt dazu bei, dass die Lieferung am Iterationsende sichergestellt wird. Stellt sich am Ende heraus, dass das Iterationsziel nicht erreichbar ist, können sehr schnell und frühzeitig entsprechende Maßnahmen eingeleitet werden.

Die Kenntnis der Teamgeschwindigkeit ist hilfreich beim Umgang mit geänderten Anforderungen, da die Auswirkungen bestimmter Änderungen auf das Releasedatum einfach visualisierbar sind.

Das Gesamtziel bleibt im ständigen Fokus durch eine laufende Aktualisierung des Projektplans, der für die anstehenden Iterationen mittels eines vorgreifenden Plans näher spezifiziert werden kann. Abhängigkeiten zwischen den verschiedenen Featureteams werden damit ausgeschlossen.

8 Feedback

Wissen zu erwerben,
ohne über das Erlernte nachzudenken,
ist sinnlos;
nur nachzudenken,
ohne zu lernen,
führt zu gefährlichen Überlegungen.

Konfuzius

Die agile Entwicklung basiert auf kurzen Feedback-Schleifen, die sich sowohl auf den Kunden als auch auf das gesamte Team und dessen Arbeit beziehen. Mit Hilfe des Feedbacks wird das Risiko minimiert, ein falsches Ziel anzustreben. Zu folgenden Punkten ist Feedback erforderlich:

- **Das System**
  Dazu gehören Fragen wie:
  - Wie gut funktioniert die Integration über verschiedene Standorte und Teams hinweg?
  - Wie steht es um die Qualität? Die verschiedenen Teststufen[1] werden Ihnen mehr darüber mitteilen.

- **Das Ergebnis**
  Sie möchten Folgendes erfahren:
  - Entwickeln wir das Richtige? Ist der Kunde mit dem in der Entwicklung befindlichen System zufrieden?
  - Sind wir in der Lage, das zu liefern, was wir versprechen?

---

1. Typische Teststufen bei agiler Entwicklung sind: Unit Tests, Integrationstests, Systemtests und Akzeptanztests.

■ **Der Prozess**

Zum Beispiel:

- Unterstützt uns der Prozess bei der Entwicklung des Systems? Ist die Unterstützung ausreichend?
- Was muss verändert werden, um effizienter zu werden, und was müssen wir z.B. in Form von Best Practices verbreiten, damit alle Teams davon profitieren?

Kurze Feedback-Schleifen implizieren eine Reihe von Herausforderungen. – Erstens müssen Sie (als gesamtes Projektteam) einen Weg finden, um allen Projektmitarbeitern Feedback über das Gesamtsystem, die Prozesse und die verwendeten Werkzeuge zu geben und von ihnen erhalten zu können. Zweitens müssen Sie eine Möglichkeit finden, die es Ihnen erlaubt, mit Ihrem Kunden in Verbindung zu bleiben. An jedem beteiligten Standort agiert ein Product Owner als Stellvertreter des Kunden und stellt die Entwicklung des höchsten Geschäftswerts sicher.

8.1 Den Kunden involvieren

Nur wenn der Kunde mit dem System zufrieden ist, wissen wir, dass wir unser Ziel erreicht haben. Aus diesem Grund ist der Product Owner Mitglied des Teams und sorgt täglich dafür, dass wir den Fokus auf den höchsten Geschäftswert behalten. In einzelnen Projekten ist der Product Owner selbst Kunde, aber mit hoher Wahrscheinlichkeit nicht einziger Nutzer des Produkts. Um final ein erfolgreiches Produkt zur Verfügung zu stellen, ist die Einforderung und Berücksichtigung von Feedback der verschiedenen Kunden notwendig.

Der Product Owner stellt die Hauptverbindung zu den diversen Kunden dar. Er gewährleistet, dass die Kunden über den aktuellen Projektstatus informiert sind, sie das System erproben und Feedback geben können. Der Product Owner muss die unterschiedlichen Meinungen der Kunden gegeneinander abwägen und die Entscheidungen bezüglich der weiteren Entwicklungsaktivitäten treffen.

8.1.1   Wer ist der Kunde?

Oft ist es gar nicht so einfach, wie es sich zunächst anhört, herauszufinden, wer der Kunde ist. Insbesondere wenn Sie unterschiedliche Kunden in Betracht ziehen müssen. Die Interessenvertreter sind meist noch am offensichtlichsten, und da sie darüber hinaus noch eng mit dem Budget in Verbindung stehen, steht ihnen auch eine hohe Priorität zu. Aber lassen Sie hierbei nicht die Bedürfnisse der Endnutzer aus den Augen. Von ihnen ist das wertvollste Feedback zu erwarten. Auch wenn die Kontaktaufnahme zumeist eine echte Herausforderung darstellt, ist dieser Verbindungsaufbau alle Anstrengungen wert.

In einem meiner Projekte besuchte eine (kleine) Gruppe Entwickler und Fachexperten den Kunden bzw. den Standort der Endbenutzer und beobachtete diese im Tagesgeschäft. Dieser Termin wurde von einigen Diskussionen über das zukünftige System begleitet und trug nicht nur zum Kennenlernen, sondern auch zum besseren Verständnis des zu entwickelnden Systems bei.

In einem anderen Projekt luden wir die Endbenutzer zu einem unserer Standorte ein und boten ihnen die Gelegenheit, dort mit dem neu erstellten (Teil-)System zu arbeiten. Es gibt also verschiedene Möglichkeiten, mit dem Kunden in Kontakt zu treten. Sie müssen (eventuell) unterschiedliche Wege ausprobieren, um eine Basis für eine funktionierende Arbeitsbeziehung aufzubauen.

Einige Projekte haben Schwierigkeiten, ihre Endbenutzer zu identifizieren. Meistens habe ich Projekte mit dieser Frage hadern gesehen, deren Endbenutzer tatsächlich eine andere Entwicklergruppe war. So ging es zum Beispiel in »meinem« Projekt darum, ein Werkzeug für andere Entwickler herzustellen, die dieses wiederum verwendeten, um ein System für andere Endbenutzer, zum Beispiel für Autofahrer, zu entwickeln. Mein Team war zunächst der Überzeugung, dass unsere Endbenutzer die Autofahrer seien. Diese konnten uns aber kein brauchbares Feedback zu dem von uns erstellten System liefern, ganz im Gegensatz zu der anderen Entwicklergruppe. Es kommt häufiger vor, dass Entwickler der Überzeugung sind, dass ein Endbenutzer grundsätzlich extern zum eigenen Fachbereich oder zur eigenen Welt sein müsste.

Natürlich sollten über den Fokus auf den Endbenutzer nicht die anderen Interessengruppen vergessen werden. Ich wollte diese Gruppe nur ganz besonders herausstellen, da ich oftmals in Projekten erlebe, dass gerade diese Gruppe übersehen wird.

8.1.2   Kunde auf Distanz

Speziell in einer globalen Umgebung werden Sie den Kunden selten in Ihrer Nähe antreffen. Sie müssen einen Ansatz finden, das System für den Kunden zur Verfügung zu stellen, sodass Sie trotz der Entfernung regelmäßige Rückmeldungen zum real existierenden System erhalten. Stellen Sie beispielsweise die Lieferung jeder Iteration zum Herunterladen im Inter- oder Intranet zur Verfügung.

Für die Etablierung und Bewahrung einer guten Beziehung zwischen dem Projekt und dem Kunden laden wir häufig den Kunden zum Iterationsrückblick (insofern es die Entfernung erlaubt) oder zumindest zum Rückblick der Release-Iteration ein. Alternativ ermöglichen wir dem Kunden die Teilnahme am Rückblick über virtuelle Kommunikationsmedien.

In einem meiner Projekte reagierten die Kunden nicht auf unsere Einladungen. Trotz guter Product Owner, die in der Lage waren, die Verbindung mit den Kunden aufrechtzuerhalten, wollten wir zumindest zwischendurch nicht auf direktes Kundenfeedback verzichten. Ausgewählte Projektmitglieder präsentierten deshalb stellvertretend am Kundenstandort das neu entwickelte System und holten die Kundenrückmeldungen ein.

8.1.3 Kundenpräsentation

Zur Verstärkung der gemeinsamen Identifizierung mit dem Projekt dient der Ansatz, die Kunden dazu einzuladen, das neu erstellte System selbst (anstelle der Entwickler oder des Product Owner) dem gesamten Team zu präsentieren. Wenn Sie diesen Vorschlag berücksichtigen, geben Sie dem Kunden vor der Präsentation die Gelegenheit, das neue System auszuprobieren. Der Endbenutzer erhält so die Möglichkeit, Routine im Umgang mit dem neu gebauten System zu erlangen und Anfangsschwierigkeiten auszuräumen. Die Präsentation durch den Kunden hat verschiedene Auswirkungen:

- Die Identifikation des Kunden mit dem Projekt steigt, und das »Wir sitzen alle in einem Boot«-Gefühl entsteht.
- Die Entwickler erhalten einen besseren Eindruck über die letztendliche Nutzung des Systems. Häufig sehen die Entwickler nur einen bestimmten Ausschnitt des Systems, durch die Vorstellung des Kunden wird der Gesamtzusammenhang deutlich.

Der Kunde kann gegebenenfalls nicht bei jedem Iterationsende anwesend sein. Unabhängig davon werden in Abhängigkeit vom Verteilungsgrad nur wenige Featureteams davon profitieren können. Der Grund liegt in den entfernten Standorten, den Zeitunterschieden und den eingeschränkten Reisemöglichkeiten zum Präsentationsstandort. Folglich ist es sinnvoll, einen Terminplan nicht nur für die Versammlungen des Teams zu haben, sondern auch für das Zusammentreffen des gesamten Teams mit dem Kunden. Jede dritte oder vierte Iteration und zumindest jedes Releaseende bietet beispielsweise einen guten Rhythmus, um die Verbindung sowohl zwischen den Teams als auch mit dem Kunden aufrechtzuerhalten.

8.2 Rückblick

Am Iterationsende analysiert das Team die Ergebnisse. Häufig setzen wir den Iterationsrückblick und die Planung direkt aufeinanderfolgend an. Auch für den Iterationsrückblick versuchen wir uns persönlich zu treffen. Ist dies nicht praktikabel, führen wir das Meeting unter Verwendung von verschiedenen Kommunikationswerkzeugen durch. Selbst dann versuchen wir uns zumindest alle acht bis zwölf Wochen zu treffen. Grundsätzlich bevorzugen wir die Planung der persönlichen Zusammenkünfte in einem Rhythmus einzurichten, der mit den Iterationen oder Releases und nicht mit einer Kalenderperiode synchronisiert ist.

8.2.1 Iterationsrückblick

Die zugrunde liegende Idee des Iterationsrückblicks ist es, die vergangene Iteration zu rekapitulieren. Das Team ruft sich die verbindliche Erklärung der vergangenen Iteration in Erinnerung und kommentiert direkt das aktuelle Ergebnis. Im Anschluss präsentiert das Team die Lieferung, die den vorangegangenen Kommentaren entsprechen sollte. Der Product Owner schließt diese Präsentation ab, indem er erneut Stellung zu den akzeptierten oder abgelehnten Funktionalitäten bezieht.

Schließlich berechnet jedes Featureteam mit Unterstützung des Coachs seine Entwicklungsgeschwindigkeit. Diese neu berechnete Teamgeschwindigkeit wird später als Input für die Planung der nächsten Iteration verwandt (mehr dazu in Abschnitt 7.2). Dieses Vorgehen soll die verbindliche Festlegung bzw. die Umsetzung des Iterationsplans mit jeder Iteration optimieren. Die Projektgeschwindigkeit wird anschließend durch die Summierung der aktualisierten Entwicklungsgeschwindigkeiten jedes Featureteams errechnet. Diese präzisere Projektgeschwindigkeit dient schließlich der Aktualisierung des Projektplans, der somit sukzessive genauer wird.

Da das Featureteam und sein Product Owner häufig während der Iteration kommunizieren, sollte weder die Präsentation noch die Auswertung für das Team oder den Product Owner überraschend sein. Für jeden Beteiligten muss durch die tägliche Synchronisation offensichtlich sein, welches Ergebnis am Iterationsende zu erwarten ist. Wenn das Ergebnis eine Überraschung für das Team oder den Product Owner darstellt, ist dies ein Smell dafür, dass die Kommunikation nicht hinreichend funktioniert und der Optimierung bedarf.

8.2.2 Rückblick – verteilt individuell versus gemeinsam persönlich

Obwohl der Iterationsrückblick hauptsächlich den Abschluss der Iteration bildet und seine Korrespondenz in der Iterationsplanung findet, kann er auch zur Wiederherstellung des teamübergreifenden Verständnisses über den Gesamtzusammenhang verwendet werden. Deshalb vereinen wir in Abhängigkeit der Projektgröße und des Verteilungsgrads das gesamte Team von Zeit zu Zeit für den Rückblick. Zum Beispiel:

- Circa vierzig Projektmitgliedern, die über den gleichen Kontinent verteilt sind, empfehle ich die Zusammenführung des gesamten Teams für jeden zweiten Iterationsrückblick. Es ist hilfreich, wenn die Zusammentreffen abwechselnd an einem anderen der beteiligten Standorte stattfindet. Dies verstärkt den gegenseitigen Respekt unter allen Teammitgliedern.
- Noch immer mit circa vierzig Projektmitgliedern, aber mit einem höheren Verteilungsgrad, wie zum Beispiel von den Vereinigten Staaten über Indien bis Europa, sollten Sie das Team nur für jeden dritten oder vierten Iterationsrück-

blick an wechselnden Standorten zusammenbringen. Jedes reisende Team sendet (wechselnde) Teammitglieder, die den Standort repräsentieren.

■ Haben Sie ein Team mit mehr als hundert Projektmitarbeitern, die zusätzlich über den gesamten Globus verteilt sind, bietet sich nur die Möglichkeit, wechselnde Stellvertreter aller Teams an wechselnden Standorten alle drei oder vier Iterationen zusammenzubringen. Selbst der gastgebende Standort wird nur Stellvertreter zu dem Treffen senden.

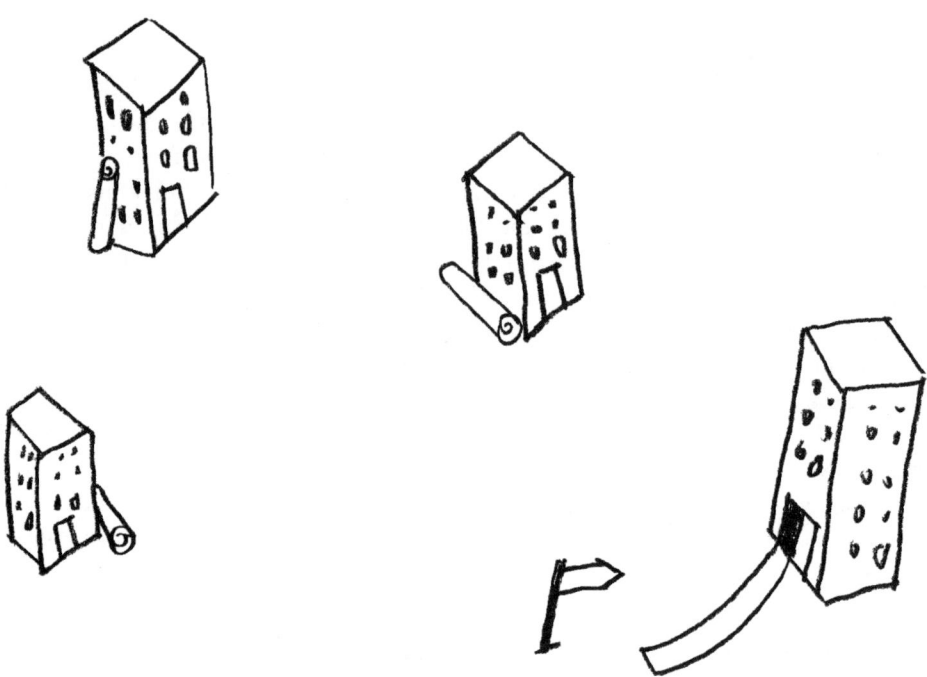

Abb. 8–1   *Wechselnde Standorte*

Findet der Iterationsrückblick als persönliches Treffen aller statt, wird die Zeremonie der Wiederholung der letzten Festlegung, der Präsentation der Ergebnisse und der Analyse des Resultats je Featureteam durchgeführt. Sie sollten darauf achten, dass für alle Featureteams für die Präsentation des Erreichten vorab eine Timebox definiert wird, um die Dauer des Meetings unter Kontrolle zu halten. Es ist wichtig, dass den Mitarbeitern aller Featureteams ein Gesamtbild des entwickelten Systems vermittelt wird. Dagegen sind einige Details nur für die Kollegen des eigenen Featureteams, nicht aber für die Mitglieder anderer Featureteams interessant. Den Projektmitarbeitern, die nicht an dem Treffen persönlich teilnehmen, ermöglichen wir die Beteiligung über Webcams bzw. Videokonferenzen.

Findet der Iterationsrückblick nicht gemeinsam mit dem gesamten Team (oder mit Stellvertretern der verschiedenen Featureteams) statt, führt jedes Featureteam den Rückblick individuell durch. Auch hier existieren einige Besonderheiten, die Sie beachten sollten:

- **Das Featureteam sitzt zusammen.**
  Hierbei handelt es sich um die einfachste Situation – das komplette Featureteam trifft sich mit dem Product Owner in einem Raum und begutachtet die Ergebnisse der vergangenen Iteration.

- **Das Featureteam ist verstreut.**
  Die Durchführung des Rückblicks hängt auch hier vom Verteilungsgrad ab. Die beste Wahl ist es, das komplette Featureteam an wechselnden Standorten zusammenzubringen (sodass jeder ab und zu reisen muss). Sind einige Teammitglieder sehr weit vom restlichen Featureteam entfernt, verwenden wir zur Durchführung des Iterationsrückblicks Videokonferenzen. Aber auch das birgt aufgrund von unterschiedlichen Zeitzonen Schwierigkeiten. Aus diesem Grund finden die Rückblicke dann immer zu unterschiedlichen Zeiten statt, sodass der Termin wenigstens ab und zu für jedes Teammitglied angenehm ist. Aber selbst eine angenehmere Uhrzeit kann bedeuten, dass der Rückblick erst spät am Abend stattfindet.

- **Der Product Owner steuert mehrere Featureteams.**
  Diese Situation impliziert wiederum mehrere Herausforderungen:
  - Sitzen die Featureteams, für die der Product Owner verantwortlich ist, an einem Standort, sollten Sie diese Featureteams in einem ausreichend großen Raum zusammenbringen.
  - Sitzen diese Featureteams nicht am gleichen Standort, sollten Sie die gleiche Strategie verwenden wie für verstreute Featureteams. Das heißt, wenn möglich bringen Sie alle Featureteams, die vom gleichen Product Owner betreut werden, an einem (wechselnden) Standort zusammen. Ist dies aufgrund der großen Distanz zwischen den verschiedenen Standorten nicht praktikabel, verwenden Sie virtuelle Kommunikationsmittel, um den Rückblick gemeinsam durchzuführen.

Die Aussteuerung mehrerer Featureteams durch einen Product Owner liegt häufig darin begründet, dass diese Featureteams einen ähnlichen Fachbereich des Systems bearbeiten. Die Verbindung zwischen diesen Teams ist enger als zu anderen Featureteams des Projekts. Deshalb ist es sinnvoll, dass sich diese Featureteams bei ihrem Iterationsrückblick (und ihrer Iterationsplanung) gegenseitig begleiten.

8.2.3 Releaserückblick

Drei bis sechs Iterationen sollten ein Release bilden. Ein Release ist ein lieferbares Produkt, auch wenn es sich um ein internes Release handelt und aus diesem Grund beim Kunden nicht produktiv zum Einsatz kommt.

Obwohl ich auch für den Releaserückblick das persönliche Zusammentreffen empfehle, ist dieses Meeting auch mit der Hilfe virtueller Kommunikationsmittel durchführbar. Eine Herausforderung besteht auch hier wieder darin, eine Zeit zu finden, die für alle Standorte akzeptabel ist.

Am besten ist es, wenn Sie einen Standort in einer Zeitzone finden, die für alle anderen Standorte gleichermaßen funktioniert. Wie zuvor bereits erwähnt, versuche ich immer alle Beteiligten so es die Größe erlaubt persönlich zusammenzubringen. Ist das gesamte Projekt zu groß, begrenzen wir das Treffen beispielsweise auf zwei Stellvertreter pro Featureteam. Der Rest der vertretenen Featureteams wird so es die Zeitzone erlaubt virtuell an dem Meeting teilnehmen.

Der Releaserückblick ist dem Iterationsrückblick ähnlich. Das heißt, der grundsätzliche Ablauf ist der gleiche: Wiederholen der initialen Festlegungen, Präsentation der Ergebnisse, Akzeptanz oder Ablehnung vonseiten des Kunden oder Product Owner und Überprüfen der Teamgeschwindigkeit. Der Kontext jedoch, auf den sich dieser Rückblick bezieht, ist nicht nur die vergangene Iteration, sondern auch das beendete Release. Da der Releaserückblick den großen Gesamtzusammenhang im Fokus hat, ist es ausgesprochen wichtig, dass alle Projektmitarbeiter daran teilnehmen und somit jedes Featureteam bei diesem Meeting anwesend ist.

8.3   Retrospektive

Während im Rückblick das erreichte Ergebnis des betrachteten Zeitraums begutachtet wird, wird in der Retrospektive die Nützlichkeit des eingesetzten Vorgehens dieses Zeitraums untersucht. Nach meiner eigenen Definition werden Sie nur eine agile Vorgehensweise ausüben, wenn Sie Retrospektiven (siehe [Kerth01]) im Einsatz haben. Meine Begründung für diese Definition beruht auf dem ersten Wertevergleich des Agilen Manifests (siehe [AgileManifesto]):

Individuen und Interaktionen sind wichtiger als Prozesse und Werkzeuge.

Das bedeutet eindeutig, dass wir einen (agilen) Prozess dahingehend hinterfragen müssen, ob er immer noch den Individuen und ihren Interaktionen dient. Darüber hinaus möchte ich durch Zitieren des letzten agilen Prinzips im Agilen Manifest (siehe [AgileManifesto]) die Lanze für Retrospektiven brechen:

Das Team reflektiert in regelmäßigen Abständen darüber, wie es effektiver werden kann, dann justiert es nach und passt sein Verhalten entsprechend an.

Mit diesem Prinzip fordert das Agile Manifest ganz konkret regelmäßige Reflektionssitzungen, die heutzutage Retrospektiven genannt werden. Diese bieten ein Mittel, das agile Wertesystem zu etablieren und zu bewahren, indem sie dem Team erlauben, den Prozess so anzupassen, dass er es bestmöglich unterstützt.

Verwechseln Sie Retrospektiven nicht mit Dokumenten, die oft von Projektleitern am Ende eines (erfolgreichen) Projekts erstellt werden. Die Erstellung eines Dokuments von einer einzelnen Person ist in keiner Weise mit einer Retrospektive vergleichbar. Oft sind Retrospektiven entweder als Lessons-Learned- oder Post-Mortem-Meetings bekannt. Diese Meetings werden oftmals am Ende eines fehlgeschlagenen Projekts durchgeführt. Dafür kommt das Team (letztmalig) zusammen, reflektiert über den Fehlschlag und über notwendige Veränderungen im Vorfeld der Folgeprojekte.

Um jedoch wirklich von Retrospektiven zu profitieren, ist es essenziell, dass sie regelmäßig durchgeführt werden. Wie James Highsmith (siehe [Highsmith00, S. 2]) anmerkte:

> *Wir müssen unser Wissen ständig überprüfen – unter Verwendung von Praktiken wie Retrospektiven. Diese sollten nach jedem Iterationszyklus statt erst am Projektende durchgeführt werden. Die Lernqualität, die von dieser Praktik abgeleitet ist, macht die wahrhaftige Festlegung eines Unternehmens zum Lernen deutlich und ist deshalb der Schüssel zu seiner Anpassungsfähigkeit.*

Mit Sicherheit werden Sie auch eine Menge über Ihr Projekt lernen, wenn Sie am Projektende eine Retrospektive durchführen. Wollen Sie den Prozess gestalten und von den Lessons Learned bereits während des Projektverlaufs profitieren, benötigen Sie jedoch regelmäßigere Retrospektiven. Typischerweise wird ein agiles Team die Frequenz für die Durchführung von Retrospektiven an dem Herzschlag der Iterationen ausrichten. Deshalb werden diese Art Retrospektiven häufig Iterations- oder Herzschlagretrospektiven (englisch: heartbeat retrospective) genannt. Auch in einer verteilten Umgebung wollen Sie agil bleiben – also müssen Sie einen Weg finden, Retrospektiven in solch einer Umgebung durchzuführen.

Bevor wir in die Besonderheiten der Retrospektiven in verteilten Umgebungen abtauchen, möchte ich kurz Aufschluss über gewöhnliche Retrospektiven geben. Eine Retrospektive beginnt mit der Schaffung der erforderlichen Voraussetzungen. Die gesamte Gruppe erklärt sich damit einverstanden, dass diese Sitzung wie Norm Kerth (siehe [Kerth01, S. 85]) sagte:

> *[...] nicht eine Aktivität für das Aufdecken von Fehlern bei irgendjemanden ist, sondern eine Aktivität für das Lernen aus Erfahrungen.*

Der nächste wichtige Schritt in einer Retrospektive ist die Reflektion über das Geschehene. Meist reflektieren die Teammitglieder individuell über die vergangenen Ereignisse, und diese Sammlung bildet die gemeinsame Historie des Teams. Diese historischen Daten werden weiter untersucht, um herauszufinden, welche Lehre daraus gezogen werden kann. Dieses Learning bezieht sich auf gut funktionierende und somit zu bewahrende Dinge oder auf Aspekte, die der Optimierung und Veränderung bedürfen. Speziell für letztere entwickelt das Team dann einen Aktionsplan, der notwendige Änderungen für den zukünftigen Projektverlauf beinhaltet.

Wenn eines der Hauptziele von Retrospektiven die Gestaltung des Prozesses ist, müssen wir vornehmlich wissen, welcher Prozess angepasst werden muss. Bei der Begutachtung von allgemeinen Softwareentwicklungsprozessen finden sich in großen verteilten Projekten mindestens zwei unterschiedliche Prozesse:

- **Individueller Featureteamprozess**

  Jedes Featureteam wird zu gegebener Zeit seine eigenen Konventionen und Richtlinien entwickeln. Obwohl wir gerne von den Erkenntnissen eines Teams (siehe auch Abschnitt 9.3) innerhalb des gesamten Projekts profitieren möchten, sind nicht alle Konventionen sinnvoll für alle Featureteams. Sie werden erleben, dass nicht jedes Featureteam exakt demselben Prozess folgt. Im Gegenzug müssen Sie jedes Featureteam in die Lage versetzen, dass es seinen eigenen Prozess verbessern kann.

- **Gemeinsamer Prozess**

  Sowohl die featureteamübergreifende Arbeit als auch die gemeinsame Menge an Richtlinien definiert den Prozess, zu dem sich alle Featureteams bekennen. Ein Beispiel ist der Ablauf für Integration und Build, ein anderes ist der gemeinsame Herzschlag durch die Iterationen – bei beiden handelt es sich um Aspekte, die eine Auswirkung auf alle Featureteams haben.

Sie sollten beide Prozesse für die Retrospektiven in Betracht ziehen. Ausnahme: Ihr Projekt besteht nur aus einem Team. Hier ist die Anwendung der auf individuelle Featureteams bezogenen Abläufe ausreichend. Ist Ihr Projekt klein genug (z.B. kleiner als dreißig Projektmitarbeiter) und physisch nah genug beisammen (z.B. nur zwischen Deutschland und Polen verteilt), ist es effizient und praktikabel, das gesamte Projekt für den Rückblick und die Retrospektive (und die Planung) an einem Standort zusammenzubringen. In diesem Fall ist es meist einfacher, zwischenzeitig in Einzelgruppen zu arbeiten, um sich mit den individuellen Featureteamproblemen zu befassen, und anschließend wieder in die große Gruppe zurückzukehren, um an den gemeinsamen Themen zu arbeiten.

8.3.1   Individuelle Featureteamretrospektive

Für die Reflektion über den individuellen Featureteamprozess ist es sinnvoll, das komplette Featureteam in einem Raum zu versammeln. Ist das Featureteam verstreut, empfehle ich trotzdem, das gesamte Featureteam an einem (wechselnden) Standort zusammenzubringen. Falls die Distanz zwischen den Teammitgliedern zu groß ist, führen Sie die Retrospektive über die Distanz mit Hilfe von virtuellen Kommunikationsmitteln gemeinsam durch.

Die Organisation von Retrospektive und Rückblick sind sich im Wesen sehr ähnlich. In all den Projekten, in denen ich gearbeitet habe, haben wir immer die Retrospektive direkt nach dem Rückblick angesetzt. Aus diesem Grund gelten die gleichen »Regeln« für das Zusammenbringen der Mitarbeiter. Die Erfahrungen zeigen, dass dies sowohl logistisch als auch inhaltlich sinnvoll ist. Nachdem die Begutachtung der beendeten Iteration und der erreichten Ergebnisse im Rückblick erfolgt ist, ergeben sich hieraus häufig bereits erste Erkenntnisse über die Abläufe. So führt die Diskussion über die Ergebnisse direkt zur Retrospektive.

Jedes Featureteam betrachtet nun individuell, was gut und was weniger gut funktioniert hat und – wichtiger noch – was verbessert werden muss und wie, durch wen und bis wann. Währenddessen passiert es immer wieder, dass ein Featureteam feststellt, dass einige der Dinge, die gut oder auch nicht gut funktioniert haben, nicht von dem individuellen Featureteam angepasst werden können, sondern nur von der Gemeinschaft aller Featureteams. Somit führt die individuelle Featureteamretrospektive nicht selten zu Schlussfolgerungen, die sich auf den gemeinsamen Prozess auswirken. Aus diesem Grund findet die individuelle Featureteamretrospektive immer vor der gemeinsamen Projektteamretrospektive statt.

8.3.2   Gemeinsame Projektteamretrospektive

Die gemeinsame Projektteamretrospektive ist ein Mittel zur Verbesserung der Zusammenarbeit zwischen den verschiedenen Featureteams. In Abhängigkeit von der Projektgröße können Sie dafür entweder alle Projektmitarbeiter oder nur Stellvertreter jedes Featureteams einladen.

Die Frequenz der gemeinsamen Projektteamretrospektiven hängt sowohl von der Zufriedenheit der Featureteams als auch vom ruhigen Ablauf des übergeordneten Entwicklungsprozesses ab. Häufig koppeln wir die gemeinsame Projektteamretrospektive an das Zusammenkommen (siehe auch Abschnitt 4.2) des gesamten Projektteams. Das heißt, wir führen beispielsweise dieses Meeting nur alle drei Iterationen durch oder nach jedem (internen oder externen) Release (siehe Abschnitt 7.6.1). Dann wird dieses Meeting Releaseretrospektive genannt. Für uns haben sich Retrospektiven von Angesicht zu Angesicht als viel effektiver als virtuelle Retrospektiven herausgestellt. Ist der Prozess in einem guten Zustand, dann ist die terminliche Kopplung der gemeinsamen Projektteamretrospektive mit den Releases ausreichend.

Ist der Zustand des Prozesses unzureichend, planen wir die Projektteamretrospektive am Ende jeder einzelnen Iteration ein. Die Notwendigkeit dafür besteht häufig am Projektbeginn oder nach einer deutlichen Veränderung wie zum Beispiel einer massiven Teamvergrößerung. Allerdings wird dann höchstens jede dritte Retrospektive in Form eines persönlichen Treffens durchgeführt, während alle anderen virtuell erfolgen.

In der gemeinsamen Projektteamretrospektive berichten alle Featureteams von den Ergebnissen ihrer individuellen Featureteamretrospektiven. Diese Berichte konzentrieren sich auf die Dinge, die auch für die anderen Featureteams von Belang sind. Diese Ergebnisse werden als Input bzw. als Startpunkt für die Verbesserung des featureteamübergreifenden Prozesses verwendet.

Findet die gemeinsame Projektteamretrospektive in Form eines persönlichen Treffens nur mit den Stellvertretern der Featureteams statt, müssen Sie eine Strategie für den Ablauf der individuellen Featureteamretrospektiven entwickeln, da die Stellvertreter auf dem Weg zur gemeinsamen Projektteamretrospektive sind. Im Wesentlichen gibt es drei verschiedene Ansätze, die in den Projekten verwendet werden:

■ **Planen Sie die individuelle Featureteamretrospektive vorher ein.**
Das heißt, das Featureteam führt seine Retrospektive gemeinsam am Standort durch, bevor sich die Stellvertreter auf die Reise begeben. Diese Strategie hat den Nachteil, dass die Iteration um mindestens einen Tag verkürzt wird, abhängig von der notwendigen Reisezeit. Allerdings kann das Featureteam dann die Iterationsplanung ohne die Stellvertreter durchführen und die Iteration starten. Dies hat jedoch den Nachteil, dass die Aktionen der Projektteamretrospektive nicht in dieser Iteration eingeplant werden können. Meist setzen nur diejenigen Featureteams ihre Retrospektive direkt vorher an, an deren Standort die gemeinsame Projektteamretrospektive stattfindet, da deren Stellvertreter nicht anreisen müssen.

■ **Führen Sie die individuelle Featureteamretrospektive virtuell durch.**
Das Featureteam führt seine individuelle Retrospektive am eigenen Standort wie üblich durch und bindet die Stellvertreter über virtuelle Kommunikationsmittel mit ein. Für verstreute Featureteams macht diese Strategie keinen Unterschied, somit ist dies typischerweise deren favorisiertes Vorgehen. Für zusammensitzende Teams ist dies differenziert zu betrachten. Wägen Sie umsichtig ab, ob ein persönliches Treffen der Featureteammitarbeiter unter rein virtueller Anwesenheit der entfernten Stellvertreter hilfreich ist. Gegebenenfalls ist es sinnvoller, für alle das gleiche Kommunikationsmittel, beispielsweise das Telefon, im Zuge der gesamten Retrospektive zu verwenden (siehe auch Abschnitt 9.2). Der Einsatz des gleichen Kommunikationsmediums bedeutet letztendlich, dass alle gleich behandelt werden, unabhängig von ihrem Standort.

■ **Klammern Sie die Stellvertreter aus.**
Das Featureteam führt seine individuelle Retrospektive wie gewohnt durch. Der einzige Unterschied liegt darin, dass die Stellvertreter, die am entfernten Standort sind, nicht daran teilnehmen werden. Der Vorteil liegt im vermiedenen Mehraufwand. Das Meeting hat die Form einer normalen Retrospektive. Der Hauptnachteil besteht darin, dass die Stellvertreter nicht in der Retrospektive involviert sind, obwohl sie das Ergebnis an die gemeinsame Projektteamretrospektive weiterleiten müssen. Sie müssen dann also einen Weg finden, wie das in der individuellen Featureteamretrospektive erarbeitete Wissen an die entsprechenden Stellvertreter übertragen werden kann. Trotz dieser Schwierigkeit bevorzugen lokale Featureteams, die nicht am Standort der gemeinsamen Projektteamretrospektive sitzen, häufig diese Strategie.

Wie der obigen Diskussion zu entnehmen ist, ist keine der Strategien ideal, aber sie sind alle unter bestimmten Umständen akzeptabel. Die vorherige Einplanung der individuellen Featureteamretrospektive wird von den Featureteams, die am gastgebenden Standort zusammensitzen, präferiert. Verstreute Featureteams werden ihre individuelle Retrospektive, wie üblich, virtuell durchführen. Schlussendlich ziehen Featureteams, die an einem (vom gastgebenden) entfernten Standort zusammensitzen, es vor, die Stellvertreter auszuklammern und diese im Anschluss über ihre Ergebnisse zu informieren.

Bei kleineren Projektteams (z.B. mit circa drei Featureteams) nehmen alle Projektmitarbeiter (nicht nur die Stellvertreter) an der gemeinsamen Projektteamretrospektive teil. In diesem Fall führen wir oft die individuellen Featureteamretrospektiven im Wechsel mit den gemeinsamen Projektteamretrospektiven durch. Zum Beispiel setzen wir im Allgemeinen Featureteamretrospektiven an, aber nach Abschluss jeder dritten Iteration führen wir eine Projektteamretrospektive durch.

8.3.3   Gemeinsame Standortretrospektive

Die gemeinsame Standortretrospektive erfolgt mit allen am gleichen Standort sitzenden Projektmitarbeitern, unabhängig von ihrer Zugehörigkeit zu einem bestimmten Featureteam. Ich empfehle, von Zeit zu Zeit entweder die individuelle Featureteamretrospektive oder die gemeinsame Projektteamretrospektive durch die gemeinsame Standortretrospektive zu ersetzen. Das trägt dazu bei, Praktiken zu entwickeln und an Problemen zu arbeiten, die standortspezifisch sind.

Damit auch andere Standorte von den Learnings eines Standorts profitieren können, müssen die Ergebnisse der gemeinsamen Standortretrospektive (z.B. im Projekt-Wiki) weitergegeben werden.

8.3.4   Durchführung einer Retrospektive

Die Durchführung der Retrospektive liegt in der Verantwortung des Coachs. Das bedeutet nicht automatisch, dass der Coach die Sitzung moderiert. Er stellt lediglich sicher, dass die Retrospektive stattfindet und moderiert wird. Meistens wird diese Aufgabe aber tatsächlich vom Coach durchgeführt. In einigen meiner Teams hat der Product Owner dieses Meeting moderiert, und in einem anderen Projekt wiederum entschied das Team, mit wechselnden Moderatoren zu arbeiten, die dann vor jeder Retrospektive auf freiwilliger Basis bestimmt wurden.

Situationsbedingt bedarf es vereinzelt auch Moderatoren, die außerhalb von Team, Projekt oder sogar Unternehmen stehen. Dies kann zutreffen, wenn Unstimmigkeiten zwischen den Teammitgliedern bestehen oder es andere offensichtliche Gründe für einen objektiven Moderator gibt. In all meinen Projekten benötigten wir für die Featureteamretrospektive nie einen externen Moderator (nicht einmal von außerhalb des Teams). In den meisten meiner Projekte verpflichten wir jedoch von Zeit zu Zeit für die Durchführung der Retrospektive für das gesamte Projektteam und speziell für die Releaseretrospektive einen externen Moderator.

Darüber hinaus ist es sinnvoll, schon zu Projektbeginn nach einem externen Moderator Ausschau zu halten, damit die Projektmitarbeiter die Möglichkeit erhalten, von einem Experten zu lernen, wie man eine Retrospektive durchführt.

8.3.5 Virtuelle Retrospektive

Wenn Sie die Durchführung einer virtuellen Retrospektive planen, empfehle ich unbedingt vorab eine Umfrage zu den dringendsten Themen. Die Teammitarbeiter sollten ihre Antworten exklusiv an den Moderator senden, sodass die Ergebnisse für die gesamte Gruppe anonym sind. Das erleichtert die Äußerung der ehrlichen Meinung für alle Beteiligte. Die Ergebnisse dieser Umfrage werden dann für die Erstellung der Agenda der Retrospektive verwendet[2].

Die Umfrage kann auch als Auftakt für die Retrospektive verwendet werden. Ich habe zum Beispiel an einigen großen und virtuellen Retrospektiven teilgenommen, für die wir alle die klassischen Retrospektivenfragen vorab beantwortet haben:

- Was hat gut funktioniert, was wir nicht vergessen sollten?
- Was müssen wir anders machen, welche Veränderungen sind notwendig?
- Was ist immer noch schwierig/ungelöst?

Dadurch, dass wir über diese Fragen vorab nachdachten, konnten wir nicht nur besser den Fokus behalten, sondern vermieden es auch, die Retrospektive unnötig in die Länge zu ziehen. Den Energielevel bei Retrospektiven, die von Angesicht zu Angesicht stattfinden, aufrechtzuerhalten, kann eine Herausforderung sein, umso mehr trifft dies auf virtuelle Retrospektiven zu. Deshalb haben wir immer vorab die Timebox für die Retrospektive bestimmt. Das empfiehlt sich übrigens auch für persönliche Retrospektiven. Die Timebox ist abhängig von dem Zeitrahmen, den Sie analysieren, von der Vertrautheit mit dem Prozess, der Frequenz der Retrospektiven und von der Anzahl der Teilnehmer. Eine Stunde reicht für virtuelle Herzschlagretrospektiven meist aus. Selbst mit den coolsten Moderationstechniken ist es nicht einfach, das Interesse im virtuellen Raum über einen längeren Zeitraum als eine Stunde zu halten. Alternativ können Sie die Retrospektive aufteilen. Beispielhaft ist die Reflektion im ersten Teil zu verankern, um dann die Priorisierung und Aktionsplanung auf den zweiten Teil der Sitzung festzulegen.

Für eine Releaseretrospektive oder eine Projektenderetrospektive ist eine Stunde zu wenig, um jedem die Möglichkeit zu geben, gehört zu werden. Für die-

---

2. Danke an Ainsley Nies, die diese Moderationstechnik weitergegeben hat.

sen Fall verlängern Sie die virtuelle Retrospektive, aber stellen Sie Pausen zwischendurch sicher.

Die grundlegende Idee einer Retrospektive ist es, dass jedem ein Mitspracherecht gegeben wird. In virtueller Form abgehalten birgt dies häufig Komplikationen. Die Kommunikation über das Telefon in einer fremden Sprache stellt für manchen Teilnehmer eine Hürde dar. Strategien wie das Round-Robin-Modell bilden eine gute Alternative, um diesen Teilnehmern ihre Bedenken zu nehmen. Extrovertierte werden zur Rücksicht gezwungen.

**Verteilte Retrospektiven
Von Linda Rising[a]**

Bei denen, die Erfolge und Fehlschläge von verteilten Teams untersuchen, werden Sie die einheitliche Meinung vorfinden, dass reger Kontakt und Kommunikation unter den Teammitgliedern die Wahrscheinlichkeit des Erfolges erhöht. Dies scheint offensichtlich zu sein. Klar, persönlicher Kontakt übertrumpft Interaktionen über die Ferne. Natürlich ist das Hin- und Hersenden von Stellvertretern unschätzbar, aber was können Sie innerhalb der verteilten Umgebung ausrichten? Was können Teammitglieder unternehmen, wenn Reisen keine Option darstellt oder begrenzt ist? Der größte Teil der Projektleistung muss in einer verteilten Umgebung und die Retrospektive als virtuelles Meeting stattfinden. Hier ist eine Geschichte einer erfolgreichen virtuellen Retrospektive.

»Danke an alle, dass ihr euch die Zeit genommen habt, eure Meinung über das Projekt mitzuteilen. Ich möchte euch daran erinnern, eure Telefone auf stumm zu stellen, sodass wir uns alle besser hören können. Bitte sprecht langsam und deutlich und nennt euren Namen, bevor ihr einen Kommentar abgebt. Ich hoffe, ihr habt daran gedacht, die drei Listen mitzubringen, die ihr durch Reflektion über das Projekt erstellt habt. Ihr habt euch Antworten für die folgenden Fragen überlegt: (1) Was hat gut funktioniert und sollten wir mit ins nächste Release übernehmen? (2) Was sollten wir anders machen? (3) Was findest du immer noch schwierig? Ich werde die Antworten für jede einzelne Frage abfragen, beginnend mit ›Was hat gut funktioniert‹, und ich möchte dafür das Round-Robin-Modell verwenden. Bitte steuert nur eine eurer Antworten bei oder sagt ›weiter‹, wenn ihr nichts mehr hinzuzufügen habt. Lasst uns diese Reihenfolge verwenden: Charlie, Lucy, Snoopy, Sally, Patty und Marcie. Ich werde eure Namen aufrufen, folglich müsst ihr euch für diesen Teil des Meetings nicht selbst identifizieren. Wir sollten uns alle daran erinnern, dass wir alle mit der obersten Direktive (englisch: Prime Directive) im Einvernehmen sind. Ihr könnt gerne Namen bei Anerkennungen, nicht aber bei Anschuldigungen nennen. Erinnert euch daran, wir sind hier, um dazuzulernen. Bevor wir anfangen, gibt es noch Fragen?«

»Hallo, hier ist Lucy. Was sollen wir machen, wenn einer eine Antwort gibt, die wir auch auf unserer Liste haben?«

»Gute Frage. Ich schlage vor, wir verwenden das Protokoll vom Writers' Workshop-Prozess (siehe [Gabriel02]), das in der Patterns-Gemeinschaft verwendet wird. Wenn jemand etwas sagt, mit dem du einverstanden bist, stelle dein Telefon auf laut und sag nur ›Gush‹. Wir werden die Gushes nicht zählen, aber Schröder, unser Schreiber, wird eine Notiz machen, dass der Kommentar Unterstützung von anderen hatte.«

»Sonst noch Fragen?«

Die Retrospektive wurde über eineinhalb Stunden fortgesetzt und erzeugte viele Kommentare und Vorschläge.

»Andere Kommentare oder Vorschläge, bevor wir diesen Teil der Retrospektive beschließen?«

»Dann möchte ich die Sitzung mit gegenseitigen Wertschätzungen beenden. Ihr erinnert euch, dass jeder jedem im Team seine Anerkennung ausdrücken kann, sogar Personen, die nicht an der Konferenz teilnehmen. Wer möchte anfangen?«

Das Verfahren der gegenseitigen Wertschätzung ist eine effektive Art, ein Team, sowohl verteilt als auch im direkten Kontakt, zusammenzubringen.

Nach der Konferenz wurden die Notizen an die Gruppe zur Priorisierung versandt. Während dieses E-Mail-Austauschs wurden noch einige weitere Kommentare und Vorschläge hinzugefügt. Die Ergebnisse wurden dem Team, das am nächsten Release arbeitete, übergeben. Man kann verteilte Retrospektiven effektiv gestalten und das Lernen in der Gruppe ermöglichen. Es bedarf keinerlei Magie!

Die oberste Direktive sagt Folgendes aus: Unabhängig davon, was wir feststellen, müssen wir verstehen und absolut davon überzeugt sein, dass jeder unter den gegebenen Umständen – was man zu diesem Zeitpunkt wusste, den eigenen Fähigkeiten und Möglichkeiten, den verfügbaren Ressourcen und der momentanen Situation entsprechend – den bestmöglichen Job gemacht hat [Kerth01]. Die oberste Direktive ist eine funktionsbedingte Größe, die die besten Ergebnisse von Retrospektiven ermöglicht. Sie ändert den Fokus von Schuldzuweisungen zum Lernen. Im Laufe der Zeit kann sie sich zu einem tieferen, echten Wert entwickeln, sodass das Team davon profitiert, dass es das bestmögliche Ergebnis aller Teamleistungen anerkennt. Es ist ein wichtiger Bestandteil für alle Arten von Retrospektiven, aber ganz besonders für die virtuelle Reflektion.

a. Linda Rising (USA), unabhängige Beraterin, *www.lindarising.org*

8.3.6 Teilnehmer

An der individuellen Featureteamretrospektive nehmen grundsätzlich alle Mitarbeiter, also inklusive Product Owner, des entsprechenden Featureteams teil. Die Teilnehmer der gemeinsamen Projektteamretrospektive bilden, wie bereits erwähnt, in Abhängigkeit der Projektgröße die (wechselnden) Stellvertreter der Featureteams. Zusätzlich bitten wir oft Personen hinzu, die auch zum Projekt, aber nicht notwendigerweise zu einem Featureteam, gehören. Dazu zählt der Projektleiter, aber noch wichtiger auch der Kunde. Dies gilt ganz besonders dann, wenn eine Retrospektive nach der Fertigstellung eines Release angesetzt ist. Neben dem Haupt-Product-Owner ist oftmals die Anwesenheit der Kunden erforderlich, wie auch Ainsley Nies, die als Projektleiterin und Retrospektivenmoderatorin arbeitet, erfuhr[3]:

Wenn der Kunde nicht zugleich der Product Owner ist, dann, so meine ich, gibt es Zeiten, zu denen das Hinzuziehen des Kunden einen großen zusätzlichen

---

3. Persönliche Unterhaltung mit Ainsley Nies.

Nutzen bringt – beispielsweise bei einer Releaseretrospektive. [...] Dies kann auch Kommunikationsprobleme zwischen dem PO [Product Owner] und dem Kunden aufdecken, was andernfalls nicht offensichtlich werden würde.

Bei gemeinsamen Standortretrospektiven sollte grundsätzlich jeder Projektmitarbeiter dieses Standortes anwesend sein, unabhängig davon, ob er Mitglied eines Featureteams ist.

8.3.7 Weniger ist mehr und andere Tricks

Häufig habe ich bei vielen Teams die gleichen Fehler bei der Durchführung von Retrospektiven gesehen:

- **Der Wunsch, die ganze Welt zu verbessern.**
  Die Teammitarbeiter generieren speziell in den ersten Retrospektiven eine große Menge hervorragender Ideen zur Optimierung des Prozesses oder der Projektsituation. Es ist wichtig, den Wert dieser Ideen anzuerkennen und sie in Erinnerung zu behalten (zum Beispiel durch Fotografieren der Flipcharts und Speichern der Bilder im Wiki). Eine hohe Priorität sehe ich jedoch auch darin, nicht alle Probleme sofort lösen und sämtliche Veränderungen ad hoc herbeiführen zu wollen. Dies ist nicht möglich. Hier funktioniert das Prinzip der kleinen Schritte. Planen Sie realistische Ziele und Aktionen, beschränken Sie sich auf ein bis drei Punkte. So vermeiden Sie aufkommende Frustration. Eine erfolgreiche nachhaltige Prozessveränderung erreicht ein Team ausschließlich über die Realisierung der schrittweisen Änderungen.

- **Niemand übernimmt Verantwortung.**
  Über ein Problem zu reden ist hilfreich und richtig, aber es schafft nicht automatisch Lösungen. Ein Aktionsplan mit festen Vorgaben hinsichtlich der ausführenden Personen, von definierten Zeitpunkten und den notwendigen Hilfsmitteln bietet die Basis für die Entwicklung der Lösungsstrategie. Ermöglichen Sie den Teammitgliedern, diese Aktionen zu realisieren. Eventuell ist es notwendig, diese Aktionen bei der nächsten Iterationsplanung zu berücksichtigen, da es sich nicht nur um die Durchführung einiger Aktionen handelt, sondern vor allem darum, dass die Teammitglieder entsprechende Zeit dafür einplanen müssen. Die tägliche Synchronisation ist ein probates Mittel für die Nachverfolgung der Aktionen und damit verbunden für die Gewährleistung der tatsächlichen Veränderung. Leiten sich aus den Aktionen konkrete Aufgaben ab, die sich auch im Iterationsplan wiederfinden, werden diese Aufgaben zeitgleich mit den regulären Aufgaben automatisch nachverfolgt.

- **Veränderung ist die Regel.**
  Zum Zeitpunkt der nächsten Retrospektive konzentrieren sich die Mitarbeiter meist schon auf die nächsten Aspekte, die sie verbessern wollen. Erfolgreiche Veränderungen bedingen, dass Sie Erreichtes gegenüber der letzten Itera-

tion auch honorieren. Starten Sie die Retrospektive mit einem Rückblick auf das Ergebnis (den Aktionsplan) der letzten Retrospektive und feiern Sie die erfolgreich umgesetzten Änderungen. Wurden einige der geplanten Aktionen nicht erfolgreich erledigt, sollten Sie diese als Input für die anstehende Retrospektive berücksichtigen. Um von den Retrospektiven optimal zu profitieren, sollten alle Beteiligten das Erreichte ausreichend wertschätzen.

Im Wesentlichen müssen Sie sich auf einige wenige zu verändernde Dinge begrenzen, für diese einen realistischen Plan erstellen und diese Aktionen während der Iteration nachverfolgen. Bevor Sie sich dann auf die nächsten zu verbessernden Dinge konzentrieren, sollten Sie sich die verwirklichten Veränderungen vor Augen führen und diese zelebrieren.

Abb. 8–2   *Moderationstechniken*

8.3.8   Gegen die Langeweile – Moderationstechniken

Sowohl individuelle Featureteamretrospektiven als auch gemeinsame Projektteamretrospektiven finden regelmäßig statt. Wenn Sie in jeder Retrospektive die gleichen Moderationstechniken verwenden, kann dies in Kombination mit der Häufigkeit der Retrospektiven zu Langeweile führen. Es kann bereits genügend Individualität durch den zeitweisen Wechsel des Moderators erzeugt werden. Wirkungsvoller ist jedoch der Einsatz variierender Moderationstechniken. Esther Derby und Diana Larsen (siehe [DerbyLarsen06]) haben einen umfangreichen Fundus an Moderationstechniken gesammelt, aus dem Sie sich zur Durchführung Ihrer Retrospektive bedienen können. Auch wenn die Teammitglieder in den meisten meiner Projekte glücklich (wenn nicht sogar erleichtert) über neue Moderationstechniken waren, möchte ich Ihnen trotzdem nicht eine gegenteilige Erfahrung vorenthalten. In diesem Projekt führte ich eine Featureteamretrospektive mit vier verschiedenen (aber verwandten) Featureteams durch. Für die ersten paar Retrospektiven verwendete ich die Metaplan-Technik (mehr dazu in [Eckstein04, S. 95]). Während der Prozessetablierung bevorzuge ich die Verwendung gleicher oder ähnlicher Moderationstechniken. Die Teilnehmer gewöhnen sich in dieser Phase an die Retrospektive und die entsprechenden Vorgehensweisen. Nach dem Durchlaufen mehrerer Iterationen und Retrospektiven bot ich besagtem Team eine neue Moderationstechnik an, um das Interesse an der Retrospektive zu wahren. Am Ende dieser Retrospektive führte ich, wie immer, eine kurze Reflektion über die Retrospektive selbst durch und war erstaunt zu hören, dass alle Teammitglieder »ihre« Metaplan-Technik beibehalten wollten. Für dieses Team war die Moderationstechnik selbst zu einem Ritual geworden. Sie trug ihren Teil zur Stabilisierung der sich ständig ändernden Welt bei und half ihnen damit, den Fokus auf die Lessons Learned der letzten Iteration zu bewahren.

Die Erkenntnis aus dieser Erfahrung ist, dass es zwar häufig notwendig ist, die Moderationstechniken zur Erhaltung des Interesses zu ändern, es aber auch Zeiten geben kann, zu denen es angebracht ist, die gleichen Techniken zur Bewahrung von Sicherheit und Stabilität beizubehalten.

Eine effektive virtuelle Retrospektive moderieren
Von Debra Lavell[a]

Ein großer Teil meiner Arbeit bei Intel besteht darin, die Entwicklungsteams der Schlüsselprodukte bei der Verbesserung ihrer Softwareentwicklungspraktiken zu unterstützen. Bestrebungen, die sich auf Prozessverbesserung beziehen, sind immer eine Herausforderung. Ganz besonders dann, wenn Sie all die Aktivitäten im Blick behalten müssen, mittels derer sie fertige Endbenutzerprodukte, Standardlösungen oder eine Kombination von Subprozessen liefern müssen. Die Probleme potenzieren sich, wenn Sie mit geografisch verteilten Teams, kulturellen Unterschieden und völlig verschiedenen Zeitzonen, bestehend aus nur wenigen überlappenden Arbeitsstunden, umgehen müssen.

Bei Intel sitzen nur vereinzelte Softwareteams im gleichen Staat, gleichen Land, ganz zu schweigen vom gleichen Gebäude. Unsere Teams verteilen sich über 290 Standorte in über 45 Ländern. Die Durchführung einer Retrospektive ist eine unserer Strategien, um Teams, die uns um Hilfe zur Verbesserung ihrer Softwareprozesse bitten, zu unterstützen. Bei Intel definieren wir eine Retrospektive wie folgt:

- Sie findet während dreier strategischer Stellen im Softwareentwicklungs-Lebenszyklus statt, sodass die Teams ihre Erkenntnisse anwenden und kontinuierlich hinzulernen können.
- Sie wird durch einen ausgebildeten, objektiven Moderator geleitet.
- Sie folgt einem definierten, objektiven Ablauf.
- Sie konzentriert sich auf die Schaffung von Möglichkeiten, die dem Team erlauben, in einer konstruktiven Art zu lernen und sich zu verbessern.
- Sie führt zu nachweisbaren Änderungen in den Prozessen, die von diesem und anderen Entwicklungsteams verwendet werden (verbesserte Effektivität und Effizienz).
- Sie bringt Ergebnisse via realisierter Verbesserungen.

Wie moderieren Sie eine **effektive** Retrospektive trotz all der globalen Herausforderungen? Unsere Lösung ist dafür die virtuelle Retrospektive. Hier sind ein paar Tricks, die sich für uns als hilfreich herausgestellt haben:

Teilnehmer an wenigen Standorten versammeln:

■ Versuchen Sie so viele Teilnehmer an so wenigen Standorten wie möglich zusammenzubringen. Reservieren Sie einen **Konferenzraum an strategischen Standorten,** an denen sich die Teilnehmer treffen können. Diese sollten ausgestattet sein mit teamworkunterstützenden Geräten, ähnlich den Infocus-Projektionssystemen, die mit einem Computer zur Präsentation im Raum verbunden werden. Das Ziel besteht darin, eine Synergie zwischen den Teilnehmern in allen Räumen zu schaffen. Daraus hervorgehende Aktivitäten sollten zur gegenseitigen Befruchtung der Ideen verwendet werden, um über die weitere Vorgehensweise gemeinsam zu entscheiden.

■ Bestimmen Sie einen Moderator für jeden Standort und informieren Sie sich regelmäßig bei den Standorten bezüglich Fragen und Input. Verwenden Sie online Instant Messaging (IM) oder andere elektronische Chatsoftware, die Chatsitzungen in Echtzeit ermöglichen.

Verwenden Sie die Technologie zu Ihrem Vorteil:

■ Stellen Sie sicher, dass alle **Kollaborationswerkzeuge funktionieren.** Gehen Sie persönlich in den Raum und testen Sie die Geräte, speziell den Lautsprecher der Telefonanlage und das Projektionssystem. Versichern Sie sich rechtzeitig *vor* dem Veranstaltungstermin auch über alle anderen Raumausstattungen, wie das Vorhandensein von Flipcharts oder Stiften. Sorgen Sie dafür, dass fehlende oder kaputte Ausstattung vor dem Meeting ersetzt oder repariert wird.

■ Werden Sie ein Experte in der Verwendung der Ihnen zur Verfügung stehenden **Kollaborationssoftware und -hardware.** Lernen Sie, wie Sie Präsentationen über netzbasierte Medien vorführen. Üben Sie die Verwendung der Einsatzmöglichkeiten, die Ihnen Weißwandtafeln zur Darstellung von Informationen in Echtzeit zwischen einer Weißwandtafel und entfernten PCs bieten. Werfen Sie einen Blick auf die 3M™ Digital Wall Display Plus Serie. Es ist eine Weißwandtafel mit einem Computer-Projektionsschirm für Dokumente oder zur Darstellung von Präsentationen (w*ww.solutions.3m.com/wps/portal/3M/en_US/Meetings/Home).*

■ Lernen Sie mit der **Lautsprecheranlage** umzugehen. Es gibt viele PC-basierte Client-Server-Softwarelösungen, die in der Lage sind, sowohl mit Telefon- als auch mit Videokonferenzen sowie der gemeinsamen Verwendung von Folien effektiv umzugehen, sodass Sie keinen Überbrückungsservice eines separaten Audiokonferenzsystems benötigen. AT&T[b] bietet ein breites Spektrum an Konferenzdienstleistungen. Ein anderes Hilfsmittel ist Spiderphone *(www.spiderphone.com)*, ein webbasiertes Audiokonferenzsystem, das eine Telefonkonferenz mit bis zu 60 Teilnehmern und vollem Zugriff auf ihre Browser erlaubt.

■ Testen Sie **webbasierte Projektkollaborationssoftware** für verteilte Teams. Ein gebräuchliches Werkzeug ist Basecamp *(www.basecamphq.com)*. NetMeeting, ein webbasiertes Werkzeug von Microsoft, ist für die schnelle Folienpräsentation, die Erfassung von Ideen und Kommentaren in Echtzeit und ganz allgemein für die Sicherstellung, dass unsere Meetings effektiv sind, bei Intel weit verbreitet *(www.microsoft.com/windows/netmeeting)*. Live Meeting (ehemals als Place Ware bekannt) ist interaktiver, ermöglicht die Präsentation an entfernten Standorten. Intel hat LiveMeeting pilotiert *(www.microsoft.com/uc/livemeeting/default.mspx)*, dadurch wird es zum Intel-Standard. WebEx ist ein frei verfügbares Online-Konferenzwerkzeug, das die gemeinsame Nutzung von Applikationen erlaubt *(www.webex.com)*. Diese Werkzeuge ermöglichen es Ihnen, lediglich mit einem PC und einer Internetverbindung in Echtzeit online zusammenzuarbeiten. Diese Arten von webbasierten Werkzeugen sind für Retrospektiven exzellent, da viele sehr kosteneffektiv sind.

■ **Webseiten** sind ebenfalls ein wichtiger Bestandteil von effektiven Retrospektiven. Ein Wiki ist eine spezielle Webseite, die es allen auf einfache Weise erlaubt, Material zu veröffentlichen oder existierendes Material zu editieren *(www.wiki.org)*. Bei Intel verwenden wir sowohl Wikis als auch Twikis *(www.twiki.org)* zur Förderung und Vereinfachung des Informationsaustausches und der Zusammenarbeit zwischen den Teams.

Fazit

Eine effektive Methode zur Unterstützung von Softwareentwicklungsteams bei der Verbesserung ihrer Softwareentwicklungspraktiken ist bei Intel die Durchführung einer Retrospektive. Sie erlaubt Wege aufzuzeigen, die die **Effektivität eines Teams** folgendermaßen **erhöhen**:

■ Austausch von Perspektiven, um zu verstehen, was in dem Projekt gut funktioniert hat, sodass wir dies verstärken können.
■ Identifizierung von Optimierungsmöglichkeiten und Lessons Learned, wodurch sowohl das laufende als auch nachfolgende Projekte verbessert werden können.
■ Entwicklung spezifischer Änderungsempfehlungen.
■ Diskussionen darüber, was das Team anders machen möchte.
■ Unterstützung des Teams, um Wege zur effektiveren Zusammenarbeit zu entdecken.

Da wir uns mit Softwareentwicklungsteams auseinandersetzen, die nach Hilfe für die Verbesserung ihrer Prozesse lechzen, helfen wir den Teams, Ansätze zur effizienteren und effektiveren Zusammenarbeit zu finden. Global verteilte Teams werden immer alltäglicher. Die Durchführung einer erfolgreichen Retrospektive ist eine große Herausforderung, wenn sich die Teams über mehrere Zeitzonen erstrecken und viele Kulturen umfassen.

Bei Intel befinden sich die meisten Softwareteams in unterschiedlichen Staaten und verschiedenen Ländern. Unter Verwendung aller uns verfügbaren Technologien und Hilfsmittel waren wir auf effektive Weise in der Lage, Schlüsse daraus zu ziehen, was bei den Teams gut funktioniert, was beim nächsten Mal anders gemacht werden muss, was wir gelernt haben und was wir immer noch schwierig finden. Mit dieser Information ausgestattet konnten wir Aktionspläne zur Verbesserung und Änderung der Art, wie Software bei Intel entwickelt wird, erarbeiten.

a. Debra Lavell (USA), Intel Corporation, Organizational Learning & Retrospektiven-Programm-Manager.
b. AT&T ist ein Telefondienstleister in den USA.

8.4   Metriken

Agile Projekte verwenden normalerweise alle Arten von Metriken, um den Projektstatus zu erkennen sowie den Fortschritt und die Qualität des zu entwickelnden Systems zu messen. Oftmals müssen Sie Metriken finden, die für Ihr spezielles Projekt praktikabel sind. Obwohl ich in vielen Projekten tätig war, habe ich sehr selten exakt die gleichen Metriken wiederverwendet. Überwiegend beginne ich mit den Metriken, die wir im letzten Projekt hilfreich fanden.

Es scheint jedoch, dass alle Projekte tatsächlich verschieden sind und aus diesem Grund unterschiedlich gemessen werden müssen. Darüber hinaus lerne ich in nahezu jedem Projekt etwas Neues hinzu, das auch die Messungen beeinflusst. Metriken tragen teamintern dazu bei festzustellen, welche Aktionen notwendig sind und machen zusätzlich nach außen transparent, welche Folgen von extern beeinflusst wurden.

8.4.1   Fortschritt messen

Vorab – wir messen niemals den individuellen Fortschritt, sondern den Fortschritt (oder vielmehr die Geschwindigkeit) der verschiedenen Featureteams.

Lauffähige Software ist das wichtigste Fortschrittsmaß.
[AgileManifesto]

Die Hauptmessung betrifft die Leistung aller, gelegentlich auch eines individuellen Teams im Hinblick auf unseren Projektendetermin. Wir beobachten die Messung der individuellen Teams meist nur aus einer Distanz bzw. im Verhältnis zu der eigenen Leistung dieses Teams. Wenn wir jedoch starke Schwankungen in der Teamleistung erkennen, eruieren wir die Ursache. Bitte beachten Sie, dass der Geschwindigkeitsvergleich zwischen den verschiedenen Featureteams oft nicht möglich ist. Dies liegt beispielsweise in den differenzierenden Schätzungen der Teams, die eher optimistischer oder pessimistischer Natur sein können. Da die Features unterschiedlich groß sind, ist es auch nicht hilfreich, die Anzahl der Features statt der Punkte zu zählen (mehr dazu in Abschnitt 7.2.2). Die größten Erkenntnisse können sowohl durch die Beobachtung der Teamleistung über die Geschwindigkeit in Relation zueinander als auch durch die Ausschau nach starken Leistungsschwankungen gewonnen werden. Sie werden bei einem Vergleich von verstreuten und zusammensitzenden Teams grundsätzlich variierende Leistungen vorfinden. Da ein verstreutes Team für Koordination und Teambildung mehr Zeit benötigt, wird es auch länger dauern, bis das Projekt rund läuft.

Erfahrungen zeigen, dass es einer detaillierten Recherche bedarf, wenn Sie feststellen, dass sich bis auf ein Team bei allen Featureteams die Teamgeschwindigkeit nach einer bestimmten Anzahl von Iterationen stabilisiert oder verbessert, die Teamgeschwindigkeit des einen Teams jedoch stagniert. Der Grund kann in besonderen Herausforderungen für dieses Team liegen. In einem meiner Projekte fanden wir aufgrund der Metriken heraus, dass eines unserer Teams ernsthafte Kompetenzprobleme hatte. Durch die Unterstützung zweier Mentoren während einiger Iterationen konnten diese Probleme gelöst und der Arbeitsablauf im Team stabilisiert werden.

Für die Fortschrittsmessung verwenden wir normalerweise Komplexitäts- oder Featurepunkte, die ein Team am Iterationsende erreicht. Featurepunkte werden nur durch Fertigstellung eines Features erlangt. Diese Messung tätigen wir sowohl für jedes individuelle Featureteam als auch für das gesamte Projekt, indem wir den individuellen Teamfortschritt aufaddieren (mehr dazu in Abschnitt 7.2.4). Ein Featureteam erlangt beispielsweise in einer Iteration 18 Featurepunkte, in der nächsten 20 und in der dritten Iteration 19 Featurepunkte. Diese Punkte werden dann in einem Graphen übergetragen und drücken die Geschwindigkeit dieses Teams aus. Eine höhere Priorität hat für uns jedoch die Ermittlung der Geschwindigkeit des gesamten Projekts (durch Zusammenzählen der individuellen Featureteamgeschwindigkeiten), da diese für die Vorhersage des restlichen Projektverlaufs genutzt werden kann.

Ermitteln Sie beispielsweise für Ihr gesamtes Projekt eine Geschwindigkeit von 100 Featurepunkten pro Iteration, ermöglicht Ihnen diese Erkenntnis die Definition der Iterationsanzahl bezogen auf die Fertigstellung des Projekts. Anfänglich wird Ihre Vorhersage vermutlich ungenau sein, doch mit jeder Iteration wachsen Präzision und Realismus der Angaben. Beachten Sie, dass diese höhere Genauigkeit nicht nur durch die Stabilisierung der Teamgeschwindigkeiten erreicht wird, sondern auch durch ein besseres Verständnis über den Restaufwand.

Alternativ kann diese Messung aber auch hilfreich sein, wenn sie sich lediglich auf die Anzahl der erledigten Features pro Iteration bezieht. Mittels Extrapolation dieser Mengenangaben erhalten Sie die Dauer (in Iterationen) für die Fertigstellung aller Features. Aufgrund starker Variabilität hinsichtlich Schwierigkeitsgrad und Größe ist diese Rechnung natürlich ungenauer als die Berücksichtigung der Featureschätzungen, gibt Ihnen aber bereits einen ersten Hinweis über den aktuellen Stand Ihres Projekts. Außerdem heben sich die Unterschiede der Features häufig gegenseitig auf. Bei Projekten, die nicht von Beginn an einen agilen Ansatz verfolgen, verwenden wir häufig diese Strategie. Hier wurden dann bereits andere Schätzmechanismen eingesetzt als das Punktesystem. Ich empfehle in diesem Fall die bewährten Schätzmechanismen beizubehalten, da diese analog der Featurepunkte behandelt werden können. Der Mehraufwand für eine erneute Schätzung ist zumeist nicht effektiv.

Für die Visualisierung des Restaufwands der verbleibenden Projektdauer, des anstehenden Release sowie (auf ähnliche Art) auch für die Erreichung des Iterationsziels erstellen wir einen Burndown-Graphen (mehr zu Restaufwandsmessung in [SchwaberBeedle01]). Darin zeigen wir auf Projekt- und Releaseebene den aktuellen Stand der erstellten und noch zu erledigenden Features. Dies wird häufig in Form von Featurepunkten ausgedrückt, kann sich aber auch auf die pure Anzahl der Features beziehen. Auf Iterationsebene wird gezeigt, wie viele Aufgaben bereits vollendet wurden und wie viele noch abgeschlossen werden müssen. In manchen Projekten stellen wir das nur über die Anzahl der Aufgaben dar, in anderen ziehen wir die genauere Darstellung in Form von geschätztem Arbeitsaufwand der Aufgaben vor.

Abb. 8–3   *Burndown*

8.4.2   Schätzqualität messen

Gelegentlich messen wir auch die Qualität der Schätzungen. Speziell bis zur Stabilisierung der Teamgeschwindigkeit, oder auch bei Teams, die Probleme mit realistischer Planung haben. Dabei konzentrieren wir uns auch auf die Geschwindigkeit des Teams während der letzten Iteration, primär aber auf die Differenz
zwischen angenommener und realer Teamgeschwindigkeit. Überwiegend messen
wir dies in *geplante* Featurepunkte versus *erreichte* Featurepunkte. Aber auch
jede andere Art von Schätzung kann verwendet werden, wie zum Beispiel
geschätzte Anzahl von Aufgaben versus die Anzahl der erledigten Aufgaben.
Oder geschätzte (ideale) Zeit in Stunden gegenüber der Menge der Realisierung
dieser geschätzten Stunden. Beachten Sie bitte, dass wir beim letztgenannten Beispiel nicht die geschätzte Zeit mit der verbrauchten Zeit vergleichen. Um dies an
einem Beispiel zu verdeutlichen: Ein Team schätzt 100 Stunden für die Aufgaben
einer Iteration. Am Iterationsende addieren wir die *geschätzten* Stunden der erledigten Aufgaben. Das heißt, das Team hat beispielsweise nur die Hälfte der Aufgaben, sprich geschätzte 50 Stunden, fertiggestellt und dafür aber eventuell

90 Stunden benötigt. Wir messen die geschätzte Zeit (50 Stunden) und nicht die (für die einzelnen Aufgaben) geleistete Zeit (90 Stunden), da sich erfahrungsgemäß die Schätzmethode (optimistisch versus pessimistisch) über die Zeit nicht verändert. Es ist viel einfacher, weiterhin so zu schätzen wie gewohnt und dabei zu akzeptieren, dass eine geschätzte Stunde nicht einer Zeitstunde entspricht (manchmal ist der einzige Unterschied der, dass Sie während einer Zeitstunde gelegentlich vom Telefon unterbrochen werden).

Die Darstellung dieses Widerspruchs war für uns immer eine hilfreiche Erfahrung, um Teamgeschwindigkeiten realistischer zu betrachten und notwendige Änderungen für unsere Planungen im Zuge der Folgeiterationen vorzunehmen. Diese Verdeutlichung unterstützt ganz besonders Teams, die kulturell bedingt Probleme mit realistischer Planung haben (mehr dazu in Abschnitt 4.3.3). Dadurch, dass der Unterschied zwischen der geplanten und der fertiggestellten Arbeit in einer Iteration offensichtlich wird, fällt ihnen die Akzeptanz der tatsächlich erfüllbaren Leistung leichter. Die Messung der Schätzgenauigkeit setzen wir nur bis zur Stabilisierung der Teamgeschwinidgkeit ein. Diese Metrik wird also nach einigen Iterationen überflüssig.

8.4.3 Testbasis vergrößern

Wenn Unit Tests für ein Team neu sind, dann ist es hilfreich, den Zuwachs der Unit Tests zu messen. Für viele Teams ist es sehr motivierend, die Zunahme ihrer Testbasis vor Augen zu haben. Ich sehe nicht die Notwendigkeit, darüber hinaus auch erfolgreich durchgeführte Tests versus fehlgeschlagene Tests zu messen, da alle Tests sowieso erfolgreich durchlaufen werden sollten. Benötigt ein Team jedoch einen Hinweis darauf, dass nur erfolgreiche Tests wirklich hilfreich sind, sollten Sie auch diese Messung in Betracht ziehen.

Ebenfalls hat sich für Teams, für die Unit Tests neu sind, die relative Messung des Zuwachses von Produktiv-(nicht Test-)Methoden gegenüber der Zunahme der Unit Tests als nützlich herausgestellt. Diese Messung betont ebenfalls die Relevanz der Tests.

Schlussendlich messen wir im Testbereich ebenfalls je nach Notwendigkeit die Testabdeckung in unseren Projekten.

8.5 Zusammenfassung

Es werden verschiedene Arten von Feedback erwartet. Über den Iterationsrückblick erhalten Sie primär eine Rückmeldung bezüglich des Systems. So lernen Sie daraus beispielsweise, wie gut sich die geleisteten Aufwände der verschiedenen Featureteams integrieren lassen, wie gut sie zusammen funktionieren, ob die Tests erfolgreich durchlaufen, ob sich das System auch auf einer anderen als der Entwicklungsumgebung ausliefern lässt. Sie erhalten einfach Informationen über alles, was mehr technischer Natur ist. Alle diese Rückmeldungen dürfen jedoch zur Zeit des Iterationsrückblicks keine Überraschung darstellen, da sich alle Beteiligten zuvor dessen bewusst sein sollten. Der Iterationsrückblick erlaubt Ihnen jedoch, sich dieses Feedback erneut und zusammengefasst vor Augen zu führen und zu analysieren.

Der Iterationsrückblick bietet darüber hinaus die Rückmeldung über die Qualität der Schätzungen der verschiedenen Teams, den Fortschritt des gesamten Teams und die Möglichkeit, mit diesen realistischeren Zahlen den Projektplan zu aktualisieren. Mit jeder Iteration wird sich also die Geschwindigkeit der Feature-teams stabilisieren und der Projektplan laufend präzisiert. Mithilfe dieses Feedbacks können Sie den Umfang der tatsächlichen Lieferung zum Lieferdatum definieren.

Das Feedback der Retrospektiven konzentriert sich stärker darauf, wie die Teammitglieder und die Teams zusammenarbeiten. Im Fokus steht also, was sowohl dem individuellen Mitarbeiter als auch dem gesamten Team hilft oder was es daran hindert, produktiver zu sein. Basierend auf diesen Reflektionen werden die Teams über Vorschläge bezüglich einer Verbesserung ihrer Situation entscheiden und über konkrete Aktionen, die sie umsetzen wollen, Beschlüsse fassen. Auf diese Weise ist die Retrospektive ein Mittel zur Gestaltung des Entwicklungsprozesses, um sowohl die individuellen Personen als auch die Teams besser in ihrer Arbeit zu unterstützen.

Obwohl Sie durch die Product Owner, das heißt aus Kundenperspektive, wertvolles Feedback erhalten werden, empfehle ich, die Kunden (Interessenvertreter, Endbenutzer usw.) gelegentlich zu einem Zwischenfeedback zum aktuellen Entwicklungsstand einzuladen. Dies schafft Ihnen die Möglichkeit, mehr über die Systemnutzung in der Praxis in Erfahrung zu bringen. Ein erheblicher Vorteil ist erfahrungsgemäß, dass der Kunde sich dadurch mit Ihren Entwicklungsleistungen auseinandersetzt und identifiziert. Damit Sie die bestmögliche Rückmeldung bezüglich der Systemverwendung bekommen, müssen Sie den Endbenutzer involvieren.

Wenn die Geschwindigkeit eines Featureteams deutlich schwankt, ist das ein klares Zeichen für Probleme im Team. Das Messen der Teamgeschwindigkeit kann somit Risiken reduzieren. Die Addition der Geschwindigkeiten aller Featureteams hilft Ihnen, Vorhersagen bezüglich des restlichen Projektverlaufs zu treffen. Es gibt Ihnen Anhaltspunkte zur Realisierung des Projekts im vorgegebenen Zeithorizont. Einige andere Metriken haben sich als hilfreich herausgestellt, um die Qualität bei den Teams ins Bewusstsein zu rücken. So trägt zum Beispiel die Gegenüberstellung der geplanten und erledigten Funktionalitäten dazu bei, dass die Teams lernen, realistischer zu planen. Die Darstellung der Zunahme der Testbasis führt den Teams die Notwendigkeit des Testens besser vor Augen.

9 Praktiken

Ein Mann, der recht zu wirken denkt,
muss auf das beste Werkzeug halten.

Johann Wolfgang von Goethe

Die Teams, die an einer verteilten Entwicklung beteiligt sind, müssen genauso wie alle anderen, die in einer agilen Umgebung arbeiten, Praktiken entwickeln, die ihrem Wertesystem gerecht werden. In einer verteilten Umgebung ist es jedoch viel wichtiger, dass alle Teammitglieder sehr diszipliniert sind und sich strikt an die Praktiken halten, da andernfalls ein anderes Team beim Vorwärtskommen behindert werden kann.

So müssen beispielsweise Teammitglieder eines verteilten Teams, bevor sie das Büro verlassen und nach Hause gehen, sicherstellen, dass das System integriert und lauffähig ist (lauffähiger Build). Dies ermöglicht einem weiteren Team, seine Ergebnisse auf der gemeinsamen Codebasis aufzusetzen. Denken Sie hier speziell auch an Teammitglieder in anderen Zeitzonen. Lokale oder in gleichen Zeitzonen tätige Teams haben die Möglichkeit, bei auftretenden Problemen persönlichen oder telefonischen Kontakt aufzunehmen und sich direkt gegenseitig zu helfen.

Immer wieder erlebe ich, dass Projekte fehlschlagen, weil die Teammitglieder nicht an einem Strang ziehen. Ein Grund dafür ist, dass sich die Mitarbeiter nicht dessen bewusst sind, was im Gesamtprojekt vor sich geht. Folglich müssen Sie Mittel und Wege finden, jedem Teammitglied den Gesamtzusammenhang des Projekts nahezubringen.

9.1 Entwicklungspraktiken

Das Agile Manifest verlangt im folgenden Prinzip von agilen Teams, dass sie ständig auf eine hohe Qualität des Systems achten (siehe [AgileManifesto]):

Ständiges Augenmerk auf technische Güte und gutes Design
fördert die Agilität.

Es gibt agile Praktiken, die sich auf die Entwicklung konzentrieren, wie zum Beispiel das paarweise Programmieren. Einige dieser Praktiken stellen in einer verteilten Umgebung eine besondere Herausforderung dar, andere sind davon vollkommen unbeeinflusst.

9.1.1 Paarweises Programmieren

Paarweises Programmieren ist vermutlich die Praktik, die am häufigsten infrage gestellt wird, aber sie ist auch eine der leistungsstärksten Praktiken. Sie werden nicht nur kontinuierliche Reviews durch die Verwendung dieser Praktik etablieren, sondern auch als Nebeneffekt das Wissen über den Fachbereich, die Technologie und die Entwicklungskultur verbreiten.

Ein zusammensitzendes Featureteam eines (großen) verteilten Projekts kann paarweises Programmieren auf die gleiche Weise ausüben wie ein (kleines) lokales Team (in einer nicht verteilten Umgebung). Eventuell ziehen Sie ja auch paarweises Programmieren bei verstreuten Featureteams in Betracht. Ein Kollege von mir berichtete, dass in seinem Team virtuelles paarweises Programmieren am erfolgreichsten war, wenn sich beide, er und sein Kollege, auf eine entfernte Maschine über VNC[1] einloggen mussten. Das liegt vermutlich darin begründet, dass beide die gleiche Bandbreite und »Distanz« zum aktuellen Code hatten und keiner näher am Code saß.

Die konstante Konzentration hochzuhalten ist eine der großen Herausforderungen beim virtuellen paarweisen Programmieren. Wie Michael Kircher und David Levine in [KircherLevine01, S.484] erläutern:

Die entfernten paarweise Programmierenden sind physisch nicht benachbart und deshalb im Programmierprozess nicht so stark involviert. Paarweises Programmieren kann bei ausreichender Kommunikationsverzögerung zum Codereview degradiert werden.

Virtuelles paarweises Programmieren erfordert nicht nur die Überbrückung der Distanz, um den Blick auf den gleichen Code zu erhalten, sondern auch die Kommunikation darüber, was jeder gerade tut und was jeder vorhat. Zur Unterstützung dieser Kommunikation verwenden die Entwickler unterschiedliche Mittel. – Einige sind mit Instant Messaging zufrieden, andere ziehen ein normales Telefon oder Internettelefonie, wie zum Beispiel Skype (siehe [Skype]), vor und wieder andere profitieren von der zusätzlichen Unterstützung einer Webcam.

Virtuelles paarweises Programmieren ist bereits an sich eine Herausforderung. Die Zeitunterschiede stellen jedoch hierbei eine der größten Schwierigkeiten bzw. die größte Einschränkung dar. Sind Sie in unterschiedlichen und zudem weit entfernten Zeitzonen und damit verbundenen Arbeitszeiten, tätig, ist paar-

---

1. Virtuelle Netzwerkverarbeitung (englisch: Virtual network computing).

weises Programmieren keine Option für Sie. Deshalb beziehen sich fast alle Erfolgsgeschichten über virtuelles paarweises Programmieren auf Kollegen, die zumindest ungefähr in der gleichen Zeitzone arbeiten.

Abb. 9–1   *Unterschiedliche Zeitzonen*

Erfolgreiches virtuelles paarweises Programmieren erfordert zusätzlich, dass sich die Kollegen sehr gut kennen. Meiner Erfahrung nach ist das der Grund dafür, warum diese Praktik fast ausschließlich unter Kollegen angewandt wird, die im gleichen Land für die gleiche Firma arbeiten und sich häufig persönlich sehen. Die übliche Umgebung für virtuelles paarweises Programmieren, die ich erlebt habe, bezieht sich auf Kollegen, die ein paar Tage die Woche von ihrem Heimarbeitsplatz aus arbeiten, aber sich den Rest der Woche persönlich treffen. Dadurch, dass sich die Kollegen so häufig sehen, stellen sie die Beziehung untereinander ständig (wieder) sicher. Diese Entwickler sind somit in der Lage, mit den Widrigkeiten des virtuellen paarweisen Programmierens gut umzugehen.

Michael Kircher organisierte auf der Konferenz XP 2002 einen Workshop zum Thema verstreutes Extreme Programming. Die Teilnehmer waren sich alle einig darin, dass aufgrund der Schwierigkeiten des virtuellen paarweisen Programmierens (dort wurde vorgeschlagen, eine Telefonverbindung mit Kopfhörer und eine Unterstützung in der Art von Microsofts NetMeeting zu verwenden) – der regelmäßige Wechsel zwischen Zeiten, in denen virtuelles paarweises Programmieren stattfindet, und Zeiten, in denen jeder für sich arbeitet, von höchster Bedeutung ist. Die Workshop-Teilnehmer empfahlen zur Vermeidung von möglichen Fehlern sowohl die Ergebnisse nach Einzelprogrammiersitzungen gemeinsam zusammenzuführen als auch die Integration als virtuelles Paar zu bewerkstelligen.

9.1.2   Unit Test

In agilen Teams ist es sehr verbreitet, jedes Stück Produktivcode (z.B. eine Methode) mit einem automatisierten Unit Test zu überprüfen. Darüber hinaus werden diese Unit Tests nicht am Ende der Entwicklung, sondern im besten Fall sogar vor dem zu überprüfenden Code geschrieben. Dies wird als testgetriebene Entwicklung bezeichnet. Ein Grund für diesen Ansatz ist, wie Hermann Mikula[2] von der CSC einmal verdeutlichte:

Am Ende der Entwicklung können Sie keine Qualität ins System testen.

Der Punkt ist, dass die Tests, die erst am Ende der Entwicklung durchgeführt werden, typischerweise zu einer schlechteren Qualität des Systems führen. Das kommt daher, dass jeder nur einen Fix zur Verfügung stellt, der dafür sorgt, dass der Test erfolgreich durchläuft, und sich nicht mehr um die inhärente Qualität des Systems kümmert. Deshalb – je früher Sie die Tests schreiben, desto besser.

In einem verteilten Projekt erhält man darüber hinaus einen attraktiven Zusatznutzen dadurch, dass automatisierte Tests zur Verfügung stehen: Ist der Zeitunterschied zwischen den verschiedenen Standorten relativ groß, dann ist es oft unmöglich, einen Kollegen zu befragen, wenn Sie nicht verstehen, wie ein Stück Code funktioniert. Haben Sie jedoch Tests verfügbar, so kann jeder diese Tests durchlaufen lassen und auf diese Weise ein Verständnis darüber entwickeln, wie der Code funktioniert.

9.1.3   Refactoring

Konsequente Aufmerksamkeit auf Refactoring ist für kleine lokale Teams wichtig, für große verteilte Teams aber unabdingbar. Dies liegt darin begründet, dass, wenn Sie nicht ständig auf Refactorings achten, die Bereiche, die aufgeräumt werden müssten, dazu tendieren, sich auszubreiten und die notwendigen Aufräumarbeiten teurer werden. Darüber hinaus wird es immer schwieriger, neue Funktionalitäten in diesen Bereichen hinzuzufügen. Für verteilte und große Umgebungen ist dies erst recht ein Problem: Solange das notwendige Refactoring klein ist, betrifft es oft auch nur einen kleinen Bereich, breitet es sich jedoch aus, sind meist mehrere Bereiche und damit auch Teams betroffen. Dies führt wiederum zu einem höheren Koordinierungsaufwand.

Die beste Strategie besteht darin, den Code zu refaktorisieren, sobald Sie[3] die Notwendigkeit dazu erkennen. Dazu berücksichtigen Sie Refactoring bereits bei

---

2.   Persönliche Unterhaltung mit Hermann Mikula
3.   Hier bezieht sich »Sie« auf jedes Teammitglied.

der Abschätzung der Aufgaben am Iterationsbeginn. Planen Sie keine explizite
Aufgabe, »Refactoring« genannt, ein. Stattdessen kalkulieren Sie besser Refactoring als Teil nahezu aller Aufgaben ein, die zur Fertigstellung einer Funktionalität
beitragen. Haben Sie ein Refactoring übersehen und breitet sich dieses aus, so
bleiben nur noch wenige Möglichkeiten, die aber alle nicht so effizient sind wie
die ständige Aufmerksamkeit auf Refactoring. Deshalb sollten Sie alles versuchen, um notwendige Refactorings nicht zu übersehen.

Müssen Sie dennoch ein größeres Refactoring durchführen, da Sie verpasst
haben, auf dieses frühzeitig (als es noch kleiner war) zu achten, sollten Sie als
Allererstes diese Notwendigkeit transparent machen. Der Product Owner sollte
darüber im Bilde sein, Sie müssen also gewährleisten, dass er die Notwendigkeit,
das Risiko und die Kosten des Refactorings (sowie die Kosten des Unterlassens)
versteht. Für die Durchführung des Refactorings gibt es folgende Optionen – und
bitte beachten Sie, dass es das Beste ist, wenn Sie erst gar nicht in diese Situation
kommen:

◼ **Nehmen Sie das Refactoring in Ihren nächsten Iterationsplan auf.**
Jetzt, da sich der Product Owner des Problems bewusst ist, sollte das Refactoring hoch priorisiert sein. Damit die nächste Iteration nicht ausschließlich für
das Refactoring reserviert wird, führen Sie einerseits das Refactoring schrittweise durch und stellen andererseits auch die Lieferung von Geschäftsfunktionalitäten sicher.

◼ **Planen Sie eine Refactoring-Iteration ein.**
Dabei handelt es sich um eine Iteration, die rein dem Refactoring gewidmet
ist. Abhängig von Ihrer tatsächlichen Situation können Sie eine der folgenden
Strategien umsetzen:

  • **Nutzen Sie eine Sonderzeit.**
    Planen Sie die Refactoring-Iteration in einer Zeit ein, in der es nicht ganz
    so weh tut wie in anderen Zeiten, wenn Sie keinen Fortschritt im Hinblick
    auf die Geschäftsfunktionalitäten machen – beispielsweise während der
    Urlaubszeit oder kurz vor Feiertagen, wie um Weihnachten herum. Diese
    Zeiten eignen sich gut für Refactoring-Iterationen.

  • **Verwenden Sie eine kürzere Iteration.**
    Erstreckt sich Ihre Iteration normalerweise über zwei Wochen, dann kön-
    nen Sie beispielsweise eine einwöchige Refactoring-Iteration einplanen.
    Wir nutzen manchmal auch hier Iterationen, die aufgrund von Feiertagen
    natürlich verkürzt sind. Dadurch verlieren Sie (als Team) und Ihr Kunde
    keine ganze Iteration, ohne Fortschritt bezüglich der Geschäftsfunktiona-
    litäten zu machen.

◼ **Stellen Sie ein spezielles Refactoring-Team auf.**
Auch hier gibt es zwei Möglichkeiten, wie Sie dieses Spezialteam aufsetzen
können:

- **Paralleles Refactoring-Team.**
  Das Team arbeitet parallel zu den anderen Teams und führt Refactorings durch, während die anderen Teams den Geschäftsfortschritt gewährleisten. Diese Strategie kann auch mit dem ersten Ansatz kombiniert werden, in dem Refactoring nur einen Teil des Iterationsplans bildet. Ein Kollege von mir arbeitet in einem Projekt, in dem der Ansatz eines parallelen Refactoring-Teams inzwischen sogar eine permanente Strategie über viele Jahre ist. Dieses Projekt besteht aus mehreren Teams, die neue Funktionalitäten entwickeln, und einem Refactoring-Team, dessen Hauptaufgabe es ist, hinter den anderen Teams aufzuräumen.

- **Refactoring-Team während ungewöhnlicher Zeiten.**
  Das Refactoring-Team kommt nur für eine bestimmte Zeit und außerhalb der regulären Arbeitszeiten, also zum Beispiel während des Wochenendes oder an Feiertagen, zusammen. Wie ich auch in [Eckstein04, S. 135] anmerke:

  > *Sie* [die ungewöhnliche Zeiten] *haben den Vorteil, dass man zu dieser Zeit notwendige Änderungen vornehmen kann, ohne die normale Entwicklung zu behindern.*

Die genannten Strategien haben ihr ureigenes Ziel in der Durchführung des Refactoring. Folglich kann das System einfacher gewartet werden und gewährleistet schnellere Arbeitserfolge. Nachteilig sehe ich die Verlangsamung des Entwicklungsfortschritts sowie die Problematik, dass sich das Wissen über guten Stil nicht automatisch ausbreitet. Für eine konsequente Verbreitung der Erkenntnisse tauschen Sie alternierend die Mitglieder des Refactoring-Teams aus. Seien Sie sich dessen bewusst, dass nachhaltige Ergebnisse jedoch ausschließlich durch kontinuierliches Refactoring erreicht werden. Die Verantwortung jedes einzelnen Teammitgliedes ist es, Notwendigkeiten hierfür zeitnah zu erkennen, offenzulegen und die Erledigung voranzutreiben.

Refactoring in großen Projekten oder warum gute Programmierer als Putzkolonne taugen
von Nicolai M. Josuttis[a]

Vor einigen Jahren wurde ich Mitglied eines großen Teams, das für die Wartung und Pflege des Kundendatensystems (CRM-Systems) eines internationalen Mobilfunkunternehmens zuständig war. Obwohl die dort gewartete Software weniger als 10 Jahre alt war, musste sie zur Vermeidung zukünftiger Unwartbarkeit aufgeräumt werden. Die Software hatte vor allem deshalb schon den Charakter alter großer Systeme, weil es im ersten Jahrzehnt der Mobilfunkunternehmen zum Teil dermaßen große Wachstumsraten gab, dass es nur darum ging, irgendwie die wachsende Anzahl an Kunden so zu verwalten, dass diese einen Vertrag abschließen, telefonieren und eine Rechnung bekommen konnten. Für Dinge wie Codequalität war schlichtweg keine Zeit.

Ziel war es also nun, die Codequalität mittels Refactoring zu verbessern. Refactoring bedeutet, die Software umzubauen, ohne dass sich das Verhalten ändert. Selbstverständlich konnten wir dabei aber die normale Weiterentwicklung (also die Umsetzung neuer Anforderungen) nicht einstellen. Das Geschäft musste weitergehen. Deshalb mussten wir parallel arbeiten: Auf der einen Seite neue Features hinzufügen und damit die Geschäftslogik ändern und auf der anderen Seite bei existierenden Features aufräumen, wobei dort die existierende Geschäftslogik erhalten bleiben musste.

Das Erste, was wir lernten, war, dass es im Rahmen des Refactorings nicht ausreichte, bessere Frameworks und Bibliotheken mit neuen und verbesserten Schnittstellen und Programmiermustern zur Verfügung zu stellen. Immer wieder stellten wir fest, dass die Entwickler neue und verbesserte Schnittstellen zur Implementierung schlichtweg nicht verwendeten. Sie benutzten weiterhin die alten, eigentlich abgekündigten Schnittstellen. Der Grund dafür war einfach: Heutzutage gibt es im Prinzip nur eine gebräuchliche Art zu programmieren: kopieren und einfügen (englisch: Copy&Paste). Wenn Entwickler eine neue Geschäftsfunktionalität programmieren müssen, suchen sie zuerst nach einer existierenden Lösung, die nahezu das Gleiche oder zumindest etwas Ähnliches macht, kopieren dann diesen Code und modifizieren ihn für den neuen spezifischen Zweck. Trotz neuer Schnittstellen wurde der alte ausgemusterte Code kopiert und angepasst.

Beim Refactoring war es also nicht damit getan, bessere Schnittstellen zur Verfügung zu stellen. Beim Refactoring einer Schnittstelle wurde deshalb vielmehr die Regel ausgegeben, dass diejenigen, die eine neue Schnittstelle bereitstellten, auch gewährleisten müssen, dass die alte abgekündigte Schnittstelle nicht mehr länger verwendet wird. Die Programmierer mussten also die alten Schnittstellen umbauen. Das bietet gleich zwei wichtige Vorteile: Die Programmierer erkennen, ob die neue Schnittstelle tatsächlich in jedem existierenden Kontext funktioniert, und sie können die alten Schnittstellen wirklich entfernen und müssen nicht diesen veralteten Code warten.

Aber diese Anweisung lässt sich leichter formulieren als umsetzen. Zum einen verstößt man damit gegen das Prinzip »Never change a running system« (deutsch: Ändere nie ein laufendes System). Durch den Umbau wurde zum Beispiel nun ohne Not erforderlich, das korrekte Verhalten des gesamten Systems erneut zu verifizieren. Das bedeutet konkret, dass alle Tests neu durchgeführt werden müssen. Da Testen in großen Systemen immer auch einen signifikanten manuellen Aufwand umfasst, braucht man dafür die notwendigen Ressourcen.

Ein anderes Problem wird durch die Frage aufgeworfen, wer eigentlich die Anpassung des existierenden Codes durchführt bzw. durchführen darf. Wird so eine Änderung durch das Team durchgeführt, das die neue Schnittstelle zur Verfügung stellt, dann benötigt dieses Team spezifisches Fachbereichswissen über die existierende Funktionalität der alten Schnittstelle. Hinzu kommt, dass es schlichtweg nicht erlaubt sein kann, dass »Aufräumer« den fachlichen Code bestimmter Teams anpassen. Es spielt also eine Rolle, ob es gemeinsame Verantwortlichkeit (jeder darf prinzipiell überall ändern, solange er weiß, was er tut) oder exklusive Verantwortlichkeit (bestimmte Personen übernehmen die Verantwortung für bestimmte Codestellen) gibt. So oder so ist auf jeden Fall Zusammenarbeit erforderlich (entweder weil der existierende Code immer wieder von verschiedenen Mitarbeitern verändert wird und deshalb das dazugehörige Verständnis vermittelt werden muss oder weil die Codeänderungen durch unterschiedliche Mitarbeiter zusammen durchgeführt werden).

Aber wir lernten auch noch etwas anderes. Es zeigte sich nämlich, dass die parallel durchgeführten Änderungen (neue Funktionalität und Refactorings) einem unterschiedlichen Wertesystem unterlagen. In der Praxis war der Einbau neuer Funktionalität immer wichtiger als Aufräumarbeiten, weshalb bei Zeitnot (und wann gibt es die nicht in einem kommerziellen Umfeld) immer wieder die Aufräumarbeiten unter- oder sogar abgebrochen wurden. Oder, um es anders auszudrücken: Wenn jemand zwischen der Investition in die Wartbarkeit des Codes für die Zukunft und einer Änderung, die das Verkaufen oder Anbieten eines neu angeforderten Features betraf, entscheiden musste, gewannen immer die neuen Features. Dadurch, dass die gleichen Mitarbeiter beide Arten von Aufgaben erledigen sollten, wurde dieses Dilemma auch immer wieder in den Alltag der Entwickler getragen, was zu Chaos und Frustration führte.

Als Konsequenz trafen wir eine wichtige Entscheidung: Wir trennten die Personen, die den Code aufräumten, von den Personen, die neue Features programmierten. Das löste zumindest das Problem der für den individuellen Entwickler unklaren Prioritäten. Programmierer, die für das Hinzufügen neuer Features verantwortlich waren, konnten diese Aufgabe durch ihre übliche Kopieren-und-einfügen-Methode erledigen. Programmierer, die für Refactorings zur Verbesserung der Codequalität verantwortlich waren, konzentrierten sich darauf, Dinge unter Beibehaltung der existierenden Funktionalität aufzuräumen.

Man beachte, dass der Aufwand für ein Refactoring meist schwierig vorherzusagen ist (man beginnt mit einer kleinen Aufräumarbeit und erhält eine Kettenreaktion von assoziierten Refactorings). Jetzt, da das Refactoring-Team unabhängig von dem Team operierte, das neue Features hinzufügte, verzögerten unkorrekte Vorhersagen für Refactorings nicht die Lieferung anstehender Features. Aufräumarbeiten passierten im Hintergrund und wurden nach Fertigstellung in das jeweils nächste Release eingefügt.

Wir etablierten im Wesentlichen also folgenden Prozess:

- Auf der einen Seite gab es die Mitarbeiter, die neue Funktionalitäten hinzufügten und die den Code damit immer mehr durcheinanderbrachten.
- Auf der anderen Seite gab es die Mitarbeiter, die ihr Bestes gaben, um dieses Durcheinander wieder aufzuräumen.

Im Prinzip funktioniert diese Trennung unterschiedlicher Arbeiten sehr gut, aber für den Refactoring-Job wird ein bestimmter Menschenschlag benötigt. Es sind Menschen, die wie eine Reinigungskraft (oder besser eine »Perle für den Haushalt«) glücklich darüber sind, wenn sie immer wieder die gleichen Dinge sauber machen (und sich dabei wundern, wie Leute so eine Sauerei hinterlassen können). Diese Menschen müssen bis zu einem gewissen Grad stoische Pedanten sein und keine lebenslaufgetriebenen Architekten, die es nicht lassen können, jeden neuen Hype auszuprobieren.

Natürlich hilft ein Verständnis darüber, dass jeder ein Chaos erzeugt. Deshalb empfiehlt sich ein regelmäßiger Austausch von Mitarbeitern zwischen einem Feature- und dem Refactoring-Team (für die Zusammenarbeit unterschiedlicher Personengruppen ist ein Austausch immer hilfreich).

Man beachte jedoch, dass der gewöhnliche Programmierer, der Probleme mit mehr als nur »Copy&Paste«-Programmierung hat (was nicht die Schuld des Programmierers sein muss), für komplexe Aufräumarbeiten sicherlich nicht geeignet ist. In der Programmierung ist Aufräumen eine Sache für die Besten.

a.   Nicolai Josuttis (Deutschland), *www.josuttis.de*.

9.1.4   Gemeinsame Verantwortlichkeit

Gemeinsame Verantwortlichkeit (englisch: collective ownership) bedeutet, dass jedes Teammitglied auf die gleiche Art und Weise auf jedes Artefakt inklusive des Codes achtet. Das heißt, dass jeder eine Änderung an einem vorhandenen Artefakt vornehmen kann. Handelt es sich bei Ihrem verteilten Projekt um ein kleines Projekt – bestehend aus maximal drei Teilteams –, dann empfehle ich, genau diesen Ansatz zu verfolgen. Sobald Sie exklusive Verantwortlichkeit einführen, bei der jeder Entwickler nur sein eigenes Artefakt modifizieren kann, handeln Sie sich ernst zu nehmende Flaschenhälse ein. Muss beispielsweise eine Änderung an einem bestimmten Artefakt oder an einem Teil des Codes, dessen Besitzer gerade nicht zugegen ist, durchgeführt werden, muss jeder warten (oder darum herum arbeiten). Weiterhin führen Sie mit exklusiver Verantwortlichkeit Kopfmonopole ein, durch die das Wissen über ein Artefakt nur im Kopf des Besitzers ist – dies stellt ein zusätzliches Risiko für Ihr Projekt dar.

Bei großen verteilten Teams, wie auch für große lokale Teams, funktioniert Teamverantwortlichkeit am besten, wie ich auch in [Eckstein04, S. 127] erkläre:

Jedes Team besitzt exklusiv alle Liefergegenstände, die von den einzelnen Teammitgliedern erstellt werden, innerhalb des Teams hat aber jedes Mitglied Zugriff auf alles.

Sind die Mitarbeiter eines Featureteams bei unterschiedlichen Firmen angestellt, dann müssen Sie unter Umständen das Service Level Agreement (SLA) berücksichtigen. Diese Vereinbarung kann die Strategie der Teamverantwortlichkeit verhindern. Ist dies bei Ihnen der Fall, ist die bestmögliche Strategie die, das SLA so anzupassen, dass gemeinsame Teamverantwortlichkeit umgesetzt werden kann. Ist dies nicht möglich, können Sie jeden Mitarbeiter dieses Featureteams befragen, ob er die exklusive Verantwortlichkeit für ein bestimmtes Artefakt bzw. für einen bestimmten Teil des Codes übernimmt. Dann müssen alle Kollegen Änderungen an diesen Teilen durch Erzeugung eines Branches[4] vornehmen. Der exklusive Besitzer muss diesen Branch dann in Folge überprüfen und mit Unterstützung des Versionskontrollsystems freigeben. Wie Sie bereits beim Lesen dieser Anleitung sehen, ist diese Strategie offensichtlich komplex und wenig praktikabel, von daher sind Sie viel besser beraten, wenn Sie direkt Teamverantwortlichkeit implementieren.

9.1.5   Gemeinsame Programmierrichtlinien

In jedem Projekt – egal ob lokal oder verteilt – empfehle ich immer die Einführung von gemeinsamen Programmierrichtlinien. Ansonsten wird die Wartung des

---

4.   Ein Branch ist eine geplante Teilung des Pfades eines versionierten Elements (z.B. einer Methode oder Klasse). Beide Pfade dieses Elements können weiterhin versioniert werden.

Systems zum Alptraum. Zur Sicherstellung der Akzeptanz der Programmierrichtlinien sollten diese kurz und knapp gefasst sein. Immer wenn ich Mitarbeiter erlebt habe, die sich nicht an Programmierstandards hielten, waren die Richtlinien zu umfangreich und unterstützten die Entwickler nicht wirklich. Wie ich auch in [Eckstein04, S. 136] herausstelle:

Wenn ein [Programmier-]Standard nicht akzeptiert wird, obwohl er nicht überfrachtet ist, muss man die Entwickler bitten, ihn zu verbessern.

Darüber hinaus sind Werkzeuge, die automatisch die Einhaltung der Richtlinien überprüfen, hilfreich.

9.1.6   Features durch Tests übermitteln

Diese Praktik ermöglicht Ihnen, die angeforderten Funktionalitäten mithilfe von Tests zu vermitteln. In einer verteilten Umgebung, die nach dem Wasserfallmodell entwickelt, würden Sie an einem Standort an einer detaillierten Spezifikation arbeiten, diese zum anderen Standort senden, und dieser andere Standort würde versuchen, die Spezifikation zu verstehen und sie entsprechend umzusetzen. Zum definierten Meilenstein würde dieser andere Standort das Entwickelte liefern, und diese Lieferung würde dann gegen die Spezifikation überprüft werden. Bei der Umsetzung dieser Strategie besteht die größte Herausforderung in dem potenziellen Risiko, dass die Spezifikation missverstanden wird und die Entwicklung auf Annahmen basiert, die sich häufig als falsch herausstellen.

Ein besserer agiler Ansatz besteht darin, anstatt eine detaillierte Anforderungsspezifikation zu entwickeln die geforderten Features in Form von (Akzeptanz-)Tests zu definieren. Sie müssen so oder so irgendwann die Akzeptanztests definieren. Warum sollten dann also die Features redundant detailliert betrachtet werden – einmal für die Spezifikation und einmal für die Tests? Außerdem sind die Akzeptanztests in der Regel wesentlich genauer und stellen ein geringeres Risiko bezüglich möglicher Missverständnisse im Vergleich zu jeglicher Art von niedergeschriebener Spezifikation dar. Und schlussendlich haben die Akzeptanztests den großen Vorteil (nach Implementierung des zugehörigen Codes), ausführbar zu sein. So kann das entfernte Team selbstständig herausfinden, ob es die Anforderungen richtig verstanden hat oder nicht, schlicht durch die Ausführung dieser »Spezifikation«. Diese Empfehlung geben auch Keith Braithwaite und Tim Joyce (siehe [BraithwaiteJoyce05, S. 187]):

Verwenden Sie nicht lauffähige funktionale Tests, um die angeforderte Funktionalität auszudrücken. Die Anforderung ist eindeutig formuliert.

Als Basis für diese Strategie sollten Sie über ein Akzeptanztest-Framework verfügen, das Ihnen ermöglicht, ausführbare Tests zu erstellen, die darüber hinaus lesbar sind. FIT oder FitNesse sind Beispiele, die diese Anforderungen erfüllen (siehe

[FIT], [FitNesse] und [MugridgeCunningham05]). Als weitere Anforderung, um diesen Ansatz erfolgreich umzusetzen, sollten die Domänenexperten und die Tester an dem Standort, an dem die Akzeptanztests entwickelt werden, eng zusammensitzen. Idealerweise kennen sich die Domänenexperten im Schreiben von Akzeptanztests aus, allerdings habe ich das nur selten gesehen. In zwei meiner Projekte haben die Fachexperten die Akzeptanztests geschrieben, die Tester mussten jedoch anschließend stets die Akzeptanztests von Fehlern befreien.

Diese Praktik wird vor allem von verteilten Projekten eingesetzt, bei denen ein oder mehrere Offshore-Teams zu verschiedenen Firmen gehören und es schwierig ist, diese Teams für eine vollständige Einführung agiler Methoden zu gewinnen (oder diese vielleicht sogar zu erzwingen). Der vollen Integration jedes Teams in den agilen Prozess wird jedoch immer der Vorzug gegeben. Wird dies entsprechend umgesetzt, so hat jedes Featureteam einen Product Owner, der die Iterationen über Features aussteuert, aufkommende Fragen beantwortet und das Erreichte am Iterationsende akzeptiert oder ablehnt. Die Vermittlung von Funktionalitäten über Tests ist dann lediglich eine zusätzliche Strategie zur verbalen Kommunikation über die Anforderungen zwischen dem Product Owner und »seinem« Team.

Verteilte Agilität und Akzeptanztests
von Naresh Jain[a]

In 2004 arbeitete ich in Bangalore für einen Kunden in New York. Unser Kunde entwickelte Bezahlfernsehen als Produkt für die Versorgungsfirmen in den USA und Europa. Das Produkt bestand aus mehreren Komponenten, die mit verschiedenen Technologien entwickelt wurden. Der Teil des Produkts, an dem mein Team arbeitete, war das Herz des gesamten Systems. Es handelte sich um ein Enterprise-Application-Integration-(EAI-)Projekt für die Backoffice-Datenvalidierung und Abrechnung. Es gab auch J2EE-Komponenten für die Präsentation. An diesem Projekt arbeiteten vier Mitarbeiter in einem Team in Bangalore mit einem Auftraggeber in New York (USA) über die Dauer von 20 Monaten zusammen. Kundenseitig gab es einen Projektleiter, einen Fachexperten, einen Datenbankadministrator und zwei Tester in New York. Für das Team war Extreme Programming neu, und es probierte einige der Praktiken aus.

Geringe Kommunikationsbandbreite und die fehlende Sicht auf den Projektstatus sind zwei der häufigsten Herausforderungen von verteilten Entwicklungsteams. Diese Herausforderungen können zu ziemlich schwerwiegenden Konsequenzen führen. Diese Probleme gibt es auch bei zusammensitzenden Teams, aber in einer verteilten Umgebung verstärken sich die Auswirkungen. Im folgenden Abschnitt möchte ich meine Learnings aus diesem und einigen nachfolgenden verteilten Projekten beleuchten und aufzeigen, wie wir diese Herausforderungen gemeistert haben.

Als wir das Projekt starteten, waren wir alle in Bangalore, und das Konzept des Bezahlfernsehens war neu für uns. Keiner von uns hatte je ein Bezahlfernsehsystem benutzt. Kurzum, wir hatten alle keine Fachkenntnisse. Als uns der Fachexperte eine User-Story vorstellte, verstanden wir nur Bahnhof. Es war uns zu peinlich, »wir haben das nicht verstanden« zu sagen, und sagten stattdessen »wir haben verstanden«. Aus diesem Grund erstellten wir ein Produkt, das sich vollständig von dem unterschied, was unser Kunde von uns erwartete. Zuerst hatten wir außerdem Probleme, den Akzent der Kunden zu verstehen, was unsere Missverständnisse vergrößerte. Während wir mit all diesen Problemen kämpften, entdeckten wir die Magie der Akzeptanztests und testgetriebenen Entwicklung.

Traditionellerweise sammeln wir die Anforderungen, und nach Erstellung des Produkts gibt es eine Akzeptanztestphase, in der der Kunde das tatsächliche System benutzt und überprüft, ob es ihm zusagt, und er es akzeptiert. Da der Feedback-Zyklus recht lange dauert, versuchen manche Teams ein Kundenreview im Anschluss an jede Phase des Softwareentwicklungsprozesses durchzuführen. Unglücklicherweise kann sich der Kunde bis zu dem Zeitpunkt, zu dem er das Produkt sieht, nicht tatsächlich vorstellen, was passiert. Meiner Erfahrung nach führt dieser Ansatz dazu, dass am Projektende die Hölle los ist.

Wir haben die Praktik der Akzeptanztests als eine Lösung zur Vermeidung dieses Problems entdeckt. Akzeptanztests sind eine Praktik des Extreme Programming (XP), bei der der Kunde (die Person, die eine User Story initiiert) Akzeptanzkriterien nebst der User Story (wenn es Ihnen besser gefällt, nennen Sie diese einfach Anforderung) spezifiziert. Die Akzeptanzkriterien sind eine Liste von Kriterien, die die Bedingungen beschreiben, unter denen der Kunde die Story akzeptieren und die Funktionalität als vollständig erklären würde. Sobald ein Team die Akzeptanzkriterien kennt, kann es mit dem Kunden zusammenarbeiten, um Beispiele für jedes dieser Kriterien zu erhalten und deren Überprüfung zu automatisieren. Diese automatisierten Einheiten werden als Akzeptanztests bezeichnet. Werkzeuge wie FIT oder FitNesse unterstützen die Erstellung dieser Tests.

Zuerst nahmen wir einige Stories und schrieben Akzeptanztests mit FIT. Sobald sie funktionierten, zeigten wir sie unseren Kunden. Überraschenderweise mochten sie diesen Ansatz und halfen uns dabei. Das Schöne an diesen automatisierten Akzeptanztests und dem teambasierten Autorisierungsprozess ist, dass sie alle Mehrdeutigkeiten in den Anforderungen eliminieren und das Entwicklungsteam dabei unterstützen, das gleiche Verständnis wie der Kunde zu entwickeln. Das kann für verteilte Teams sehr hilfreich sein, da sie so zur Zusammenarbeit mit dem Kunden gezwungen sind und es außerdem einen klaren Abschluss für die Featureentwicklung gibt. Wenn alle Akzeptanztests durchlaufen, ist die Story funktional vollständig. Das hilft nicht nur bei geringer Kommunikationsbandbreite, sondern erhöht auch die Sichtbarkeit des Projektstatus. Der Kunde kann ganz einfach die Akzeptanztests ausführen oder einen Blick auf unseren fortlaufenden Integrationsbericht werfen, und schon sieht er den Status der aktuellen Entwicklungsarbeit. Über die Zeit bilden diese Akzeptanztests die Basis für die Regressionstests.

Obwohl sich das alles großartig anhört, sind wir auf eine Hürde gestoßen und mussten diese Praktik in unserem Team aufgeben. Wir verwendeten von Beginn an FIT mit einer Bibliothek zum Testen von HTML-Seiten. Im Wesentlichen haben unsere FIT-Tests Webseiten unter Verwendung dieser selbst entwickelten Bibliothek manipuliert. Die Akzeptanztests auf Basis der Webschicht zu schreiben, erschien uns zu Beginn richtig. Es stellte sich jedoch heraus, dass unsere Akzeptanztests sehr fragil waren. Wir konnten alles sehr schnell zum Laufen bringen, aber wir verwendeten viel zu viel Zeit mit der Wartung der Akzeptanztests, was sich zu einem bestimmten Zeitpunkt als des Guten zu viel herausstellte. Wir führten den teambasierten Ansatz der Akzeptanztests fort, aber hörten auf, irgendwelche Akzeptanztests zu schreiben oder zu warten.

Sobald ich zum nächsten verteilten Projekt weiterzog, begannen wir dort aufgrund dieser Learnings, Akzeptanztests zu schreiben, die eine Schicht unterhalb der grafischen Benutzungsoberfläche ansetzten. Überraschenderweise funktionierte es dieses Mal großartig. Es funktionierte so gut, dass ich diese Praktik seither in allen meinen Projekten, selbst in lokalen, eingesetzt habe. Nachfolgend kommt die Beschreibung, wie diese Praktik in einer verteilten Umgebung funktioniert.

Bevor die Iteration startet, entwickelt der Kunde (Product Owner) zusammen mit dem Domänenexperten (Fachexperten) User Stories und Akzeptanzkriterien für jede der Stories. Während der Planung erläuterte der Product Owner oder der Domänenexperte dem Entwicklungsteam die Story und die Akzeptanzkriterien. Die Akzeptanzkriterien halfen uns enorm, Dinge zu begreifen. Wenn manchmal die Story nicht verständlich war, diskutierten wir die Akzeptanzkriterien und fügten neue hinzu oder aktualisierten die existierenden, um Mehrdeutigkeiten zu eliminieren. Sobald die erwartete Funktionalität klar ist, verwenden die Entwickler diese Akzeptanzkriterien zur Schätzung der Story. Mithilfe der Schätzungen und der Prioritäten legt sich das komplette Team auf User Stories fest.

Während der Iterationen greifen die Entwickler Stories heraus und reservieren Zeit mit dem Kunden oder dem Domänenexperten für das Schreiben von beispielhaften Akzeptanzkriterien. Dabei handelte es sich meist um einstündige Meetings via Internet. Wir nannten diese üblicherweise »Tieftauchgangssitzungen« (englisch: Deep Dive Sessions). Da FitNesse ein Wiki zur Verfügung stellt und die meisten unserer Kunden mit Wikis vertraut sind, arbeiten wir auf dem Wiki zur Erstellung der beispielhaften Akzeptanzkriterien zusammen. Mit der Hilfe des Wiki und Instant Messaging (manchmal auch VoIP) waren wir in der Lage, Beispiele für die vorgegebene Story zu entwickeln. Für gewöhnlich waren in diesem Schritt auch Tester beteiligt, die aufgrund ihres Verständnisses Testskripte für (zumeist automatisierte) Tests entwickeln konnten.

Ab diesem Moment beginnen die Entwickler mit der Implementierung der Story, während die Tester an den Testfällen für die gleiche Story arbeiten. Sobald die Entwickler fertig sind, lassen die Tester alle ihre Tests laufen und geben die Story frei. Am Iterationsende nimmt der Kunde an der Präsentation teil und zeichnet alle fertiggestellten Stories ab. Bitte beachten Sie, dass es Zeiten gab, zu denen eine Story fertig war, aber die Tester einige Probleme fanden oder der Kunde das Entwicklungsteam um ein paar Änderungen bat. Akzeptanztests garantieren keine 100%ige, bombensichere Funktionalität. Das Ziel ist, die Entwicklung voranzubringen und offensichtliche Fehler, die am Ende durchschlüpfen, zu entdecken. Ich erinnere mich an einen Fall, als wir zur Sortierung von allen Datensätzen nach allen Spalten, die angezeigt wurden, einige Funktionalitäten erstellten. Wir hatten funktionierende Akzeptanztests, der Kunde schaute sich auch die Präsentation an und war glücklich. Als wir dann an den Kunden auslieferten, kam das System mit einem Fehler zurück. In der Produktionsumgebung gab es eine Menge Datensätze, und die Ergebnisse wurden seitenweise dargestellt. Das Problem war, dass wir nur die Zeilen der aktuellen Seite sortierten, aber der Wunsch des Kunden war, dass wir die Zeilen aller Seiten sortierten. Solche Dinge können übersehen werden. Aber wenigstens benötigten wir nur einen halben Tag, um diesen Fehler zu korrigieren.

Die Praktik der Akzeptanztests hat uns wirklich geholfen, Kommunikationslücken zu reduzieren und die Sichtbarkeit des Projekts zu erhöhen. Versuchen Sie es ein paar Mal, und Sie werden daran glauben.

a.   Naresh Jain (Indien), Software Craftsman, *http://agilecoach.in*.

9.1.7 Mühe mit Praktiken von der Stange

Ich empfehle zwingend, die existierenden agilen Praktiken als Leitlinie zu betrachten. Meiner Überzeugung nach ist XP die solideste agile Methode bezüglich definierter Entwicklungspraktiken. Das Ziel, diese Praktiken einzusetzen, ist auf alle Fälle auch in einem verteilten Projekt eine gute Idee.

Es ist möglich, dass das Team Mühe bei der erfolgreichen Umsetzung einiger dieser empfohlenen Praktiken hat. Solange sich die Teammitglieder an die agilen Werte und Prinzipien des Agilen Manifests erinnern, ist das kein Problem. Setzt man diese Werte und Prinzipien als gegeben voraus, so sollte das Team Folgendes berücksichtigen:

- **Die Ziele der Praktik kennen.**
  Das Team sollte untersuchen, was die Ziele der Praktik sind. Nehmen wir beispielsweise mal an, dass paarweises Programmieren die Entwicklungspraktik ist, die für das Team nicht funktioniert. Das Team entdeckt dann höchstwahrscheinlich, dass paarweises Programmieren folgende Ziele hat: Wissenstransfer, höhere Disziplin und bessere Qualität durch kontinuierliche Reviews.

- **Entscheiden, ob diese Ziele auch den eigenen entsprechen.**
  Das Team muss dann entscheiden, ob diese Ziele auch nach der eigenen Überzeugung erstrebenswert sind. Wenn wir bei dem obigen Beispiel bleiben, beschließt das Team eventuell, dass es ebenfalls die Ziele Wissenstransfer, höhere Disziplin und bessere Qualität anstreben möchte.

- **Eigene Praktiken definieren, die die gleichen Ziele verfolgen.**
  Angenommen das Team entscheidet, dass die Ziele den eigenen entsprechen, dann muss das Team andere Praktiken finden, die die gleichen Ziele verfolgen und darüber hinaus vom Team akzeptiert werden. Das bedeutet manchmal, dass das Team zwei oder mehr Praktiken definieren muss, um die gleichen Ziele zu erreichen, die mit der einen Praktik von der Stange bewirkt werden. Bezogen auf das oben angeführte Beispiel entschließt sich das Team, anstelle von paarweisem Programmieren (was eine Praktik von der Stange ist, aber für dieses Team im Beispiel nicht funktioniert) Peer Reviews durchzuführen, stellt eine Regel auf, dass alles von zwei Paar Augen mittels Codeinspektionen und regelmäßigen gegenseitigen Lesens des Codes begutachtet werden muss, u.v.m. Das Team kann sich dann darauf festlegen, dass alle diese Strategien umgesetzt werden müssen, um die gleichen Ziele zu erreichen, die mit paarweisem Programmieren erreicht werden.

Vorrangig empfehle ich, agile Praktiken von der Stange zuerst auszuprobieren. Treffen Sie nicht die Entscheidung, dass eine Praktik für Sie nicht funktioniert, wenn Sie sie nicht zuvor mindestens drei Iterationen getestet haben. Starten Sie beispielsweise mit den Praktiken von der »XP-Stange«. Stellen sich diese für Sie als unpraktikabel heraus, ist es wichtig, dass Sie die notwendigen Anpassungen in Ihrer Umgebung vornehmen.

9.2 Prozesspraktiken

Es gibt einige weitverbreitete agile Praktiken, die zur Etablierung und Bewahrung des agilen Wertesystems beitragen. Wie für die meisten agilen Praktiken gilt auch für diese, dass sie vorrangig für lokale Teams entworfen wurden. Aber auch verteilte Teams werden von diesen Praktiken profitieren, obwohl sie sie an ihre spezielle Umgebung anpassen müssen.

Für Kollegen, die zusammensitzen, erfolgt die Synchronisation größtenteils automatisch, beispielsweise bei Gesprächen in der Kaffeeküche. Informationen werden beiläufig ausgetauscht, jeder Mitarbeiter erhält einen Eindruck über Vorgänge über sein eigenes Tätigkeitsfeld hinaus. Keines dieser informellen, aber sehr wichtigen Gespräche findet in einem verteilten Projekt statt. Deshalb muss so ein Informationsaustausch institutionalisiert werden. Hat ein Projekt einen hohen Verteilungsgrad, so ist es sehr schwierig, diese Synchronisation über das gesamte Projekt zu ermöglichen. Sie müssen hart daran arbeiten, dass diese Synchronisation stattfindet, da ansonsten der Projekterfolg auf der Kippe steht. Ohne diese Synchronisation verfolgt jeder Standort seine eigenen Ziele, und diese Ziele decken sich leider selten mit den Zielen des gesamten Projekts.

9.2.1 Tägliche Synchronisation

Für jedes Team, egal ob klein oder groß, verstreut oder lokal, ist es essenziell, dass sich alle Teammitarbeiter täglich synchronisieren. Diese Synchronisation ist eine Praktik, die sich in all den verschiedenen agilen Methoden wiederfindet. In Extreme Programming wird sie *Daily Stand up* genannt, in Scrum *Daily Scrum*, in Feature Driven Development (FDD, siehe [FeatureDrivenDevelopment]) *Morning Roll Call*, und in der Dynamic Systems Development Methode (DSDM, siehe [DSDM]) heißt sie *Daily Wash-Up*. Egal wie diese Synchronisation genannt wird, die Namen implizieren alle, dass sie täglich stattfindet und dass sie eine unverzichtbare Gewohnheit ist. Diese tägliche Synchronisation dauert in der Regel zehn bis 15 Minuten. In diesem – kurzen – Meeting berichtet jeder Teammitarbeiter:

- Woran er seit der letzten Synchronisation gearbeitet hat (also seit gestern)
- Woran er bis zur nächsten Synchronisation arbeiten wird (das heißt bis morgen)
- Gibt es Störungen (oder sind welche zu erwarten), die ihn an der Erledigung der Aufgabe hindern

Dieses Meeting ist für das Team wichtig, damit jeder eine Vorstellung davon bekommt, was gerade im Team vor sich geht. Von dieser täglichen Synchronisation sollte jeder genug Feedback über den aktuellen Projektstatus erhalten, um mit Rollen umzugehen und frühzeitig über mögliche Probleme Bescheid zu wissen. Die Idee ist aber nicht, diese Probleme hier zu lösen. Das heißt, wann immer ein Teammitglied über etwaige (möglichen) Störungen in diesem Meeting berich-

Abb. 9–2   *Tägliche Synchronisation*

tet, wird lediglich beschlossen, wer wann helfen wird, um dieses Problem zu
lösen. Diese Lösung kann über eine Eskalation ans Management erfolgen oder
durch eine schnelle Designsession mit einem Kollegen oder über eine Telefonkonferenz mit dem Kunden – was auch immer notwendig ist –, damit dieses Teammitglied seine Aufgabe erledigen kann.

Ziel der täglichen Synchronisation sind die reine Nennung existenter Probleme und die Sicherstellung deren Nachverfolgung, aber nicht die Diskussion
über Lösungsmöglichkeiten. Die tägliche Synchronisation soll kurz und präzise
geführt werden und nicht durch andauernde Diskussionen in die Länge gezogen
werden. Andernfalls verbreitet sich unter den Mitarbeitern schnell der Eindruck,
dass sie hier ihre Zeit verschwenden, und sie beginnen (mit gutem Recht) die
Sinnhaftigkeit der täglichen Synchronisation zu hinterfragen.

XP praktiziert die tägliche Synchronisation als Standup-Meeting, das heißt,
XP schlägt vor, dass die Teammitglieder während des Meetings stehen, es sich
nicht gemütlich machen, sondern stattdessen auch physisch auf eine kurze Zeitdauer achten. Es ist hilfreich, wenn es eine dedizierte Person gibt, die auf die Einhaltung der Regeln der täglichen Synchronisation achtet. Das kann irgendjemand
aus dem Team sein, aber sehr häufig übernimmt der Coach diese Aufgabe.

9.2.2   Projektweite Synchronisation

Die tägliche Synchronisation – wie beschrieben – dient hauptsächlich dem
Zweck, dass alle Teammitglieder innerhalb eines Featureteams ein gemeinsames
Verständnis über die anstehenden Aufgaben entwickeln. Besteht das Projekt
jedoch aus mehr als einem Featureteam, was in einer verteilten Umgebung eher
der Normalfall ist, müssen Sie gewährleisten, dass sich die Informationen feature-

teamübergreifend verbreiten. Das erfolgt meist über ein zusätzliches Meeting, das durch Scrum als (tägliches) *Scrum of Scrums* bekannt ist. Grundsätzlich hat es die gleiche Struktur wie die tägliche Synchronisation. Jedes Featureteam »sendet« einen Stellvertreter zu dem Scrum of Scrums. Dieser Stellvertreter berichtet analog zur täglichen Synchronisation darüber:

- Woran sein Featureteam seit der letzten Synchronisation gearbeitet hat (also seit gestern)
- Woran sein Featureteam bis zur nächsten Synchronisation arbeiten wird (das heißt bis morgen)
- Gibt es Störungen (oder sind welche zu erwarten), die das Featureteam an der Erledigung der Aufgaben hindern

Auch diese projektweite Synchronisation findet täglich in einem Zeitrahmen von zehn bis 15 Minuten statt. Das heißt, auch diese Synchronisation ist als kurzes Meeting angesetzt. Ich habe erlebt, dass selbst mit 20 Teilnehmern, die jeweils ihr Team repräsentierten, das Meeting lediglich 15 Minuten dauerte.

Für diese Synchronisationen ist es wichtig, dass sie sich nicht in Diskussionen verlieren, da ansonsten der definierte Zeitrahmen niemals eingehalten werden kann. Wenn dies ab und zu vorkommt, dann sinkt das Ansehen der Synchronisation, da sie zu viel Zeit kostet und nicht mehr ihrem Zweck dient.

Wer sein Team im Scrum of Scrums vertritt, hat auch die Aufgabe, sein Team darüber in Kenntnis zu setzen, was im gesamten Projekt los ist.

Der projektweite Informationsaustausch kann also über Synchronisationen auf mehreren Ebenen erfolgen. So kann die tägliche Synchronisation, die ein Featureteam durchführt, als die erste Ebene betrachtet werden. Die zweite Ebene der Synchronisation ist das Scrum of Scrums mit dem featureteamübergreifenden Informationsaustausch.

In manchen Projekten gibt es zu viele Featureteams, sodass es schwierig wird, alle in einem Meeting zu synchronisieren. Aus diesem Grund führen diese Projekte eine weitere Ebene für die Synchronisation ein. Zum Beispiel tauschen sich dann die Featureteams eines spezifischen Fachbereichs in einem Scrum of Scrums (auf der zweiten Synchronisationsebene) aus, und auf der dritten Ebene treffen sich die Stellvertreter dieser Fachbereiche zum Informationsaustausch in einem »Scrum of Scrum of Scrums«.

Mit Einführung der dritten Synchronisationsebene (dem »Scrum of Scrum of Scrums«) wächst das Risiko des Informationsverlusts. Dann ist es meist besser, wenn Stellvertreter einer Ebene (oder eines Featureteams bzw. Fachbereichs) einfach als Zuhörer an einer regulären täglichen Synchronisation einer anderen Ebene (oder eines anderen Featureteams bzw. anderen Fachbereichs), die für sie von Interesse ist, teilnehmen. Anstatt also ein Scrum of Scrums mit den Featureteams des Fachbereichs A und dann ein Scrum of Scrums über alle Fachbereiche zu organisieren, lade ich interessierte Mitarbeiter von anderen Fachbereichen ein, beim Scrum of Scrums des Fachbereichs A zuzuhören.

In einigen Projekten hat sich ein *Site Scrum of Scrums* für uns als hilfreich herausgestellt. Dort synchronisieren sich Stellvertreter der verschiedenen Feature-teams des gleichen Standorts. Das Site Scrum of Scrums findet meist nicht täglich statt. Oft ist es ausreichend, wenn das Meeting ein oder zwei Mal pro Woche zur Klärung der standortspezifischen Probleme stattfindet. Häufig stehen beim Site Scrum of Scrums Themen wie die Infrastruktur oder die lokale Firmenpolitik, die den Fortschritt der Teams an diesem Standort behindern, im Mittelpunkt.

9.2.3   Verstreute Synchronisation

Je geringer die Wahrscheinlichkeit ist, dass es tagsüber zu zufälligen Gesprächen in der Kaffeeküche kommt, desto wichtiger ist es, tägliche Synchronisationen durchzuführen, um den Gesamtzusammenhang zu vermitteln sowie um zu erfahren, was grundsätzlich so läuft. Das trifft mit Sicherheit für alle Teams und alle Teammitarbeiter zu, die nicht zusammen untergebracht sind.

Die Verwendung von Mitteln mit geringem technischem Aufwand, wie tägliche Telefonkonferenzen, stellten sich als effizient und praktikabel heraus, insofern Sie Folgendes berücksichtigen:

- **Verbindung über das Telefon**
  Die Verbindung zu anderen Standorten erfolgt telefonisch. Beispielsweise wird dann eine Telefonkonferenz zwischen Deutschland, Russland und Irland aufgesetzt.

- **Verwenden der Freisprechanlage**
  In jedem Raum befindet sich ein gutes (!) Mikrofon. Vermeiden Sie die Verwendung des Telefonhörers als Mikrofon. Wir lernten, dass wir die restlichen Teilnehmer vergaßen und die Unterhaltung wie ein Einzelgespräch führten, sobald wir in einen Telefonhörer sprachen. Das kann einerseits zur Verlängerung des gesamten Meetings führen, und andererseits wird die gegenseitige Verständigung sehr viel schwieriger, da dabei die geistige Haltung, die bei einer Ansprache einer Gruppe mit unterschiedlichen Hintergründen spricht, oft eingenommen wird, aufgegeben wird.

- **Seien Sie vorbereitet.**
  Wenn eine große Anzahl von Personen (20 oder sogar mehr) an der verstreuten täglichen Synchronisation teilnehmen, unterstützen wir dieses Meeting, indem wir alle Teilnehmer bitten, vorab einen Kurzbericht ins Wiki zu stellen. Sorgen Sie jedoch dafür, dass diese Vorbereitung wenig Zeit in Anspruch nimmt. Sie sollte lediglich ein bis zwei Minuten dauern – es wird kein hübscher, ausgefeilter Bericht erwartet. Da jeder Beteiligte den Gesamtzusammenhang aufgrund der täglichen Synchronisation verinnerlicht hat, ist eine umfangreiche Dokumentation unnötig.

▨ **Machen Sie Notizen.**
Einer der Teilnehmer macht Notizen über die Störungen, die nachverfolgt
werden müssen. Diese Notizen werden nach Möglichkeit an einer Stelle festgehalten, an der sie von jedem Teammitglied einsehbar und zugreifbar sind,
also zum Beispiel im Projekt-Wiki.

▨ **Gemeinsamer Blick auf den Iterationsplan**
Häufig ist es hilfreich, wenn alle während der täglichen Synchronisation den
Iterationsplan vor Augen haben. Dieser kann über eine Kollaborationsplatt-
form, wie z.B. NetMeeting, verfügbar gemacht werden.

▨ **Seien Sie kreativ.**
In einem meiner Projekte waren alle Teammitglieder in der Lage, die Sprache
des Hauptstandorts, der in Österreich war, zu verstehen und (teils leidlich) zu
sprechen. Für manche Teammitglieder war dies jedoch ihre Muttersprache,
während es für andere ihre zweite oder gar dritte Fremdsprache war. Wir entschieden deshalb, dass in der täglichen Synchronisation jeder in einer Fremdsprache und nicht in seiner Muttersprache sprechen musste. So sprachen in
diesem Beispiel die Österreicher englisch, während einige der Ungarn deutsch
sprachen. Dies trug dazu bei, dass jeder verstand, über was gesprochen
wurde, da jetzt jeder langsamer und unter Verwendung eines einfacheren
Vokabulars sprach. Dieses Beispiel kann vermutlich nicht so einfach auf
andere Projekte übertragen werden. Mit dieser Geschichte möchte ich Sie
aber daran erinnern, dass Sie manchmal kreativ sein müssen, um sowohl das
Funktionieren der Synchronisation als auch den gegenseitigen Respekt sicherzustellen.

▨ **Erlauben Sie etwas mehr Zeit.**
Zur Stärkung der Beziehung innerhalb eines verstreuten Teams sollten Sie in
der täglichen Synchronisation zusätzliche Zeit für informelle Gespräche einplanen[5]. Das gibt den Teilnehmern die Möglichkeit, über Dinge zu reden, die
ihnen wichtig sind. Dieser Teil der täglichen Synchronisation sollte lediglich
Regeln unterliegen, die auch in Gesprächen unter Freunden gelten. Durch
Einplanen dieser Extrazeit gewinnen die Teammitglieder ein besseres Verständnis über die individuellen Bedürfnisse.

Videokonferenzen werden von den wenigsten Projekten bei der verstreuten Synchronisation als hilfreich empfunden. Ein Grund sind die unterschiedlichen Zeitzonen, wodurch sich die Teilnehmer zu Zeiten der Synchronisation in komplett
unterschiedlichen Zuständen befinden. Einige haben den Tag erst begonnen, die
anderen haben nach einem langen Arbeitstag den Feierabend vor Augen. Niemand zeigt sich gern in abgespannter Tagesform. Vereinzelte Projekte berichten
vom erfolgreichen Einsatz der Videokonferenzen, besonders zu Projektbeginn.

---

5.   Dank an Jamie Allsop für diesen Hinweis.

Abb. 9–3   *Zeit für informelle Gespräche*

Zu diesem Zeitpunkt ist kein Teammitglied in der Lage, die teilnehmenden Stimmen zu erkennen. Diese Gelegenheit können Sie nutzen, um die Verwendbarkeit von Videokonferenzen in Ihrem Umfeld zu testen.

Das Telefon kann also für die Verbindung zu entfernten Mitarbeitern gut funktionieren, aber wie genau soll die Verbindung zu den Mitarbeitern aufgebaut werden, die gemeinsam an einem Standort sitzen und ebenfalls an der Telefonkonferenz teilnehmen? Für die Einbindung von zusammensitzenden Mitarbeitern in eine Telefonkonferenz mit entfernten Mitarbeitern gibt es zwei Strategien, die sorgfältig überprüft werden müssen.

▪ **Zusammensitzende Mitarbeiter treffen sich persönlich.**
Eine Möglichkeit besteht darin, dass sich die Mitarbeiter eines verstreuten Teams, die gemeinsam an einem Standort sitzen, sich auch gemeinsam in einem Raum treffen. Es kann also passieren, dass einige Mitarbeiter in Deutschland zusammenkommen, einige in Russland und noch ein paar in

Irland. Diese Zusammenkunft verstärkt zumindest die soziale Präsenz unter den zusammensitzenden Mitarbeitern. Handelt es sich bei der Synchronisation um das Scrum of Scrums, so gehören diese Mitarbeiter auch jeweils anderen Featureteams an, und dieses persönliche Treffen dient dann auch der Verbesserung von gegenseitigem Vertrauen und Respekt zwischen den Teams. Bei dieser Strategie müssen Sie jedoch darauf achten, dass die Mitarbeiter, die persönlich zusammenkommen, nicht irgendwelche Seitengespräche führen oder spezifische Körpersprache verwenden, da dies die entfernten Gruppen ausschließen würde.

Jeder verwendet die gleiche Bandbreite.
Die zweite Möglichkeit besteht darin, dass jedes Teammitglied auf die gleiche Art und Weise an der verstreuten Synchronisation teilnimmt. Die Verbindung erfolgt also über die höchste gemeinsam verfügbare Bandbreite. Das ist besonders dann wichtig, wenn Vertrauen essenziell ist, denn sonst werden immer diejenigen mit der geringsten Bandbreite abgehängt. Kann beispielsweise ein Standort nur über das Telefon an der Synchronisation teilnehmen, dann wählen sich alle anderen Teammitglieder, auch wenn sie eventuell persönlich oder per Videokonferenz teilnehmen könnten, ebenfalls über das simple Telefon unter Verwendung ihres Headsets ein. Unter Umständen sitzen dann zwei Konferenzteilnehmer mit ihren Headsets nebeneinander im gleichen Büro. Das hört sich vielleicht unsinnig an, aber folgt man dieser Strategie nicht, dann werden immer diejenigen mit der schlechtesten Verbindung die größten Probleme bei der Mitwirkung haben. Um den gegenseitigen Respekt im Team auszudrücken und nicht die einen den anderen vorzuziehen, sollte deshalb standortübergreifend die gleiche Technologie verwendet werden[6].

Die tägliche Synchronisation sollte – wie der Name unterstellt – täglich stattfinden, und zwar immer zur gleichen Zeit und am gleichen Ort, bzw. man sollte sich immer über die gleiche Telefonnummer in die Konferenz einwählen können. Selbst wenn das Team verstreut ist, sollte es möglich sein, eine Zeit zu finden, die für alle akzeptabel. Scott Ambler schlägt vor (siehe [Ambler02]:

> *[...] über überlappende Blockzeiten zu verhandeln; zum Beispiel steht Ihr Team in London an seinem Spätnachmittag und Ihr Team in New York an seinem frühen Morgen für Telefon- und Videokonferenzen, insofern diese notwendig sind, zur Verfügung.*

Die meisten agilen Methoden empfehlen, dass die Synchronisation jeden Tag zur gleichen Uhrzeit stattfindet. Ist ein Team jedoch verstreut, dann ist es gelegentlich ganz hilfreich, sich *nicht* an diese Regel zu halten. Legen Sie stattdessen verschiedene Uhrzeiten für jeden Wochentag fest. So ist der Zeitpunkt wenigstens ab und

---

6. Dank an Ainsley Nies für diese Erläuterung auf der Agile Open North West, Portland, Oregon, USA in 2007.

zu für jeden Teilnehmer (einigermaßen) angenehm und nicht – wie es allzu häufig vorkommt – immer günstig für alle, die am Hauptstandort sitzen, nicht aber für diejenigen an den anderen Standorten. Stellen Sie sicher, dass die terminliche Ansetzung der verstreuten täglichen Synchronisation unter Verwendung des Round-Robin-Modells erfolgt. Es mag nur ein kleiner Schritt sein, aber er wird seinen Beitrag zu gegenseitigem Respekt unter allen Standorten, Teammitgliedern und Nationalitäten leisten.

Diese Strategie sollte in den meisten Fällen anwendbar sein, obwohl sie gelegentlich unbequem sein wird. Wenn ein Zeitunterschied von 12 Stunden zu überwinden ist, dann haben Sie nur die Möglichkeit, sich entweder sehr früh am Morgen oder sehr spät am Abend zu erreichen. Aber auch dann empfehle ich, den Zeitpunkt für das Meeting zu wechseln, sodass es nicht die ganze Zeit sehr früh für die gleichen Leute stattfindet – außer alle Teilnehmer haben klare Vorlieben, die auf der ganzen Linie übereinstimmen (z.B. befinden sich auf der einen Seite des Globus Frühaufsteher und auf der anderen Seite die Langschläfer bzw. Nachtaktive). Bei Zeitunterschieden, die mehr als 12 Stunden betragen, haben Sie vermutlich sogar Probleme damit, überhaupt überlappende Zeiten zu finden. Ein Vorschlag ist es, einen »Satelliten« zu installieren, der die Zeitdifferenz überbrückt. Um beispielsweise den Zeitunterschied zwischen der amerikanischen Westküste und Asien zu überbrücken, etablieren Sie ein (Satelliten-)Team in Europa, das die Kommunikation in beide Richtungen, durch Teilnahme an zwei täglichen Synchronisationen, sicherstellt. Alternativ können die verstreuten Mitarbeiter auch die drei Fragen der Synchronisation im Wiki beantworten. In einem meiner Projekte war dies für eins der verstreuten Featureteams das einzige probate Mittel. In einem anderen Projekt wurde diese Strategie unterstützend verwendet, um die Zeit für die verstreute Synchronisation durch Bereitstellen der Informationen vorab zu reduzieren. Dadurch konnte sich die verstreute Synchronisation hauptsächlich auf das Erkennen der Störungen konzentrieren.

Diese Strategien werden Ihr Problem jedoch nicht komplett lösen, da eine Indirektion zumeist die Komplexität der Kommunikation erhöht. Eine Lösung besteht darin, die Verbindung über längere persönliche Treffen sicherzustellen und elektronische Mittel in den Zeiten zwischen den Treffen zu verwenden. Bezüglich der Häufigkeit dieser persönlichen Meetings müssen Sie den Grenzwert für vertrauensvolle Beziehungen berücksichtigen (siehe auch Abschnitt 4.1.1). Eine andere Lösung, die auch von vielen meiner Kollegen bestätigt wurde, bezieht sich darauf, dass viele nur deshalb in der Lage sind, einen guten Kommunikationsfluss zwischen den verschiedenen Standorten aufrechtzuerhalten, weil sie genügend Mitarbeiter mit unterschiedlichen Biorhythmen im Team haben. Das heißt, einige von ihnen ziehen es vor, bis spät in der Nacht zu arbeiten, während andere den extrem frühen Morgen bevorzugen. Lise B. Hvatum schlägt in [Hvatum07, S.8] zusätzlich zu der täglichen Synchronisation *Smart Meetings* vor:

Durch die Reservierung gemeinsamer Zeiten und dadurch, dass Teammitglieder füreinander zu bestimmten Zeiten während der Woche zur Verfügung stehen, können Sie einen Spontankontakt (wenn auch mit einer Verzögerung) imitieren.

Obwohl vorgeplant, so sollten diese Arten von Smart Meetings (oder Jour fixe) nur dann stattfinden, wenn die Teilnehmer dies auch für nötig halten. Im Gegensatz dazu findet die tägliche Synchronisation jeden Tag statt, da sie jeden Tag erforderlich ist.

9.3 Entwicklungskultur

Distanz macht alles, was Sie gemeinsam verwenden wollen, schwierig. Dies gilt auch für die Einführung einer gemeinsamen Entwicklungskultur. Am Ende wollen Sie jedoch ein Produkt und nicht mehrere Produkte liefern. Und darüber hinaus werden nach Fertigstellung des Produkts vermutlich nur ein paar Leute für die Wartung des Produkts zuständig sein. Ignorieren Sie jedoch eine gemeinsame Entwicklungskultur, so werden Sie nicht nur Probleme bezüglich der Entwicklung eines kohärenten Systems erhalten, sondern auch die Arbeit des Wartungsteams erschweren.

Herrscht Einvernehmen über die Entwicklungskultur, ist es wesentlich einfacher, gemeinsam zu lernen und Synergien zu nutzen. Die Schwierigkeit besteht jedoch darin, dass ich nie die Akzeptanz von Regeln erlebt habe, die diktiert wurden. Aus diesem Grund müssen die Teammitglieder diejenigen sein, die die Regeln definieren. Nur so kann eine gemeinsame Kultur entstehen. Aber das ist noch nicht alles: Das Team muss seine Abmachungen von Zeit zu Zeit auch sorgfältig überprüfen, um festzustellen, was tatsächlich funktioniert und was nicht – bzw. was wirklich akzeptiert wird und was nicht.

9.3.1 Gemeinsame Praktiken erfassen

Nachfolgend sind einige Erfahrungen aufgelistet, die uns bei der Entwicklung einer gemeinsamen Kultur geholfen haben:

■ **Machen Sie *Gewusst-Wies* im Wiki zugreifbar.**
Dadurch wird es für Neueinsteiger (nicht nur in das Projekt, sondern auch in einen anderen Projektbereich) einfach, sich zurechtzufinden. Alle sind gleichermaßen dafür verantwortlich, das Gewusst-Wie zu aktualisieren, wenn sie feststellen, dass etwas nicht so funktioniert, wie es soll. Der Coach muss die Mitarbeiter an diese gemeinsame Verantwortung erinnern, sobald sich jemand über ein veraltetes Gewusst-Wie beschwert.

■ **Entwickeln Sie aus den Retrospektiven und Rückblicken Richtlinien.**
Während der Retrospektive wird ein erheblicher Aufwand in die Entdeckung von Dingen, die zu erfolgreicher Zusammenarbeit beitragen, und Dingen, die diese behindern, gesteckt. Rückblicke tragen außerdem dazu bei, häufige Fehler und gute Lösungen aufzuspüren. Beide, sowohl Retrospektiven als auch Rückblicke, bieten eine ausgezeichnete Quelle für die Entwicklung von *Dos und Don'ts* (deutsch: was man tun und lassen sollte) für das Projekt. Dies sollte ein lebendes Dokument sein, da sich die Richtlinien aufgrund neuer Erkenntnisse gegebenenfalls verändern werden. Von daher ist ein Wiki hervorragend für solche Sammlungen geeignet.

■ **Stellen Sie eine gemeinsame Kultur durch Mentoren sicher.**
Der Coach ist häufig derjenige, der das Team an die Übernahme von Verantwortung und die Einhaltung von Absprachen (oder die Änderung der Absprachen, falls diese ungültig wurden) erinnern muss. Dies ist manchmal nicht ausreichend. Besonders dann, wenn die vereinbarte Kultur einige Änderungen bezüglich des Verhaltens erfordert, wie es zum Beispiel bei testgetriebener Entwicklung der Fall ist. Hilfreich sind unter diesen Bedingungen Mentoren, die Mitarbeiter unterstützen, die Schwierigkeiten in der Umstellung haben. Bitte beachten Sie, dass jedes Teammitglied als Mentor herangezogen werden kann, falls es die für den jeweiligen Zweck notwendige Qualifikation vorweist. Natürlich wird es auch vereinzelte Fälle geben, bei denen eine reguläre Schulung für den Kenntniserwerb ausreichend sein wird. Häufiger werden Sie jedoch feststellen, dass eine Schulung eine zu künstliche Umgebung darstellt und die Neueinsteiger vielmehr eine Unterstützung in ihrem Alltag bei der Bewältigung entsprechender Aufgaben oder der Umsetzung des neuen Verhaltens benötigen.

Die Kommunikationsvermittler werden zur Entstehung einer gemeinsamen Kultur beitragen und Schwierigkeiten mit manchen Vereinbarungen aufdecken (mehr dazu in Abschnitt 5.1). Aus diesem Grund ist es auch die Aufgabe der Kommunikationsvermittler, die Erkenntnisse eines Teams zu verbreiten und den anderen Teams zugänglich zu machen.

9.3.2 Vereinbarte Praktiken ändern

All diese Richtlinien tragen dazu bei, eine gemeinsame Kultur zu etablieren. Um diese aber zu bewahren, muss das Team von Zeit zu Zeit die Richtlinien überprüfen und verbessern. Retrospektiven leisten genau dazu einen Beitrag (mehr dazu in Abschnitt 8.3).

Darüber hinaus treffen sich in den meisten unserer Projekte (oft wechselnde) Stellvertreter der Teams regelmäßig entweder persönlich oder virtuell und hinterfragen, ob die Teams tatsächlich die vereinbarten Richtlinien beherzigen. Werden die vereinbarten Richtlinien ignoriert, diskutieren diese Stellvertreter, ob eventuell die Unterstützung für die Richtlinien fehlt, sodass die Teammitglieder diese Vereinbarungen schlichtweg vergessen haben, oder ob den Teammitgliedern die notwendigen Kenntnisse zur Umsetzung der Richtlinien fehlen oder die Richtlinien zwischenzeitlich überholt sind oder ob ein anderes ähnlich gelagertes Problem besteht.

Ein anderer Grund für die Nichteinhaltung der Vereinbarungen mag in der mangelnden Akzeptanz liegen. Nicht akzeptierte Vereinbarungen sind standardmäßig ungültig. Liegt dieser Fall vor, müssen die Stellvertreter eruieren, inwiefern diese Vereinbarungen tatsächlich wichtig sind und ob sie verändert werden müssen, damit sie akzeptiert und befolgt werden.

Gelegentlich stellen wir fest, dass einige Vereinbarungen nur von einem, aber nicht von den anderen Featureteams umgesetzt werden. Der Stellvertreter des Featureteams, das diese Praktik erfolgreich einsetzt, berichtet über die Einführung dieser Praktik und – noch wichtiger – was ihre Erfahrung mit ihr ist. Dadurch tragen diese Meetings dazu bei, dass ein Featureteam von einem anderen lernen kann.

9.3.3 Unterschiedliche Entwicklungskulturen

Vermutlich ist Ihr Ziel, exakt die gleiche Entwicklungskultur standort- und teamübergreifend zu etablieren, aber das ist nicht wirklich realistisch. Es ist wesentlich pragmatischer, sich auf eine gewisse Menge von Prinzipien zu einigen und eine Variation über deren Implementierungsdetails zuzulassen.

Einige unserer Featureteams verwenden testgetriebene Entwicklung als Entwicklungspraktik und andere nicht. Das ist unproblematisch, solange sich alle Teams einig darüber sind, dass der Code nur zusammen mit existierenden Tests integriert werden darf. Das hat zur Folge, dass die Tests immer zeitnah entwickelt werden – bei einigen Teams, bevor sie den Code schreiben, und bei anderen direkt danach. Aber nur diese Regel, dass der Code nur mit den zugehörigen Tests integriert werden darf, gibt uns die Freiheit, schadlos unterschiedliche Entwicklungskulturen in den verschiedenen Featureteams zuzulassen.

Ein weiteres Beispiel bezieht sich auf ein Projekt, in dem ein Featureteam paarweises Programmieren als Entwicklungspraktik einsetzt, während sich ein anderes Featureteam für die Sicherstellung der Qualität und des Wissenstransfers mittels Codeinspektionen entschied.

Es sollte jedoch offensichtlich sein, dass sich ein Featureteam nicht für die Verwendung einer anderen Integrationsplattform oder -strategie entscheiden kann, da dies sich entsprechend auch auf die anderen Teams auswirken würde. Sie können also problemlos unterschiedliche Entwicklungskulturen bei den verschiedenen Featureteams zulassen, solange sich diese Entwicklungskultur nicht negativ auf andere Featureteams auswirkt. Oder mit anderen Worten – die verschiedenen Featureteams müssen die gleiche Entwicklungskultur bezüglich all der Dinge leben, die sich auch auf die anderen Featureteams auswirken.

Ich empfehle jedoch, dass die verschiedenen Teams über die erfolgreich eingesetzten Praktiken regelmäßig berichten, da andere Teams eventuell mit Problemen kämpfen, die mittels dieser Praktiken behoben werden können. Ein häufiger Austausch über die Verwendung der Praktiken zwischen den diversen Featureteams trägt deshalb dazu bei, dass alle Beteiligten kontinuierlich dazulernen und das gesamte Team effektiver wird.

9.3.4 Standortübergreifend den Prozess mit CMMI oder ISO harmonisieren

Die meisten Bücher (z.B. [Ebert06] oder [Carmel99]), mit dem Fokus auf verteilter (globaler) Entwicklung behandeln das Thema der standortübergreifenden Harmonisierung des Prozesses ausschließlich im Hinblick auf CMMI[7]-Standards. Basierend auf der Annahme, dass das Offshore-Team CMMI-Level 4 oder höher zertifiziert ist, besteht der übliche Vorschlag darin, dass sich der andere Standort (typischerweise der Anwender/Auftraggeber) vor Beginn der Offshore-Zusammenarbeit ebenfalls nach CMMI mindestens auf Level 3 oder höher zertifizieren lassen sollte. Die Erwartung ist, dass dadurch das methodische Vorgehen harmonisiert werden würde. Allerdings ist es nicht ganz so einfach:

- Erstens sagt ein spezifischer CMMI-Level nichts über Flexibilität und Bereitschaft zur Zusammenarbeit eines bestimmten Unternehmens aus.
- Zweitens garantiert die Zertifizierung nicht, dass das Ergebnis einer hohen (oder der geforderten) Qualität entspricht – sie besagt lediglich, dass das Unternehmen seinen eigenen niedergeschriebenen Prozess befolgt. Handelt es sich jedoch bei dem von dem SEI[8] zertifizierten Prozess um einen agilen Prozess, dann sollte sich die Flexibilität des Unternehmens auch im Prozess wiederfinden.

Ein großes Problem besteht darin, dass CMMI häufig kontraproduktiv bezüglich Innovationen ist, wie zum Beispiel Prabhudev Konana, ausgezeichneter Professor an der Universität von Texas in Austin, in [Konana06, S.45] bestätigt:

> *[...] starre Prozesse, wie zum Beispiel CMM-Zertifizierungen, die den Firmen geholfen haben, aufgrund ihrer Qualität bekannt zu werden, fördern nicht notwendigerweise Innovationen. Tatsache ist, dass Starrheit unkonventionelle Praktiken ersticken kann, selbst wenn diese eine positive Auswirkung auf Innovationen haben.*

Obwohl auch eine agile Vorgehensweise zertifiziert werden kann, möchte ich einige grundlegende Unterschiede (die man auch umgehen kann) der beiden Ansätze herausstellen:

---

7. CMMI – Capability Maturity Model Integration.
8. SEI – Software Engineering Institute, *http://www.sei.cmu.edu/*.

- CMMI ist von Prozessen, während die Agilität von Menschen getrieben ist – sehen Sie hierzu auch den ersten Wertevergleich im Agilen Manifest: »*Individuen und Interaktionen sind wichtiger als Prozesse und Werkzeuge*« (siehe [AgileManifesto]).
- CMMI erfordert strikte Einhaltung des Prozesses, während Agilität vom Team fordert, den verwendeten Prozess regelmäßig zu hinterfragen.[9]
- CMMI verlangt intensive Aktivitätsnachverfolgung, während bei der Agilität das Erreichen der Ziele im Mittelpunkt steht.[10]
- CMMI fordert umfangreiche Dokumentation, während Agilität leichtgewichtige Dokumentation erwartet.[11]

Trotz alledem gibt es Beweise dafür, dass die Kombination von CMMI und Agilität von Vorteil sein kann. So berichtet beispielsweise Carsten Ruseng Jakobsen von Systematic in Dänemark, einem nach CMMI-Level 5 zertifizierten Unternehmen (siehe [Sutherland+07, S. 273]):

> *CMMI kann agile Firmen bei der konsistenteren Institutionalisierung von agilen Methoden unterstützen und zum Verständnis über die beteiligten Prozesse beitragen. [...] Scrum und andere agile Methoden können Unternehmen bei einer effizienteren Implementierung der Prozessanforderungen von CMMI anleiten.*

Wie Carsten Ruseng Jakobsen erläutert, so beruht die Basis für die Kombination von CMMI und Agilität darauf, dass beide die Einrichtung einer Kultur und eines Wertesystems, das auf kontinuierlichem Lernen aufbaut, unterstützen. CMMI behält dabei den Fokus darauf, *was* für ein Prozess Anwendung finden soll, während der agile Ansatz sich darauf konzentriert, *wie* etwas umgesetzt werden muss.

Auf diese Weise bieten CMMI und Agilität jeweils für sich große Vorteile. Carsten Ruseng Jakobsen glaubt aber:

> *Wenn Sie jedoch beide umsichtig verbinden, erhalten Sie eine starke Kombination von notwendiger Disziplin und agilen Werten und Techniken, die dem Grad der Interaktion, die der Kunde anbietet, angepasst werden können. Kurzum ich glaube, dass beide, CMMI und Lean/Agilität, gut sind, aber die Kombination der beiden ist sogar noch besser.*

In einem (global) verteilten Projekt können Sie deshalb CMMI als Hebel verwenden, um herauszufinden, welche Prozesse etabliert werden müssen. Und für die Gewährleistung einer wertvollen Beziehung zu Ihrem ausgegliederten (z.B. Out-

---

9. »Das Team reflektiert in regelmäßigen Abständen darüber , wie es effektiver werden kann, dann justiert es nach und passt sein Verhalten entsprechend an« (Prinzip des [AgileManifesto]).
10. »Unsere höchste Priorität ist es, den Kunden durch frühzeitige und regelmäßige Lieferungen von nützlicher Software zufriedenzustellen« (Prinzip des [AgileManifesto]).
11. »Lauffähige Software ist wichtiger als umfangreiche Dokumentation« (aus dem Wertesystem des [AgileManifesto]).

source-)Team bietet der agile Ansatz Empfehlungen (z.B. durch das Wertesystem und die Prinzipien des Agilen Manifests), wie die Prozesse etabliert werden sollen. Von einem weiteren Beispiel, das die erfolgreiche Verwendung von Standardisierung beschreibt, berichtet Bill McMichael von den Primavera Systems in Großbritannien. Er schildert, wie sie Nutzen daraus ziehen konnten, ein ISO-9001-zertifiziertes Unternehmen zu sein, als sie ein Offshore-Entwicklungszentrum aufbauten (siehe [McMichaelLombardi07, S. 264]):

> *Die niedergeschriebene Methodendokumentation hat sich als außerordentlich wertvoll bei der Unterstützung der Kommunikation und beim Aufbau der neuen Teammitglieder hinsichtlich Primaveras Implementierung von Scrum herausgestellt.*

Das Wichtigste bei der Harmonisierung der Methoden ist jedoch, dass man das gleiche Wertesystem teilt und darauf basierend Praktiken entwickelt (die sich im Detail von Team zu Team sogar unterscheiden können), die dann die gleichen Werte unterstützen. Das Problem ist, dass die Entwicklung des gleichen Wertesystems den Transfer von implizitem Wissen voraussetzt, was viel schwieriger als der Transfer von explizitem Wissen ist.

9.3.5   Gleiches Recht für alle

Achten Sie darauf, dass alle Mitarbeiter die gleiche Ausbildung erhalten. Ich betone dies, weil ich häufiger erleben musste, dass ausschließlich die Mitarbeiter der Zentrale in den Genuss von Schulungen kamen. Die Ausbildung sollte sowohl fachliches Wissen, das für die Entwicklung des Systems notwendig ist, als auch Kenntnisse über den verwendeten Prozess beinhalten. Schulen Sie schlicht alle Teammitarbeiter in dem verwendeten agilen Prozess. In Abhängigkeit von der Projektgröße können Sie entweder ein Seminar an jedem Standort organisieren oder die Teammitglieder an einen Standort dafür zusammenholen. Letzteres hat den netten Nebeneffekt, dass die Mitarbeiter nicht nur exakt die gleiche Ausbildung erhalten, sondern dass die Schulung durch das persönliche Treffen ihnen darüberhinaus noch die Möglichkeit des gegenseitigen besseren Kennenlernens gibt.

Abhängig vom bereits existierenden Kenntnisstand über agile Prozesse empfehle ich, jedem Team einen erfahrenen (am besten internen) Coach zur Seite zu stellen. Das Mindeste aber, was Sie tun können, ist, das gesamte Projekt durch einen erfahrenen agilen Coach zu unterstützen und diesen zu bitten, dass er ständig von Standort zu Standort reist, um so sicherzustellen, dass alle das gleiche Verständnis über den Entwicklungsprozess haben.

Sowohl die Durchführung der Schulungen als auch genügend erfahrene Coachs im Projekt zu haben – beides ist nicht gerade preiswert. Aber der Erfolg des Projekts wird diese Kosten ausgleichen.

9.4 Zusammenfassung

Agile Praktiken stellen einen eindeutigen Mehrwert für verteilte Teams dar. Lokale Teams können die Praktiken direkt einsetzen, was für verstreute Teams schwieriger ist. So hat ein stark verstreutes Team meist Schwierigkeiten, paarweises Programmieren zu verwenden. Befindet sich das verstreute Team jedoch ungefähr in der gleichen Zeitzone und trifft es sich auch häufig persönlich, dann hat sich virtuelles paarweises Programmieren als nützlich herausgestellt. Refactoring kann dann schwierig werden, wenn nicht alle im Team dem ständig gleichermaßen Beachtung schenken. Die größte Hürde besteht darin, dass sich ein notwendiges, ignoriertes Refactoring leicht von einem Featureteamproblem zu einem globalen Problem mausert, das dann wesentlich mühsamer zu koordinieren ist. Aus diesem Grund ist es die beste Lösung, Refactoring durchzuführen, sobald das Problem erkannt ist (und bevor es zum globalen Problem wird).

Fehlt einem Featureteam die Nähe zu seinem Product Owner, dann helfen Akzeptanztests, die Features durch diese Tests zu übermitteln. Dadurch werden Missverständnisse in der Anforderungsspezifikation vermieden, da Tests präzise, eindeutig und vor allem ausführbar sind. Das Featureteam kann so überprüfen, ob es die Anforderungen richtig verstanden hat. Trotz allem ist es immer besser, wenn der Product Owner mit dem Featureteam zusammensitzt und die Akzeptanztests als ein zusätzliches Mittel zur direkten Unterstützung durch den Product Owner verwendet werden.

Hat ein Team Probleme in der Anwendung der agilen Praktiken, sollte es erst die Ziele dieser Praktik ermitteln und anschließend andere Praktiken entwickeln, die sowohl für das Team funktionieren als auch die gleichen Ziele anvisieren. Das Team sollte jedoch immer die bewährte Praktik zumindest zuerst ausprobieren, bevor es diese verwirft und neue entwickelt.

Die Synchronisation innerhalb eines Teams und über Team- und Standortgrenzen hinweg ist essenziell zur Gewährleistung, dass alle Projektmitarbeiter genau die gleichen Ziele anpeilen. Besonders Featureteams, die verstreut sind, müssen sich täglich synchronisieren, wie Erran Carmel in [Carmel99, S. 105] herausstellt:

> Wenn ein entfernter Standort den Projektstatus nicht vollständig versteht, wird er mit unvollständigen und unkorrekten Informationen falsche Schlussfolgerungen ziehen. Darüber hinaus wird sich der entfernte Standort emotional übergangen fühlen und Konspirationstheorien entwickeln.

Je näher die Mitarbeiter zusammensitzen, desto einfacher ist es, diese häufige Synchronisation zu organisieren. Und je weiter entfernt die involvierten Personen voneinander sind, desto kreativer müssen sie sein, um den organisatorischen Mehraufwand mit der Effektivität des Meetings auszugleichen. Um unter allen Beteiligten gegenseitigen Respekt sicherzustellen, ist es oft hilfreich, wenn der Modus, die Technologien, die Zeiten u.v.m. geändert werden. Auch wenn der

Zeitunterschied meist als die größte Einschränkung empfunden wird, kann er auch ein Verbindungsmittel für das Team bedeuten, wie Jamie Allsop[12] berichtet:

> *Bei Zeitunterschieden müssen Sie üblicherweise eine gute Beziehung zwischen den Teammitgliedern aufbauen, da jeder auf jeden baut, dass er kleine Opfer bringt, wie einen Anruf außerhalb der Arbeitszeiten entgegenzunehmen. Diese Auswirkungen auf die Freizeit scheinen die Auswirkungen zwischen dem Arbeits- und Sozialleben zu katalysieren, was zur Verwischung beider Linien führt.*

Arbeiten mehrere Teams am gleichen Produkt, dann ist es hilfreich, wenn alle sich auf die gleiche Entwicklungskultur einigen. Neben dem Entwickeln von Regeln, Richtlinien und Patterns muss auch gewährleistet sein, dass die gewonnenen Kenntnisse während des Projektverlaufs verbreitet werden. Weiterhin müssen die Teams von Zeit zu Zeit überprüfen, ob die Vereinbarungen immer noch valide und hilfreich sind oder ob sie geändert oder gelöscht werden müssen oder ob zur Umsetzung eine Unterstützung notwendig ist. Wenn auch die gemeinsame Definition solch einer Kultur sehr wichtig ist, so ist es ebenfalls entscheidend, Unterschiede in der Entwicklungskultur bei den diversen Featureteams zu erlauben. Nicht jedes Team muss exakt der gleichen Vorgehensweise folgen – solange die Arbeitsbeziehungen unter den Featureteams nicht aufs Spiel gesetzt werden. Menschen und Teams sind unterschiedlich, und das muss respektiert werden.

---

12. Vielen Dank an Jamie Allsop für diesen Hinweis.

10 Agilität in ein verteiltes Projekt einführen

*Kleine Schritte sind besser
als keine Schritte.*

Willy Brandt

Die Einführung eines agilen Prozesses in ein verteiltes Projekt bedarf besonderer Aufmerksamkeit, da Sie sichergehen wollen, dass das gesamte Projekt die gleichen agilen Werte lebt. Eine gute Strategie ist, mit einem kleinen Team zu beginnen und langsam über die verschiedenen Standorte anzuwachsen. Während das Team größer wird, müssen Sie darauf achten, dass sich auch die gemeinsamen Werte verbreiten.

Eine weitere Herausforderung besteht in der Einführung eines agilen Prozesses in ein bereits laufendes Projekt. Alle beteiligten Standorte müssen sich der Prozessumgestaltung bewusst sein und in die anstehende Veränderung miteinbezogen werden (siehe hierzu auch [Karten09]). Planen Sie umsichtig den Ablauf der Veränderung: Team für Team nacheinander oder ad hoc für das gesamte Projekt.

Sowohl die Einführung eines agilen Prozesses in ein verteiltes Projekt als auch eine verteilte Entwicklung in ein agiles Projekt bergen Herausforderungen. Beide Strategien (Agilität und Verteilung) führen jede für sich genommen zu einer Potenzierung bereits bestehender Probleme. Christof Ebert hat dies für die global verteilte Entwicklung in [Ebert06, S. 105] herausgestellt:

Outsourcing und Offshoring der Softwareentwicklung können Ihre Wettbewerbsfähigkeit und Produktivität verbessern. Sie zeigen aber auch rigoros Ihre Fehler auf und verstärken sie. Die Fehler waren aber in aller Regel bereits vorher da!

Auf ähnliche Weise ist die Agilität dafür bekannt, dass durch sie (bereits existierende) Probleme zum Vorschein kommen. Die Retrospektiven sind ein probates Mittel, die Ursache für bestimmte Probleme herauszufinden. In diesen Retrospektiven kennzeichnen wir die Probleme, die einerseits durch die Agilität oder Verteilung verursacht wurden und andererseits durch Agilität oder Verteilung zum Vorschein gekommen sind. So gehen wir der tatsächlichen Ursache auf den Grund und können sie richtig adressieren.

10.1 Lokal beginnen – global wachsen

Ihr Projekt hat eine gute Chance, erfolgreich zu sein, wenn es lokal an einem Standort startet und dann global über mehrere Standorte wächst. Sie beginnen entweder mit einem lokalen Team, das die Basis für das Gesamtsystem (z.B. in puncto Integration und Build) und die Entwicklungskultur erstellt. Alternativ steht am Anfang ein ursprünglich verstreutes Team, das Sie zum Aufsetzen des Projekts an einen Standort zusammenziehen.

Die Anzahl der benötigten Iterationen für den Projektstart hängt von der Komplexität des jeweiligen Projekts ab. Ideal ist eine Iteration, und maximal würde ich drei Monate (sechs Iterationen) für die Startphase gestatten. Diese Obergrenze ist wichtig, weil die Mitarbeiter ansonsten kontinuierlich versuchen werden, den Anforderungen perfekt gerecht zu werden. Dies zu erreichen ist weder möglich noch gefordert. Darüber hinaus bestätigt sich Winston Churchills Weisheit, wenn Sie speziell in dieser Phase Perfektion anstreben:

> *Perfektion wird P A R A L Y S E buchstabiert.*

Es ist also besser, den gesteckten Zeitrahmen für diese initiale Phase nicht (mittels eines weiteren Zeitrahmens) zu verlängern, sondern nach Ablauf der Zeit die Phase abzubrechen und mit dem Aufbau des gesamten Teams zu beginnen. Wie zuvor bereits erwähnt, ist es ebenso die Aufgabe des Startteams, die Basis für die Entwicklungskultur des gesamten (verteilten) Teams zu entwickeln. Unabhängig davon, ob wir hier über den Prozess, die Infrastruktur, die Technologie oder das erste initiale System sprechen – für alles gilt, das in der Startphase erreichte Ergebnis soll lediglich ein Anfang, nicht aber das Ende darstellen. Das ist besonders wichtig, weil Sie nicht alles später Benötigte antizipieren können – weder im Bereich des Prozesses noch der Software. Schwieriger ist der Anfang mit einigen verteilten Teams. Sobald ein lokales Team einige Ergebnisse etabliert hat, ist deren Weiterentwicklung im Zuge einer Vergrößerung und sukzessiven Verteilung des Teams simpler.

Wenn Sie wie ich mit Kollegen bereits Artikel verfasst haben, dann haben Sie gegebenenfalls die gleiche Erfahrung gemacht, dass der Anfang der schwierigste Teil eines Projekts ist. Ist der Eingangssatz gefunden, lässt es sich einfacher darauf aufbauen, und der Inhalt entwickelt sich. Fazit daraus: Etwas zu beginnen ist weitaus komplizierter, als es zu entwickeln und zu verbessern. Achten Sie aber darauf, dass die Weiterentwicklung auch tatsächlich realisiert wird, denn sie ist kein Automatismus.

10.1.1   Projektstart

Der Beginn eines jeden Projekts erfordert einige Vorbereitung. Bevor die Mitarbeiter tatsächlich am Projekt arbeiten können, müssen sie sich in die Fachdomäne einarbeiten, gegebenenfalls diverse technische Möglichkeiten eruieren und die Infrastruktur aufsetzen (wie z.B. Konfigurationsmanagement oder Build-Server). In der agilen DSDM-Methode wird diese Vorbereitungsphase Foundations genannt und wird folgendermaßen definiert (siehe [DSDM-Foundations]):

Etabliert eine solide und beständige Basis für das Projekt. Die drei essenziellen Perspektiven Fachlichkeit, Lösung und Management werden zur Bildung eines robusten und flexiblen Projektfokus kombiniert.

Obwohl sich dieser Projektstart nicht vorrangig auf Entwicklungsaufgaben und Geschäftsfunktionalitäten fokussiert, können Sie auch in dieser Phase von Iterationen profitieren. Dies ist der Grund, warum in Scrum das Konzept des Sprint[1] null (englisch: Sprint Zero) oder Explorationssprints weit verbreitet ist. Es ist der Sprint vor den tatsächlichen Iterationen, aber es handelt sich dennoch um einen Sprint. Analog der gewöhnlichen Iterationen haben auch diese fundamentalen Iterationen ein Iterationsziel. Es wird die erforderliche Arbeit abgeschätzt, und am Iterationsende kommt das Team zum Messen (und Feiern) des Erreichten zusammen. Die Iterationsziele während des Projektstarts können sich beispielsweise auf die Klassifizierung und Abschätzung der Schlüsselfunktionalitäten beziehen, auf die Untersuchung verschiedener Architekturmöglichkeiten oder auf die Einschätzung der potenziellen Risiken.

Typischerweise beenden wir diese Phase mit einem ersten Release. Der Projektstart besteht somit nicht nur aus einer Folge von Iterationen, sondern hat ein größeres Ziel im Blick. Hubert Smits berichtet von einer ähnlichen Vorgehensweise bei einem verteilten Projekt, das sich zwischen den USA, Frankreich und Israel erstreckte. Dort entwickelte der Haupt-Product-Owner einen Releaseplan, wobei für das erste Release folgende Ziele vorgegeben wurden (siehe [Smits07, S. 2]):

Nachweis der Architektur durch minimale Geschäftsfunktionalitäten zur Reduzierung von technologischen Risiken.

Die von Ihnen für einzelne Basisaufgaben geplante Zeit begrenzen Sie selbst dadurch, dass Sie an den Zielen des Projektstarts iterativ arbeiten. Bitte beachten Sie, dass diese Aufgaben nur endgültig am Projektende zum Abschluss kommen (und dass Sie konsequenterweise die gesamte Projektlaufzeit in dieser Phase zubringen könnten). Aus diesem Grund ist es extrem wichtig, vorab einen Zeitrahmen für den Projektstart festzulegen. Das Hauptziel des Projektstarts liegt in der Vorbereitung der Umgebung. Diese muss den Kollegen ermöglichen zu arbeiten. Auch in späteren Iterationen wird es notwendig sein, an der Infrastruktur und anderen vorbereitenden Aufgaben Änderungen vorzunehmen.

---

1.   In Scrum werden Iterationen Sprints genannt.

Entgegen anderer Meinungen habe ich die Erfahrung gemacht, dass ein ergebnisgetriebener agiler Prozess ein hervorragendes Mittel für die zeitnahe Erledigung dieser vorbereitenden Aufgaben darstellt und sich Iterationen nicht nur positiv auf Entwicklungsaufgaben auswirken.

Wieder und wieder sehe ich, dass ohne die Verwendung eines agilen Prozesses während des Projektstarts die Projekte bereits in dieser Phase in ihrer Entwicklung stocken. Auch wenn diese Projekte durch die Analyse noch nicht vollkommen paralysiert sind, so wenden sie zumeist bereits die Hälfte der verfügbaren Projektzeit für die Projektvorbereitung auf. Zu einem späteren Zeitpunkt ist es schwierig, wenn nicht gar unmöglich, diese Zeit wieder aufzuholen.

10.1.2   Frühzeitige Iterationen

Die Verwendung von Iterationen mit definiertem Zeitrahmen und Ziel gibt Ihnen die Möglichkeit, diese vorbereitenden Aufgaben in einer bestimmten Timebox zu erledigen. Die Iterationsziele können die Kompilierung von »Hallo Welt« in einer bestimmten Umgebung, die Demonstration eines Prototyps für eine spezielle technologische Lösung oder die Präsentation eines Beispiel-Akzeptanztests in der Testumgebung des Projekts umfassen. Durch dieses Vorgehen werden Sie erfahren, wie es ist, iterativ zu arbeiten, und vom frühzeitigen Aufsetzen des Prozesses profitieren. So folgen auch die fundamentalen Iterationen während des Projektstarts dem systemischen Ablauf von Planen-Machen-Überprüfen-Anpassen:

- Sie können Ihr Iterationsziel in grobkörnige Features zerlegen und diese wiederum in kleinere Aufgaben.
- Sie können die Features und Aufgaben schätzen und sich dann auf eine realistische Lieferung festlegen, die Sie am Iterationsende bemessen und präsentieren.
- Im Iterationsrückblick werden die Ergebnisse überprüft. Basierend auf diesen Überprüfungen und auf den Erkenntnissen der Retrospektive können Sie die notwendigen Änderungen im Prozess und der Arbeitsweise einleiten.

Wird von Projektbeginn an iterativ gearbeitet, lassen sich Fehler oft frühzeitig, solange sie noch einfach zu beheben sind, erkennen. So wird sich die Behebung von standortübergreifenden Integrations- und Build-Problemen später bezahlt machen. Philip Armour hat ein Interview mit Doug Grimsted, CEO von Aginity LLC, durchgeführt, in dem dieser die Auswirkung frühzeitiger Iterationen erläutert (siehe [Armour07, S. 15]):

Ihr Zweck ist die Erzeugung der »Oh, verdammt!«-Erkenntnisse, allerdings frühzeitig und in einem kontrollierten Rahmen. Dann vermeiden wir das späte »Oh, verdammt!« im finalen Produkt, wenn wir nicht mehr mit den Konsequenzen umgehen können.

Bezogen auf die Fehlerintensität können Sie so die ersten Iterationen auch als eine Investition betrachten. Sie sollten also als Team die Gelegenheit nutzen, so früh wie möglich dazuzulernen.

Gerade in einer verteilten Umgebung ist es wichtig, mit dem Prozess vertraut zu werden. Wenn Sie einige prozesserfahrene Mitarbeiter im Team haben, helfen Ihnen diese, das notwendige Wissen zu verbreiten, und können darüber hinaus später den Neueinsteigern die notwendige Unterstützung anbieten.

10.1.3   Ein Team – wechselnde Standorte

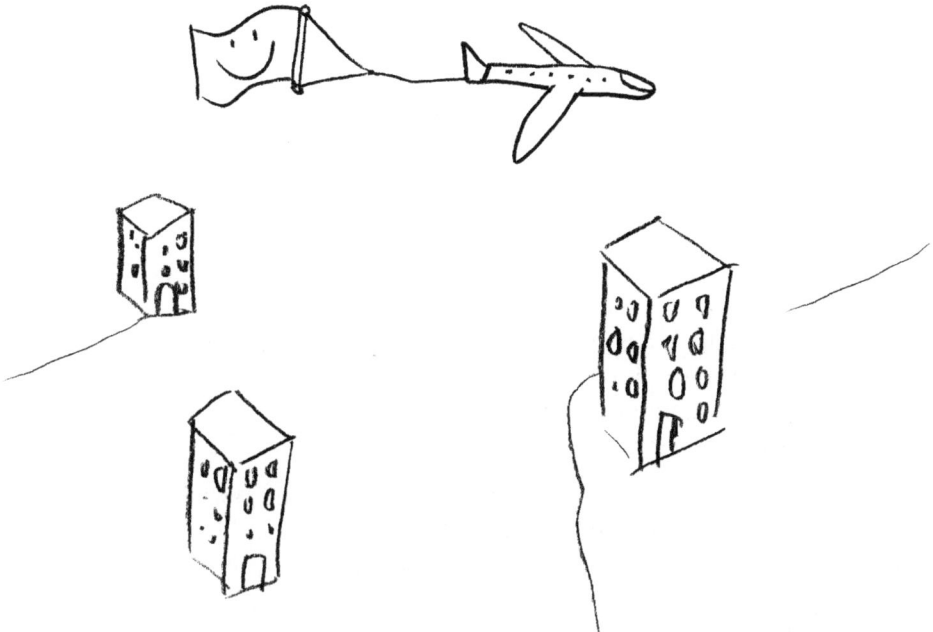

Abb. 10–1   *Ein Team – wechselnde Standorte*

Ich versuche immer die fundamentalen Iterationen gemeinsam, das heißt zusammensitzend, mit einem Team an einem Standort durchzuführen. Das bedeutet aber nicht, dass die Mitglieder dieses Startteams tatsächlich alle an diesem Standort beheimatet sind. Ermöglichen Sie jedem Standort einen Einfluss auf die Projektbasis, fühlt sich jedes Mitglied gleichermaßen verantwortlich für alle wesentlichen Projektelemente. Bilden Sie also Ihr Startteam aus Mitarbeitern von unterschiedlichen Standorten und bündeln Sie dieses Know-how an einem Ort. Wenn Sie stattdessen mit Mitarbeitern des gleichen Standorts starten, fühlen sich die später hinzukommenden Teammitglieder eventuell übergangen.

Ein Projekt mit einem verstreuten Team aufzusetzen ist nicht unmöglich, aber schwieriger, zudem zeit- und damit kostenintensiver als das Zusammenziehen von Mitarbeitern an einem Standort. Legen Sie den Zeitrahmen für den Projekt-start beispielsweise auf sechs Iterationen fest, sollten Sie dem Startteam die Mög-lichkeit geben, im Wechsel an den unterschiedlichen beteiligten Standorten wäh-rend dieses Zeitrahmens zu arbeiten.

Das Startteam arbeitet dann zum Beispiel während der ersten beiden Iteratio-nen an einem amerikanischen Standort, während der nächsten beiden am europä-ischen und der letzten zwei Iterationen am indischen Standort. Starten Sie das Projekt auf diese Art und Weise, etablieren Sie bereits zu Beginn sowohl eine gute Beziehung zwischen den verschiedenen Standorten als auch gegenseitiges Ver-ständnis und Respekt. Die zeitliche Aufteilung der fundamentalen Iterationen über die verschiedenen Standorte hat einige zusätzliche Auswirkungen:

- **Zeitverlust**
  Die Reisen des Teams von einem Standort zum anderen kosten Geld und Zeit. Darüber hinaus geht die Anknüpfung an den erreichten Status des letzten Standorts selten problemlos vonstatten.

- **Zeitgewinn**
  Die Erledigung der vorbereitenden Arbeiten an (allen) verschiedenen Standor-ten bereitet Sie auf die Zukunft vor. Diese Arbeiten sind zwingend zu erledi-gen. Je eher Sie über die Schwierigkeiten (z.B. bezüglich Infrastruktur oder Sicherheitsbestimmungen) Bescheid wissen, desto besser. Das System besteht in dieser Phase vermutlich lediglich aus einem »Hallo Welt«-Programm. Somit ist der Lösungsaufwand wesentlich geringer als zu einem späteren Zeit-punkt, wenn das System an Umfang gewonnen hat.

Ich empfehle immer, das Projekt bereits zu Beginn an den verschiedenen Standor-ten aufzusetzen, indem das Startteam im Wechsel an diesen Standorten arbeitet. Diese Strategie wird Zeitverlust (und Ärger) schnell ausgleichen.

10.2 Teams und Standorte vergrößern

Falls es sich um ein großes Projekt handelt, ist es nach Abschluss der fundamen-talen Iterationen sehr wahrscheinlich, dass ein (Start-)Team nicht ausreicht. Sie werden zusätzliche Mitarbeiter in das Projekt integrieren wollen. Das Hinzufü-gen von Personen bedeutet vermutlich nicht nur die Vergrößerung der Anzahl der Teams, sondern auch der Standorte. Bisher, selbst wenn das Startteam an wech-selnden Standorten tätig war, hat die Entwicklung zu einem Zeitpunkt aus-schließlich an einem Standort stattgefunden. Sie müssen jetzt also neue Teammit-glieder integrieren und gleichzeitig sicherstellen, dass sich die Entwicklungskultur über die verschiedenen Teams und Standorte verbreitet.

10.2.1   Projektstart in der Timebox

Nachdem das Startteam die fundamentalen Iterationen »abgeschlossen« hat, wird das Projekt gegebenenfalls durch Hinzufügen von mehreren Teams vergrößert. Jetzt ist es wichtig herauszufinden, wann die vorbereitenden Aufgaben abgeschlossen sind. Legen Sie hierfür Prioritäten fest. Orientieren Sie sich bei der Beendung dieser Phase nicht an subjektiven Meinungen über den erreichten Stand, um die Projektlaufzeit nicht unnötig zu verlängern.

Wir legen typischerweise den Zeitrahmen für den Projektstart im Voraus fest und strukturieren diese Timebox mittels Iterationen. Wie in regulären Projekten auch, werden diese Iterationen über Prioritäten bezüglich des größten Werts für das Projekt ausgesteuert. Wenn diese Timebox abgelaufen ist, war das Startteam zumindest in der Lage, die wichtigsten Themen zu bearbeiten. Selbst wenn noch offene Punkte existieren, beenden wir die fundamentalen Iterationen an dieser Stelle und starten das »echte« Projekt. Dies beinhaltet auch die Vergrößerung des Teams.

10.2.2   Kick-off

Für den Start des »echten« Projekts empfiehlt es sich, das gesamte Team zusammenzubringen, sodass sich alle gleichermaßen involviert fühlen. Dieser Kick-off-Event ist die erste gemeinsame Erfahrung, ein erster Schritt, um die Distanz zu überbrücken und zur effizienten Zusammenarbeit, wie Kobayashi-Hillary herausstellt (siehe [Kobayashi-Hillary05, S. 59]):

Effizienz verbessert sich meist drastisch, wenn Sie mit jemandem zusammenarbeiten, den Sie persönlich getroffen haben, selbst wenn es keinen besonderen Grund für das persönliche Treffen gibt.

Obwohl das Kick-off hauptsächlich zum Zwecke des gegenseitigen Kennenlernens durchgeführt wird, dient es ebenso der Information aller Beteiligten hinsichtlich des Projekts und Prozesses. Häufig wird das Kick-off darüber hinaus für die Planung des ersten Release und der ersten Iteration verwandt. Hubert Smits berichtet in [Smits07, S. 2] von seiner Erfahrung:

Alle Teammitglieder wurden nach Tel Aviv geflogen, um bei der Schulung und Planung teilzunehmen. Alle Teilnehmer waren begeistert vom Aufbau der Schulung und alle nutzten die gemeinsame Zeit, um einen Teamgeist zu erzeugen, eine persönliche Verbindung einzugehen und sich gemeinsam durch viele Fragen und Probleme hindurchzuarbeiten.

Die Kombination des Kick-offs mit einer Schulung hat den Nebeneffekt, dass die Projektmitarbeiter gemeinsam etwas erleben – und dieses »etwas« erzeugt eine persönliche Beziehung. Wir haben sehr gute Erfahrungen damit gemacht, das Kick-off mit einer Simulation[2] zu beginnen, die allen ermöglicht, Agilität zu erfahren. Auf diese Weise erhält jeder Teilnehmer einen Eindruck, wie sich ein

Abb. 10–2   *Kick-off*

agiles Projekt anfühlt. Diese spielerische Simulation ist für die Mitarbeiter der erste Schritt, um gemeinsam Hindernisse zu überwinden. Die besten Erfolge erzielte ich mit diesem Ansatz in Kulturen, die eher als introvertiert gelten. Dazu berichtet Martin Fowler in [Fowler06] von seinen Erlebnissen in der Zusammenarbeit mit asiatischen Teams:

> *In dieser Umgebung haben Mitarbeiter oft nicht den Mut, Fragen zu stellen, über Probleme zu sprechen, auf unrealistische Deadlines hinzuweisen oder Alternativen zu den erhaltenen Instruktionen ihrer Vorgesetzten vorzuschlagen.*

Mit dem Fokus auf die Simulation tendieren die Kollegen dazu, diese Umgebung zu »vergessen«, da sie sich tatkräftig einbringen. Diese Aktivität ist später im Projekt sehr hilfreich, einerseits ist das Eis bereits gebrochen und andererseits können wir uns immer auf unsere gemeinsame Erfahrung in der Simulation beziehen, die es für die Kollegen einfacher macht, ihre Bedenken zu formulieren.

---

2.   Mögliche Simulationen bzw. Spiele sind: Extreme Hour (siehe [ExtremeHour]), Planning Game (siehe [PlanningGame]), Extreme Construction (siehe [ExtremeConstruction])

10.2.3 Die Projektkultur verbreiten

Die Verbreitung der Projektkultur hat erste Priorität bei der Teamerweiterung. In einigen Projekten stellten wir dies über sogenannte *Patenschaften* sicher. Die Paten übernehmen dabei die Verantwortung für ein Featureteam und unterstützen es in allen Belangen. Sie gewährleisten, dass das Team Verständnis erlangt über:

- Den Prozess
- Die Technologie und verwendete Infrastruktur
- Die Projektrichtlinien und Patterns sowie die Programmierrichtlinien und verwendete Architektur

Des Weiteren unterstützen die Paten das Team bei der Verbesserung der Projektkultur, machen Vorschläge, wann immer etwas verbesserungswürdig ist.

Die höchstmögliche Effizienz kann ein Pate als Mitglied eines neuen Teams einbringen. Dies bedeutet, dass das Startteam komplett aufgelöst wird, da alle Mitglieder des Startteams einem neuen Featureteam beitreten. In einigen Projekten verfolgten wir diese Strategie partiell. Einige ursprüngliche Startteammitarbeiter wechseln in ein neues Team, andererseits unterstützen die meisten anderen die neuen Featureteams von außen durch Beratung und Mentoring, nicht aber als Mitglied. Das ist dann sinnvoll, wenn Sie mit einem technischen Serviceteam weiterarbeiten möchten, also beispielsweise einem Team, das für die Verbesserung der Architektur zuständig ist (mehr dazu in Abschnitt 3.3.2).

Unabhängig von der Wahl Ihrer Strategie, platzieren Sie mindestens einen Mitarbeiter des Startteams an jedem Standort, der die Featureteams dort in deren Startphase betreut. (Natürlich können Sie alternativ auch alle neuen Teams an einem Standort zusammenbringen, insofern das Budget dies zulässt.)

Weiterhin sollten Sie beachten, dass die neu geformten Teams entlang der Features strukturiert und somit in der Lage sind, ein bzw. mehrere Features in einer Iteration fertigzustellen. Prüfen Sie die Fähigkeiten (die auch noch während des Projekts erlangt werden können) Ihrer Mitarbeiter genau und formen Sie die Featureteams analog der erforderlichen Gegebenheiten.

Wenn Sie planen, Ihr Team später erneut zu vergrößern, achten Sie darauf, dass die neuen Mitarbeiter nicht ein eigenes neues Featureteam bilden, sondern Mitglieder eines (bzw. verschiedener) existierenden Featureteams werden. Die Neueinsteiger werden schneller vertraut mit Domäne und Technologie, und die Verbreitung der Projektkultur lässt sich einfacher realisieren.

10.2.4 Kulturelles Training

Jeder Projektmitarbeiter, insbesondere die Reisenden, sollten ein interkulturelles Training durchlaufen. Die Anerkennung der Notwendigkeit dieses Trainings für alle Projektmitarbeiter unabhängig vom Standort ist von großer Bedeutung, wie Krishna, Sahay und Walsham in [Krishna+04, S. 66] betonen:

Kulturelles Training wird oft nur in eine Richtung verstanden, nämlich für die Mitarbeiter des Softwareanbieters, um Kenntnisse über die Kultur der Länder ihrer Kundenorganisation zu gewinnen. Ungeachtet irgendwelcher ethischer Bedenken angesichts solch einer kulturell-blinden Haltung, ist es sicherlich auch eine schlechte Geschäftspraktik.

Sie sollten darauf achten, dass das kulturelle Training unter anderem Grundlagen in der Landessprache der beteiligten Standorte vermittelt. Analog ist es sehr hilfreich, wenn man mit den verschiedenen Nuancen der Projektsprache – vermutlich Englisch – vertraut wird. Heutzutage gibt es Sprachschulen, die nicht nur Kurse für Englisch anbieten, sondern auch für verschiedene englische Akzente (z.B. indisches oder chinesisches Englisch), was zum gegenseitigen Verständnis beiträgt. Ich habe dieses Wissen selbst sehr vermisst, als ich einen Workshop mit einem chinesischen Team durchführte. Am Ende des Workshops stand eine kurze Reflektion mit dem Team. Ich bat unter anderem um (anonymes) Feedback. Einer der Kommentare war wie folgt:

Hinsichtlich der Sprache, gut genug zur Durchführung der Präsentation. Kann aber verbessert werden, sodass Sie unser schlechtes Englisch besser verstehen.

Und er hatte recht. Einige Male während dieses Workshops hatte ich wirklich Schwierigkeiten, das chinesisch eingefärbte Englisch zu verstehen. Dieser Feedback-Geber war im Recht. Es ist meine Aufgabe, dafür zu sorgen, dass ich diesen Akzent besser verstehe.

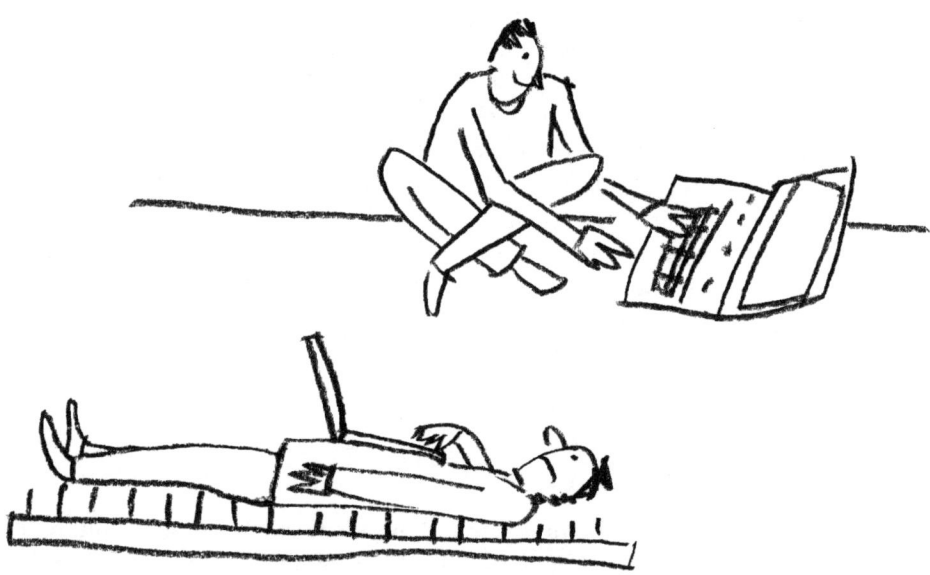

Abb. 10–3   *Kulturelles Training*

10.2.5   Neue Mitarbeiter integrieren

Falls wir später den Bedarf nach Projektvergrößerung haben, benötigen wir eine Strategie zur Integration neuer Mitarbeiter. Ich empfehle immer, diese Mitarbeiter bereits existierenden Featureteams anzugliedern. Deren Aufgabe ist es, die Eingliederung zu unterstützen und zu erleichtern. Ich vermeide es, ein komplett neues Featureteam in das Projekt zu integrieren; selbst dann, wenn sich ein neuer Standort dazugesellt. In diesem Fall werden die neuen Kollegen Mitglieder eines der (zumindest ab sofort) verstreuten Featureteams.

Die Entwicklungsgeschwindigkeit betroffener Featureteams wird stark reduziert, wenn man sich ausschließlich auf Mentoring verlässt. Deshalb bieten wir zusätzliche Schulungen für die Neueinsteiger an. Diese Schulungen decken technische, fachliche und auch prozesstechnische Themen des Projekts ab. Zur Behandlung dieser verschiedenen Perspektiven bitten wir jeweils einen der Architekten, der Product Owner und der Coachs, die Schulung durchzuführen. Das Training ist üblicherweise eine Mischung von klassischer Schulung und persönlicher Betreuung.

10.3   Einen agilen Prozess in ein existierendes Projekt einführen

Einige – selbst verteilte – Projekte erwägen die Einführung eines agilen Prozesses, obwohl sich das Projekt bereits in der Entwicklung befindet. Es ist nicht allzu schwierig, zu diesem Zeitpunkt einige der agilen Entwicklungspraktiken wie paarweises Programmieren oder Unit Tests einzubeziehen.

Manchmal werden Sie sogar feststellen, dass Entwickler diese Praktiken plötzlich verwenden, ohne diese Veränderung des Entwicklungsprozesses offiziell bekannt zu geben. Die Begründung liegt darin, dass diese Entwicklungspraktiken kaum den äußeren Eindruck des Teamverhaltens verändern. Es ist jedoch schwieriger, die gesamte Vorgehensweise in Richtung des Planen-Machen-Überprüfen-Anpassen-Zyklus zu verändern. Ich möchte behaupten, dass diese Veränderung ohne eine allgemeine (offizielle) Vereinbarung nicht möglich ist. Insbesondere da sich diese Veränderung auch über das Entwicklerteam hinaus auswirkt.

So muss beispielsweise der Product Owner das Team über die Prioritäten steuern und auch bereit sein, Feedback zu geben. Die schwierigste Veränderung ist jedoch meiner Erfahrung nach, einen autoritären Führungsstil zugunsten eines partizipativen aufzugeben, der dann von allen Teammitarbeitern die Übernahme von Verantwortung erfordert. Besonders deshalb, weil einerseits nicht jeder bereit für die Übernahme einer verantwortungsvolleren Aufgabe ist und andererseits nicht allen Managern der partizipative Führungsstil liegt, der unter anderem auf Vertrauen in die Teammitglieder basiert.

10.3.1 Einer nach dem anderen oder alle auf einmal

Es stellt sich die Frage: Ist es sinnvoller, die Prozessveränderung an einem Standort bei einem Team einzuführen oder diesen Wechsel alle Teams an allen Standorten vollziehen zu lassen. Bei einer teamweisen Umstellung ist die Prozessveränderung subtiler und weniger bewusst. Dadurch besteht die Gefahr, in alte Verhal-
tensmuster zurückzufallen, insbesondere da die Umgebung (wie z.B. die anderen
Teams) die alte Verhaltensweise erwartet.

Aus diesem Grund lautet meine Empfehlung, das gesamte Projekt auf die neue
Vorgehensweise umzustellen und diese neue Richtung explizit (beispielsweise bei
einer Art Kick-off-Event) bekannt zu geben. Diese Kick-off-Veranstaltung ähnelt
zwar der zu Projektbeginn, jedoch handelt es sich hier nicht um einen Kick-off für
das Projekt (das Projekt ist ja bereits im Gang), sondern für den Prozess.

Es ist sehr hilfreich, mit allen Projektmitarbeitern an einem Standort gemeinsam die Startlinie für den Prozess zu definieren. Sinnvoll ist, im gleichen Zuge die
Unterschiede zur bisherigen Vorgehensweise herauszuarbeiten. Agilität bietet
dafür ein hervorragendes Werkzeug – die Retrospektive. Ich empfehle, alle Teammitarbeiter, in Abhängigkeit der Projektgröße eventuell nur einige Stellvertreter
jedes Teams, zur Reflektion über gut funktionierende und verbesserungsfähige
Punkte einzuladen. Diese initiale Retrospektive sollte sich auf das gemeinsame
Ziel konzentrieren, nämlich auf die Prozessverbesserung. Es bietet sich an, vor
der Retrospektive eine Art Schulung in agiler Entwicklung anzubieten, sodass die
Teilnehmer bereits einige »Werkzeuge« kennengelernt haben, die zur Verbesserung der Situation eingesetzt werden können. Das Ergebnis der Retrospektive
wird einen ersten Satz Veränderungen beinhalten.

Nicht alles sollte geändert werden. Insbesondere sollten die Punkte beibehalten werden, die in der Vergangenheit gut funktioniert haben. Einen perfekten
Start für die Prozessänderung bietet jedoch das Arbeiten mit Iterationen. Sie werden vorab geplant, anschließend wird sowohl das Ergebnis als auch der Prozess
überprüft, und sie befähigen das Team, mehrere Features am Iterationsende abzu-
liefern. Somit schaffen sie zugleich einen Rahmen für zukünftige Verbesserungen.

10.3.2 Veränderung der Teamstruktur

Die größte Herausforderung wird vermutlich die Veränderung der Teamstruktur
sein. Es ist unwahrscheinlich, dass ein Projekt, das einem anderen (also einem
nicht agilen) Prozess folgt, bereits Featureteams etabliert hat. Meist werden in
solchen Projekten Teamstrukturen vorgefunden, die sich an Aktivitäten und/oder
an technischem Wissen orientieren (siehe Kapitel 3). Die schwierigste Entscheidung wird also darin liegen, ob Sie mutig genug sind, die existierende Teamstruktur zugunsten von Featureteams aufzugeben.

Wollen Sie die Umstellung auf Featureteams schrittweise realisieren, können Sie die alte organisatorische Teamstruktur vorerst belassen und die Featureteams auf einer virtuellen Ebene einführen. Folglich verbleiben die Mitarbeiter in der existierenden Hierarchie. Sie berichten weiterhin an die bisherigen Kollegen, arbeiten jedoch in anderer Gruppenzusammenstellung, um die angeforderten Funktionalitäten zu liefern. Das kann sehr gut funktionieren, wenn allen Beteiligten klar ist, dass die Lieferung von Funktionalitäten die höchste Priorität hat (und nicht z.B. die Aktivitäten, basierend auf der alten organisatorischen Teamstruktur). Wir haben in einigen Projekten diese Vorgehensweise verfolgt. Dadurch erhalten Sie den Vorteil, Features liefern zu können, allerdings führen Sie damit eine duplizierte Organisationsstruktur ein. Die häufig favorisierte Matrixorganisation unterscheidet sich jedoch nicht bedeutend und ist auch erfolgreich.

In den meisten der Projekte, in denen wir virtuelle Featureteams eingerichtet haben, wurde früher oder später die alte Organisationsstruktur hinterfragt und kurze Zeit später aufgelöst. Das heißt, die duplizierte Organisationsstruktur bietet einen sanften Übergang zu echten Featureteams.

10.3.3   Mehr und bessere Coachs sind vonnöten

Eine Reduzierung des Projekts auf ein Team während der Projektlaufzeit ist nicht realistisch. Sie können also nicht die Projekt- und Prozesskultur zuerst in einem Team etablieren und die Mitarbeiter dieses Teams mit der Verbreitung der Kultur im Gesamtprojekt betrauen. Sie müssen also sorgfältig die gleiche Kultur in allen Teams an allen Standorten zur gleichen Zeit einrichten. Natürlich werden der Prozess-Kick-off und die Retrospektive dafür Sorge tragen, dass sich alle der Veränderung bewusst sind. Das reicht nach meiner Erfahrung nicht aus. Sie werden eine Gruppe von Personen benötigen, die mit der agilen Vorgehensweise vertraut sind und die Rolle des Coachs übernehmen können. Diese Coachs sorgen dann für einen sanften Übergang und stellen gleichzeitig sicher, dass der Entwicklungsfortschritt weiter vorangetrieben wird.

Die optimale Lösung ist die Existenz eines qualifizierten Coachs für jedes Team. Alternativen sind der Einsatz eines Coachs je Standort oder ein Coach, der die Standorte bereist und die Anleitung und Betreuung der auszubildenden Coachs vor Ort übernimmt. Die Effizienz dieser Möglichkeiten variiert stark, häufig haben Sie aber keine große Wahl. Unabhängig jedoch von der Ihnen zur Verfügung stehenden Option müssen Sie in allen Fällen gewährleisten, dass die Coachs eng zusammenarbeiten. Andernfalls werden Sie feststellen, dass jeder Coach einen anderen Prozess implementiert und jedes Team ein anderes Verständnis über den verwendeten Prozess gewinnt.

10.3.4   Schätzungen und Geschwindigkeit

Wenn Sie einen agilen Prozess in ein laufendes Projekt einführen, ist es üblich, dass die Vorarbeiten bereits erledigt sind und die fundamentalen Arbeiten damit abgeschlossen sind. Ich habe jedoch erlebt, dass Projekte die Umstellung auf Agilität deshalb in Erwägung zogen, weil sie keine Aussage über einen Projektendetermin treffen konnten bzw. nicht angeben konnten, ob sie die Deadline halten können. Das Problem definiert sich häufig über nicht abgeschätzte Funktionalitäten und/oder eine unbekannte Projektgeschwindigkeit. Sollte dies exakt Ihre Situation sein, müssen Sie direkt nach dem Kick-off (bzw. der Retrospektive) einen Schätz-Workshop durchführen. Nur so gewinnen Sie das Wissen über die Projektsituation bezüglich Zeit und Kosten.

Ich empfehle, dass im Schätz-Workshop jedes Featureteam die Funktionalitäten abschätzt, die es anschließend auch entwickelt. Das ist jedoch nur möglich, wenn Sie wissen – was in den meisten unserer Projekte der Fall ist –, welches Featureteam für welchen Fachbereich zuständig sein wird. Wenn jedes Featureteam seine Features abschätzt, hat das zur Folge, dass die Schätzeinheit unter den Teams variieren wird – ein Featureteam schätzt gegebenenfalls optimistischer als ein anderes. Nach der dritten Iteration werden Sie jedoch die Geschwindigkeiten der verschiedenen Teams kennen. Diese Geschwindigkeiten werden unterschiedlichen Schätzeinheiten untereinander ausgleichen, da das optimistischere Team in einer Iteration weniger geschätzte Features, das pessimistischere dagegen mehr erledigen kann. Die Schätzungen der restlichen Funktionalitäten werden weiterhin dieselbe Ungleichheit aufweisen, da sie vom gleichen Featureteam abgeschätzt wurden, das diese Features später auch implementiert. Möchten Sie diese Ungleichheit besser austarieren, empfehle ich, den ersten Schätz-Workshop mit Stellvertretern jedes Featureteams durchzuführen. Diese Gruppe wird dann eine gemeinsame Grundlinie für die Schätzungen entwickeln und diese zurück auf ihre Featureteams übertragen.

Dennoch sind die Schätzungen der Funktionalitäten durch die diversen Featureteams nicht untereinander vergleichbar. Ich vertrete die Auffassung, dass das auch nicht entscheidend ist. Entscheidend ist das Wissen über die Anzahl der lieferbaren Features (z.B. in Featurepunkten) pro Iteration des Gesamtprojekts. Dies ermöglicht eine Hochrechnung für die realisierbare Deadline bzw. für den Zeitpunkt, an dem die restlichen Funktionalitäten geliefert werden können. Darüber hinaus ist es wichtig, starke Schwankungen in der Entwicklungsgeschwindigkeit eines Featureteams zu erkennen, um die notwendige Unterstützung beispielsweise durch Mentoring für dieses Team anbieten zu können. Das heißt, die absolute Geschwindigkeit (wie viele Features liefert das Gesamtprojekt pro Iteration) ist nur für das Projekt als Ganzes wichtig. Die relative Geschwindigkeit (wie viele Features lieferte ein Featureteam in dieser Iteration im Vergleich zur letzten) ist nur bezogen auf ein bestimmtes Team interessant (nicht aber im Vergleich mit anderen Teams).

Sind Sie in der Situation, dass die Features bereits abgeschätzt wurden (vermutlich unter Verwendung einer anderen Technik), die Geschwindigkeit jedoch unbekannt ist, empfehle ich auf Basis der existierenden Schätzungen zu messen. Die Geschwindigkeit jedes Featureteams wird am Iterationsende durch Addition der ursprünglichen Schätzungen der fertiggestellten Features errechnet. Diese Zahlen werden von allen Featureteams eingesammelt und aufaddiert. Diese Summe wird wiederum für die übergreifende Projektgeschwindigkeit verwendet und dient zur Hochrechnung des restlichen Projektverlaufs.

10.3.5 Einzelkämpfer

Sind Sie Mitarbeiter eines Teams, das Teil eines großen verteilten Projekts ist, und Sie und Ihr Team wollen ungeachtet des restlichen Projekts auf eine agile Vorgehensweise umsteigen, dann stehen Sie einem größeren Problem gegenüber. Rücken Sie zunächst die mögliche Prozessveränderung ins Bewusstsein des Gesamtprojekts und diskutieren Sie die Thematik. Falls die anderen Teams dennoch den Entwicklungsprozess nicht verändern wollen, erwägen Sie, dass es dafür möglicherweise einen Grund gibt. Es könnte zum Beispiel sein, dass sich der eingesetzte Prozess bewährt hat und die Kollegen deshalb, mit gutem Recht, Bedenken vor dem Wechsel auf einen unbekannten Prozess haben, der eventuell auch nicht besser als der bisherige ist. In anderen Worten – wenn es keinen Grund für eine Änderung der Vorgehensweise gibt, würde ich auch nicht empfehlen, diese zu vollziehen.

Ist Ihr aktueller Prozess jedoch nicht effektiv und Sie erhalten trotzdem keine Unterstützung bezüglich einer Prozessänderung, stehen Sie vor einer schwierigen Aufgabe. Wie bereits erwähnt, können Sie problemlos die meisten der agilen Entwicklungspraktiken einführen. Außerdem können Sie das »Adapter«-(oder auch »Façade«-)Pattern implementieren, um den Erwartungshaltungen bezüglich der Teamschnittstelle nach außen gerecht zu werden. Das heißt, nach außen erscheint Ihr Team wie jedes andere Team auch, und intern verfolgt es ein agiles Vorgehen.

Benötigen Sie jedoch Input von außen, stoßen Sie auf Schwierigkeiten. Diese können auftreten, sobald Sie die Iterationen über Features steuern wollen, aber nicht als Featureteam aufgestellt sind. Es kann ein simples Einfordern von Feedback eines Product Owner sein, und Sie haben diesen nicht in Ihrem Team. Einen beschränkten Teil werden Sie innerhalb Ihres Teams umsetzen können. Solange jedoch die anderen Teams die Notwendigkeit und den Mehrwert einer Änderung nicht erkennen und Ihrem Vorbild folgen, werden Sie nicht vollumfänglich von der Agilität profitieren. Sind Sie in dieser Situation, kann es leicht passieren, dass Sie mehr mit den Unvereinbarkeiten der verschiedenen eingesetzten Prozesse kämpfen und diese Randbedingungen Ihr Unterfangen belastet. Mein Rat an dieser Stelle, sammeln Sie so gut wie möglich Erfahrungen mit einer agilen Vorgehensweise und setzen Sie diese in einem Ihrer nächsten Projekte um. Ich habe zwei Ansätze erlebt, die zum Erfolg geführt haben:

▣ **Überzeugung**
Kurz nachdem ein Team seine Vorgehensweise umgestellt hat, folgen andere Teams nach, da sie den Mehrwert erkannt haben.

▣ *Teilprojekte*
Sind die Verantwortlichkeiten zwischen den einzelnen Teams entsprechend klar definiert, sodass man (eigentlich) von verschiedenen Teilprojekten sprechen kann, bietet sich die zweite Methode an. In diesem Fall ist jedes Team für sein eigenes Teilprojekt verantwortlich, und es findet nur wenig Interaktion mit den anderen Teams statt. Dann kann jedes Team seinen gewünschten Prozess einsetzen. Beachten Sie bitte, dass dies auch erfordert, dass es am Ende keiner »Big-Bang«-Integration bedarf, da die Teilprojekte nicht zusammenhängen. Sollte diese große Integration notwendig sein, wissen Sie natürlich erst am Projektende, ob Sie Ihr Ziel erreicht haben oder nicht (bei einer rein agilen Vorgehensweise wissen Sie dies bedeutend früher).

10.4 Zusammenfassung

Der Einsatz von Iterationen von Anfang an trägt nicht nur dazu bei, sich an den Rhythmus des Prozesses zu gewöhnen, sondern erlaubt auch bereits zu Beginn, den Fokus auf den Geschäftswert zu richten. Während des Projektstarts oder der vorbereitenden »Phase« helfen die Iterationen, innerhalb des vordefinierten Zeitfensters zu bleiben. Eine empfohlene Richtgröße für dieses Zeitfenster ist eine Iteration, die jedoch von der Projektkomplexität abhängt. Als maximale Zeitdauer für den Projektstart empfehle ich drei Monate. Wird dieser Rahmen für die fundamentalen Iterationen nicht vorab definiert, läuft man Gefahr, bereits zu Beginn zu viel Zeit zu verlieren.

Starten Sie das Projekt mit einem (kleinen) Team und lassen Sie den Prozess durch dieses Startteam in die Breite tragen. Das Startteam sollte zusammensitzen, auch wenn die individuellen Mitarbeiter nicht am gleichen Standort beheimatet sein müssen. Ich empfehle, die diversen zukünftigen Standorte bereits im Startteam durch verschiedene Mitarbeiter vertreten zu lassen. Das Startteam sollte für eine Weile (z.B. eine Iteration) an jedem zukünftigen Standort arbeiten, um dadurch die Verbreitung des Prozesses zu erleichtern.

Mitarbeiter des Startteams können Patenschaften für neue Teams übernehmen und während der Teamvergrößerung den Prozess in die Breite tragen. In der Rolle der Paten unterstützen diese Mitarbeiter die neuen Teams nicht nur technisch, sondern auch kulturell, indem sie ihnen helfen, mit der Projektkultur vertraut zu werden.

Ist das Projekt bereits aktiv, bietet es sich an, auf professionelle Coachs zurückzugreifen, die den verschiedenen Teams im Zuge der Einführung der neuen Vorgehensweise weiterhelfen. Es ist einfacher, wenn das Projekt als Ganzes die Umstellung auf den neuen Prozess durchlebt. Diese Umstellung wird optimal über einen Prozess-Kick-off initiiert, für den das ganze Team zusammenkommt.

Nachwort

> *Es gibt [...] in einem anderen Menschen nichts,*
> *was es nicht auch in mir gibt.*
> *Dies ist die einzige Grundlage*
> *für das Verstehen der Menschen untereinander [...].*
>
> Erich Fromm

Heutzutage wird von allen Projekten erwartet, dass sie flexibel reagieren, um den Geschäftswert für den Kunden zu erhöhen. Tatsächlich handelt es sich hier um mehr als eine Erwartung, wie Charles Darwin sagte:

> *Nicht der stärkste*
> *einer Art überlebt,*
> *und nicht der intelligenteste,*
> *sondern derjenige,*
> *der sich am besten an die jeweilige Situation anpasst.*

Um erfolgreich ein Produkt zu liefern, müssen alle Beteiligten – der einzelne Teammitarbeiter, das gesamte Team und auch das Unternehmen – flexibel agieren und gut mit Änderungen umgehen können. Die Wahrheit ist, dass jedes Projekt diesem allgemeinen Bedarf an Flexibilität entsprechen muss, was im Grunde eine direkte Aufforderung für mehr Agilität ist. Deshalb entstand bei Ihnen vielleicht der Eindruck, dass viele Punkte, die in diesem Buch beleuchtet wurden, tatsächlich jedes Projekt, das der Notwendigkeit unterliegt, flexibel auf Marktgegebenheiten zu reagieren, unabhängig vom Einsatz eines agilen Prozesses adressieren muss. Agilität zwingt Sie, diese Herausforderungen anzunehmen, und schließt die Möglichkeit aus, diese Punkte zu ignorieren.

Gelegentlich empfanden Sie meine Ratschläge vermutlich als selbstverständlich und dem gesunden Menschenverstand entsprechend. Das ist richtig und gewollt, oder wie Ed Yourdon klarstellte (siehe [Yourdon05, S. 117]):

Aber wie der amerikanische Humorist Will Rogers einmal bemerkte, »Gesunder Menschenverstand ist nicht gebräuchlich [englisch: Common sense isn't common]«, scheint es mir, dass die meisten Menschen oft kurzsichtig bezüglich Risiken und Gefahren sind, die eindeutig auf der Hand liegen.

Erfahrungen und Herausforderungen, die verteilte Projekte mit sich bringen, sind immer wieder neu und spannend. Für manch einen Leser unter Ihnen werden aber auch Fragen offenbleiben. Aufgrund der Vielzahl der im Alltag entstehenden Problemstellungen kann dieses Buch keine Vollständigkeit garantieren. Ich hoffe dennoch, dass ich ausreichend Beispiele aus meiner Erfahrung aufgezeigt habe, die Ihnen helfen, Lösungen für Ihre ganz eigene Situation zu finden. Darüber hinaus wünsche ich mir, dass dieses Buch Ihre Kreativität und Ihren Mut entfacht und Sie darin bestärkt, dass Sie kontinuierlich versuchen, Ihre augenblickliche Lage zu verbessern, um Ihr Projekt zum Erfolg führen zu können.

Wann immer sich Menschen über (global) verteilte Softwareentwicklung unterhalten – eines der ersten Themen sind die kulturellen Unterschiede und die Überwindung derselben. Ich hatte ähnliche Gedanken, als ich meinem ersten globalen Projekt gegenüberstand. In der Zwischenzeit bin ich jedoch mehr und mehr davon überzeugt, dass der hervorstechendste Vorteil (global) verteilter Teams in der Vielfalt der verschiedenen Teammitarbeiter liegt.

Meine primäre Botschaft ist somit, dass wir von einer verteilten Umgebung profitieren können, indem wir die Verschiedenartigkeit der Beteiligten wertschätzen. Diese sorgen für verschiedene Sichtweisen aus diversen Perspektiven auf die gleiche Sache. Um uns trotz Verteilung als Team zu verstehen und unsere Beziehung zu verstärken, müssen wir uns auf Gemeinsamkeiten fokussieren, anstatt uns von Unterschieden irritieren zu lassen. Und von ersteren gibt es mehr, als wir alle (zumindest zu Beginn) glauben – ganz einfach, weil wir letzten Endes alle Menschen sind.

Glossar

Asynchrone Kommunikation Teilnehmer einer asynchronen Kommunikation erfahren eine Verzögerung während der Kommunikation, da diese nicht exakt zum gleichen Zeitpunkt stattfindet.

Botschafter Projektmitarbeiter, der seinen Heimatstandort an einem anderen Standort repräsentiert. Der Botschafter stellt die Kommunikation zwischen diesen beiden Standorten sicher.

Chefarchitekt Die hauptsächliche Aufgabe des Chefarchitekten ist es, die konzeptionelle Integrität (→ siehe dort) sicherzustellen. Außerdem ist er dafür verantwortlich, dass alle im Team den technologischen Gesamtzusammenhang verstehen.

Daily Scrum → Tägliche Synchronisation.

Direkte Kommunikation Kommunikation, die von Angesicht zu Angesicht stattfindet, das heißt im persönlichen Gespräch (→ siehe auch persönliches Meeting).

Done-done (Wirklich fertig) Ein Begriff, der die Lieferfähigkeit einer Funktionalität markiert. Die verschiedenen Schritte, die durchlaufen werden müssen, um diesen Zustand zu erreichen, variieren von Projekt zu Projekt. Meist muss eine Funktionalität, um den Done-done-Zustand zu erreichen, analysiert, designt, entwickelt, getestet, integriert, reviewt, dokumentiert und in Betrieb genommen werden (die Reihenfolge dieser Schritte ist nicht festgelegt).

Entwickler Ein Featureteammitglied, das zur Fertigstellung einer Funktionalität beiträgt. Beispiele sind: Designer, Tester, Programmierer, Dokumentierer, Benutzungsoberflächenspezialist usw.

Externes Release → Release. Das Ergebnis eines externen Release ist ein System, das beim Kunden in Betrieb genommen wird.

Fachteam → Featureteam

Feature Eine Geschäftsfunktionalität, die auf dem Wunsch von Interessenvertretern basiert, auch bekannt als User Story. Wird manchmal als Use Case oder als fachliche Anforderung bezeichnet.

Featurepunkte Schätzwert einer Funktionalität, die die relative Komplexität dieser Funktionalität im Vergleich zu anderen Funktionalitäten berücksichtigt.

Featureteam Komplettes Team, das in der Lage ist, eine komplette Geschäftsfunktionalität fertigzustellen.

Follow-the-Sun Die Übergabe der Entwicklung zwischen den Standorten folgt dem Sonnenverlauf. Auf diese Weise arbeitet zu jeder Zeit an einem 24-Stunden-Tag ein Mitarbeiter während seiner regulären Arbeitszeit an dem System.

Fortlaufende Integration Das Gesamtsystem wird integriert (und gebaut), sobald eine Entwicklungsaufgabe abgeschlossen ist.

Fundamentale Iteration → Projektstart

Funktionalität → Feature

Gastarbeiter Ein Projektmitarbeiter, der für eine längere Zeit an einem fremden Standort arbeitet.

Gemeinsame Projektteamretrospektive Abhängig von der Projektgröße wird diese Retrospektive entweder mit allen Projektmitarbeitern durchgeführt oder nur mit Vertretern der verschiedenen Featureteams.

Gemeinsame Standortretrospektive Retrospektive mit allen Projektmitarbeitern, die am gleichen Standort arbeiten.

Grenzwert für Kommunikation und Vertrauen → Grenzwert für vertrauensvolle Beziehung

Grenzwert für vertrauensvolle Beziehung Schmerzgrenze für die Dauer einer vertrauensvollen Beziehung. Diese wird meist nach 8-12 Wochen erreicht, falls die vertrauensvolle Beziehung nicht erneuert wird, z.B. durch ein → persönliches Meeting.

Haupt-Product-Owner → Product Owner. Der Haupt-Product-Owner steuert das Team der Product Owner und steht in permanentem Kontakt mit den Kunden. Er stellt den logischen (fachlichen) Zusammenhang des Systems sicher. Außerdem sorgt er dafür, dass die verschiedenen Featureteams immer an den Funktionalitäten arbeiten, die am höchsten priorisiert sind.

Herzschlagretrospektive Retrospektive, die synchron zum Herzschlag des Projekts ist, das heißt, diese Retrospektive wird am Ende jeder Iteration durchgeführt.

Idealzeit Die verfügbare und unterbrechungsfreie Zeit. (Gegenstück: → Realzeit)

Individuelle Featureteamretrospektive Retrospektive, die von einem einzelnen Featureteam durchgeführt wird.

Internes Release → Release. Das Ergebnis eines internen Release ist ein System, das die gleichen Schritte wie ein → Externes Release durchläuft, allerdings wird hier das System *nicht* beim Kunden produktiv eingesetzt.

Iteration Zeitlich begrenzter Entwicklungszyklus, der meist zwei Wochen dauert. Am Ende einer Iteration liefert das Team das neu erzeugte System. Während der Iteration richtet sich die Entwicklung und Lieferung an den Funktionalitäten aus.

Kollaborationsplattform Eine Plattform, die für eine verstreute Gruppe den gemeinsamen Zugriff auf Dokumente erlaubt. Ausgeklügeltere Plattformen ermöglichen sogar das gemeinsame Verändern eines Artefakts. Ein Beispiel für eine Kollaborationsplattform ist ein Wiki.

Komplexitätspunkte → Featurepunkte

Konzeptionelle Integrität Ein System, das die konzeptionelle Integrität berücksichtigt, befolgt und überall die gleiche Strategie, Philosophie und Technik verwendet. Zum Beispiel wird man in jeder Anwendung das gleiche Look&Feel wiederfinden.

Kunde vor Ort → Product Owner

Offshoring Die Durchführung von Geschäftsaktivitäten außerhalb des Heimatkontinents der Organisation. Diese Geschäftsaktivitäten können von einer Tochter des gleichen Unternehmens (auf einem anderen Kontinent) oder von einem anderen Unternehmen durchgeführt werden.

Outsourcing Eine vertragliche Beziehung zwischen zwei Firmen. Die erste Firma verwendet eine zweite Firma als Zulieferer von Geschäftsaktivitäten, die normalerweise von der ersten Firma selbst ausgeführt werden.

Persönliches Meeting Eine Besprechung, die von Angesicht zu Angesicht stattfindet, das heißt, es erfolgt eine → direkte Kommunikation.

Planning Poker → Planungspoker

Planungspoker Schätztechnik, die sich darauf konzentriert, dass für die Features im Team die Komplexität (und nicht die Zeit) relativ zueinander geschätzt wird.

Product Owner und Product-Owner-Team Eine Person, die gegenüber dem Team den Kunden vertritt. Der Product Owner priorisiert die Funktionalitäten und stellt so sicher, dass im System immer der höchstmögliche Geschäftswert umgesetzt ist. In großen Projekten gibt es meist ein Product-Owner-Team, wobei jedes Featureteam von einem Product Owner unterstützt wird. Die fachliche Kohärenz des Gesamtsystems wird vom → Haupt-Product-Owner gewährleistet.

Projektstart Das Hauptziel des Projektstarts ist das Aufsetzen der technologischen und fachlichen Umgebung, sodass das Team arbeitsfähig ist.

Projektweite Synchronisation Der Zweck der projektweiten Synchronisation ist die (oft ebenfalls tägliche) Synchronisation zwischen verschiedenen Teilteams. Jedes Teilteam sendet einen Vertreter zu diesem Meeting, der dann darüber berichtet, woran sein Teilteam momentan arbeitet und welche Schwierigkeiten zu bewältigen sind. Durch die projektweite Synchronisation wird der Gesamtzusammenhang des Projekts teamübergreifend aufrechterhalten.

Realistische Planung Es wird nur so viel geplant, wie fertiggestellt werden kann. Um Herauszufinden, wie viel fertiggestellt werden kann, muss das tatsächliche Ergebnis der letzten Planung gemessen werden.

Realzeit Entspricht exakt der real verfügbaren Zeit. – Das heißt, es wurde bereits die Unterbrechungszeit (E-Mails, Telefon, Fragen von Kollegen etc. beantworten) abgezogen. (Gegenstück: → Idealzeit)

Release Zeitlich begrenzter Entwicklungszyklus, der meist circa drei Monate dauert. Ein Release ist mit der Lieferung eines neuen Produktinkrements abgeschlossen. Der Entwicklungs- und Lieferaufwand eines Release konzentriert sich auf Funktionalitätsgruppen, die zusammen für den Kunden sinnvoll sind.

Releaseretrospektive Retrospektive, die nach Abschluss eines Release durchgeführt wird.

Retrospektive Reflektion, die das (ständige) Lernen unterstützt. Teilnehmer einer Retrospektive reflektieren dort darüber, was gut und was weniger gut in dem vergangenen betrachteten Zeitrahmen funktioniert hat. Dann werden Konzepte entwickelt, die beinhalten, was im anstehenden Zeitrahmen geändert werden soll.

Satellit Zusätzlicher Standort, der eine große Zeitzone zwischen zwei Standorten überbrückt, z.B. Europa als Satellit zwischen Asien und der amerikanischen Westküste.

Scrum of Scrums → Projektweite Synchronisation

Site Scrum of Scrums Ähnlich eines → Scrum of Scrums. Der Zweck des Site Scrum of Scrums ist die Synchronisation zwischen verschiedenen Teilteams, die alle am gleichen Standort sitzen. Der Ablauf erfolgt ansonsten wie das Scrum of Scrums, allerdings mit dem Fokus auf die Vorgänge am Standort.

Smart Meeting Regelmäßig eingeplantes Meeting. Auf Verlangen wird entschieden, ob das Meeting tatsächlich stattfindet oder nicht.

Smell Hinweis auf ein Problem.

Standup-Meeting → Tägliche Synchronisation

Synchrone Kommunikation Teilnehmer einer synchronen Kommunikation nehmen an dieser Konversation zum exakt gleichen Zeitpunkt teil. (Gegenstück: → Asynchrone Kommunikation)

Tägliche Integration Gemeinsame Integration, bei der das Gesamtsystem einmal am Tag gebaut wird.

Tägliche Synchronisation Synchronisation eines Teams, die täglich stattfindet. Durch diese Synchronisation gewinnt jedes Teammitglied das gleiche Verständnis über den Projektzustand (Scrum-Terminologie: Daily Scrum, XP-Terminologie: Standup-Meeting).

Teilteam Ein großes Team wird in mehrere Teilteams aufgeteilt. Ein Teilteam besteht normalerweise aus weniger als zehn Mitarbeitern.

Verstreutes Team Die Mitarbeiter des gleichen Teams sitzen an verschiedenen Standorten.

Verteilte Teams Verschiedene Teams (nicht Teammitglieder) sitzen an verschiedenen Standorten. Alle diese Teams arbeiten zusammen am gleichen Projekt/Produkt.

Vorplanung Meeting zur Vorbereitung der Iterationsplanung der folgenden Iteration. Die Vorplanung wird vom → Haupt-Product-Owner geleitet. Ansonsten nehmen die Product Owner und die Architekten daran teil. Das Ziel des Meetings besteht darin, mögliche Abhängigkeiten zwischen den Funktionalitäten zu entdecken.

Referenzen

Bücher

[Ambler02] Ambler, Scott: Bridging the Distance. Dr. Dobb's Portal. August 2002. (*http://www.ddj.com/dept/architect/184414899*)

[Allen84] Allen, T.: Managing the Flow of Technology: Technology Transfer and the Dissemination of Technological Information within the R&D Organization. MIT Press, Cambridge, MA, 1984.

[Armour07] Armour, Philip G.: Agile ... and Offshore. An interview with a new paradigm. Communications of the ACM, Januar 2007. Vol. 50, No. 1. S. 13-16.

[BeckFowler01] Beck, Kent; Fowler, Martin: Extreme Programming Planen. Addison-Wesley. 2001.

[BekkeringShim06] Bekkering, Ernst; Shim, J. P.: i2i Trust in Videoconferencing. Communications of the ACM, Juli 2006. Vol. 49, No. 7, S. 103-107.

[Biehl07] Biehl, Markus: Success Factors for Implementing Global Information Systems. Communications of the ACM, Januar 2007. Vol. 50, No. 1, S. 53-58.

[BleekWolf08] Bleek, Wolf-Gideon; Wolf, Henning. Agile Softwareentwicklung. Werte, Konzepte und Methoden. dpunkt.verlag, 2008.

[BraithwaiteJoyce05] Braithwaite, Keith; Joyce, Tim: XP Expanded: Distributed Extreme Programming. In: Hubert Baumeiser, Michele Marchesi, Mike Holcombe (Hrsg.): Extreme Programming and Agile Processes in Software-Engineering. Proceedings der XP 2005. Springer-Verlag, 2005, S. 180-188.

[Brooks95] Brooks, Frederick P. Jr.: The Mythical man-Month: Essays on Software Engineering. 20th anniv. ed. Reading, MA, Addison-Wesley, 1995.

[Carmel99] Carmel, Erran: Global Software Teams. Collaborating across Borders and Time Zones. Prentice Hall, 1999.

[CarmelAbbott07] Carmel, Erran; Abbott, Pamela: Why ›Nearshore‹ means that Distance Matters. Communications of the ACM, Oktober 2007. Vol. 50, No. 10, S. 40-46.

[CarmelTjia05] Carmel, Erran; Tjia, Paul: Offshoring Information Technology. Sourcing and Outsourcing to a Global Workforce. Cambridge University Press, 2005.

[Cockburn06] Cockburn, Alistair: Agile Software Development: The Cooperative Game. Addison-Wesley. 2nd ed., 2006.

[Cohn06] Cohn, Mike: Agile Estimating and Planning. Prentice-Hall, 2006.

[CoplienHarrison04] Coplien, James O.; Harrison, Neil B.: Organizational Patterns of Agile Software Development. Prentice Hall, 2004.

[Corbett04] Corbett, Michael F. The Outsourcing Revolution: Why It Makes Sense And How To Do It Right. Kaplan Business, 2004.

[Damian07] Damian, Daniela. Stakeholders in Global Requirements Engineering: Lessons Learned from Practice. In: IEEE Software, März/April 2007, S.21-27.

[DerbyLarsen06] Derby, Esther; Larsen, Diana: Agile Retrospectives. Making Good Teams Great. The Pragmatic Programmers, 2006.

[Ebert06] Ebert, Christof: Outsourcing kompakt. Entscheidungskriterien und Praxistipps für Outsourcing und Offshoring von Software-Entwicklung. Spektrum Akademischer Verlag, Elsevier, 2006.

[Eckstein04] Eckstein, Jutta: Agile Software Entwicklung im Großen: Ein Eintauchen in die Untiefen erfolgreicher Projekte. dpunkt.verlag, 2004

[Estublier00] Estublier, J.: Software Configuration Management: A Roadmap. In the Proceedings of the Conference on the Future of Software Engineering. Limerick, Ireland. 2000. S.279-299.

[Fowler06] Fowler, Martin: »Using an Agile Software Process with Offshore Development.« MartinFowler.com, aktualisiert 18. Juli 2006. (*http://martinfowler.com/articles/agileOffshore.html*)

[Friedman05] Friedman, Thomas L. The World is Flat. A Brief History of the Twenty-First Century.Farrar, Straus and Giroux, 2005.

[Gabriel02] Gabriel, Richard P.: Writers' Workshop and the Work of Making Things. Addison-Wesley, 2002.

[Handy95] Handy, C.: Trust and the virtual organization. Harvard Business Review, 1995, 73(3), S.40-50.

[HerbslebMockus03] Herbsleb, D.; Mockus, A.: An empirical study of speed and communication in globally distributed software development. In: IEEE Transactions on Software Engineering, 29(6). Juni 2003. S.481-494.

[Highsmith00] Highsmith III, James A.: Project Management at the Edge. In: The IT Project Leader. February 2000, *http://www.adaptivesd.com/articles/PMEdge.pdf*.

[Highsmith02] Highsmith, Jim: Agile Software Development Ecosystems. Addison-Wesley, 2002.

[Hofstede06] Hofstede, Geert: Lokales Denken, Globales Handeln: Interkulturelle Zusammenarbeit und globales Management. DTV-Beck, 3. Auflage, 2006.

[Hvatum07]   Hvatum, Lise B.: Agile practices and Distributed Teams. In: Cutter IT Journal. Exploring the Agile Frontier. Mai 2007, Vol. 20, No. 5, S.6-11.

[Jepsen06]   Jepsen, Ole: »Agile Meets Offshore.« How can Agile Practices help in Offshore Projects. Präsentation auf der Konferenz Agile 2006, Minneapolis, MN, Juli 2006.

[Karolak98]   Karolak, Dale Walter: Global Software Development. Managing virtual Teams and Environments. IEEE Computer Society Press, 1998.

[Karten09]   Karten, Naomi: Changing how you Manage and Communicate Change. Focusing on the human side of change. IT Governance Publishing, 2009.

[Kerth01]   Kerth, Norm: Project Retrospectives. A Handbook for Team Reviews. Dorset House, 2001.

[Kircher+02]   Kircher, Michael; Jain, Prashant; Corsaro, Angelo; Levine, David: Distributed eXtreme Programming. Proceedings of XP 2001. S.66-71. In: Michele Marchesi, Giancarlo Succi, Don Wells, Laurie Williams: Extreme Programming Perspectives. Addison-Wesley, 2002, S.553-568.

[KircherLevine01]   Kircher, Michael; Levine, David L.: The XP of TAO: Extreme Programming of Large, Open-Source Frameworks. In: Giancarlo Succi, Michele Marchesi: Extreme Programming Examined. Addison-Wesley, 2001, S.463-486.

[Kobayashi-Hillary05]   Kobayashi-Hillary, Mark: A passage to India. ACM Queue, Februar 2005, S.54-60.

[Koh+07]   Koh, By Joon; Kim, Young-Gul; Butler, Brian; Bock, Gee-Woo: Encouraging Participation in Virtual Communities. Communications of the ACM, Februar 2007, Vol. 50, No. 2; S.69-73.

[Konana06]   Konana, Prabhudev: Can Indian Software Firms Compete with the Global Giants? IEEE Computer Society, Juli 2006, S.43-47.

[Krishna+04]   Krishna, S.; Sahay, S.; Walsham, G.: Managing Cross-Cultural Issues in Global Software Outsourcing. Communications of the ACM, April 2004, Vol. 47, No. 4 S.62-66.

[LacityWillcocks01]   Lacity, M.C.; Willcocks, L.P.: Global Information Technology Outsourcing: In Search of Business Advantage. Wiley, 2001.

[Larman04]   Larman, Craig: Agile and Iterative Development. A Manager's Guide. Addison-Wesley, 2004.

[LeufCunningham01]   Leuf, Bo; Cunningham, Ward: The Wiki Way: Collaboration and Sharing on the Internet. Addison-Wesley, 2001.

[Liker04]   Liker, Jeffrey K.: The Toyota Way. 14 Management Principles from the World's Greatest Manufacturer. McGraw-Hill, 2004. Deutsche Übersetzung: Liker, Jeffrey K.: Der Toyota Weg. 14 Managementprinzipien des weltweit erfolgreichsten Automobilkonzerns: Erfolgsfaktor Qualitätsmanagement. FinanzBuch Verlag, 2006.

[MannsRising05]   Manns, Mary Lynn; Rising, Linda: Fearless Change. Patterns for Introducing New Ideas. Pearson Education, 2005.

[McConnell96] McConnell, Steve: Best Practices: Daily Build and Smoke Tests. IEEE Software, Vol. 13, No. 4. Juli 1996, S.143-144.

[McKinneyWhiteside06] McKinney, Vicki R.; Whiteside, Mary M.: Maintaining Distributed Relationships. Communications of the ACM, March 2006, Vol. 49, No. 3, S.82-86.

[McMichaelLombardi07] McMichael, Bill; Lombardi, Marc: ISO 9001 and Agile Development. Proceedings der Agile 2007, S.262-265.

[MugridgeCunningham05] Mugridge, Rick; Cunningham, Ward: Fit for Developing Software. Framework for Integrated Tests. Pearson Education, 2005.

[Nessier07] Nessier, Roger: Go Global! Translate the Proven Benefits of Agile Development to a Distributed Team Environment. Agile Development (Agile Alliance Mitgliedermagazin). Spring 2007. S.7-10. (http://www.agilealliance.org/agile_magazines)

[Nicklisch+08] Nicklisch, Gerd; Borchers, Jens ; Krick, Ronald; Rucks, Rainer: IT-Near- und -Offshoring in der Praxis. Erfahrungen und Lösungen. dpunkt.verlag, 2008.

[Pichler08] Pichler, Roman. Scrum. Agiles Projektmanagement erfolgreich einsetzen. dpunkt.verlag, 2008.

[Poppendieck03] Poppendieck Mary und Tom: Lean Software Development. An Agile Toolkit. Addison-Wesley, 2003.

[Pugh07] Pugh, Ken: Managing Distributed and Global Teams. Software Best Practices Conference, Boston, 2007.

[Sakthivel07] Sakthivel, Sachidanandam: Managing Risk in Offshore Systems Development. Communications of the ACM, April 2007, Vol. 50, No.4, S.69-75.

[SandbergSkår07] Sandberg, Jan-Erik; Skår, Lars Arne: Workshop on: Can agile practices deliver high-quality large scale offshored projects? At XP 2007, Como, Italy. (http://www.xp2007.org/index.php?option=com_content&task=view&id=89)

[Sangwan+07] Sangwan, Raghvinder; Bass, Matthew; Mullick, Neel; Paulish, Daniel J.; Kazmeier, Juergen: Global Software Development Handbook. Auerbach publications, 2007.

[SchwaberBeedle01] Schwaber, Ken; Beedle, Mike: Agile Software Development with Scrum. Prentice Hall, 2001.

[Scott91] Scott, J.: Social network Analysis: A Handbook. 2nd ed., Sage Publication, Thousand Oaks, CA. 1991.

[ShaoSmithDavid07] Shao, Benjamin B.M.; Smith David, Julie: The impact of Offshore Outsourcing on IT Workers in Developed Countries. Communications of the ACM, Februar 2007, Vol. 50, No. 2, S.89-94.

[Simon02] Simon, Matt: Internationally Agile. Informit.com, März 2002, (http://www.informit.com/articles/article.asp?p=25929)

[**Smits07**] Smits, Hubert: Implementing Scrum in a Distributed Software Development Organization. Kursunterlagen für die Agile 2007.

[**Sutherland+07**] Sutherland, Jeff; Jakobsen, Carsten Ruseng; Johnson, Kent: Scrum and CMMI Level 5: The Magic Potion for Code Warriors. Proceedings der Agile 2007, S. 272-277.

[**ThondavadiAlbert04**] Thondavadi, N.; Albert G.: Offshore Outsourcing: Path to new Efficiencies in IT and Business Processes. Authorhouse, 2004.

[**Tuckman65**] Tuckman, B.: Developmental sequence in small groups. Psychological Bulletin. (63) 1965, S. 384-389.

[**Wolf+05**] Wolf, Henning; Roock, Stefan; Lippert, Martin. eXtreme Programming. Eine Einführung mit Empfehlungen und Erfahrungen aus der Praxis. dpunkt.verlag, 2005.

[**Yourdon05**] Yourdon, Ed. Outsource. Competing in the Global Productivity Race. Prentice Hall, 2005.

URLs

[**AgileAlliance**] Agile Alliance: *http://agilealliance.org*

[**AgileManifesto**] Agiles Manifest: *http://agilemanifesto.org*

[**AgilePlanner**] Agile Planner (Gemeinsam genutzte Weißwandtafel): *http://ase.cpsc.ucalgary.ca/ase/index.php/AgilePlanning/Home/*

[**Ant**] Ant, Open-Source-Compiler: *http://ant.apache.org/*

[**BreitbandDelphi**] Breitband-Delphi-Schätzmethode: *http://www.stellman-greene.com/aspm/content/view/23/38/*

[**CruiseControl**] CruiseControl (Open Source): *http://cruisecontrol.sourceforge.net*

[**DSDM**] Dynamic Systems Development Method (DSDM): *http://dsdm.org*

[**DSDM-Foundations**] DSDM-Foundations auf dem Web: *http://www.dsdm.org/atern/lifecycle/foundations/* (Registrierung erforderlich) oder DSDM Atern Pocketbook, S. 18.

[**ExtremeConstruction**] Extreme Construction: *http://csis.pace.edu/~bergin/extremeconstruction*

[**ExtremeHour**] Extreme Hour: *http://c2.com/xp/ExtremeHour.html*

[**ExtremeProgramming**] Extreme Programming: *http://c2.com/cgi/wiki?ExtremeProgrammingRoadmap*

[**FeatureDrivenDevelopment**] Feature Driven Development: *http://www.featuredrivendevelopment.com*

[**FIT**] FIT Open-Source-Werkzeug für Akzeptanztests. *http://fit.c2.com*

[**FitNesse**] FitNesse Open-Source-Werkzeug für Akzeptanztests. *http://fitnesse.org*

[**Git**]   Git, freies verteiltes Versionskontrollsystem: *http://git.or.cz/*

[**Hudson**]   Hudson (Open-Source): *https://hudson.dev.java.net/*

[**JUnit**]   JUnit. Open-Source-Unit-Test-Framework für Java: *http://www.junit.org/*

[**Maven**]   Maven. Open Source Compiler: *http://maven.apache.org/*

[**Mercurial**]   Mercurial, freies verteiltes Versionskontrollsystem:
       http://www.selenic.com/mercurial/

[**PlanningGame**]   Planning Game: *http://csis.pace.edu/~bergin/xp/planninggame.html*

[**PlanningPoker**]   Planning Poker, freie Online-Version: *http://www.planningpoker.com*

[**PPTS**]   PPTS, Planungswerkzeug: *http://ses-ppts.sourceforge.net*

[**Scrum**]   Scrum: *http://www.controlchaos.com* und *http://scrumalliance.org*

[**SecondLife**]   Second Life®: *http://www.secondlife.com*

[**Skype**]   Skype, frei verfügbare Internettelefonie (VoIP – englisch: voice over IP), Instant
       Messaging und Videokonferenzen. *http://skype.org*

[**Subversion**]   Subversion: *http://subversion.tigris.org/*

[**Trac**]   Trac: *http://trac.edgewall.org*, auch Agile-Trac: *http://www.agile-trac.org/*

[**Verschleppungsfaktor**]   in Anatomie eines Scrum-Projekts:
       http://www.controlchaos.com/module/practicing_pelrine.pdf

[**VisualSourceSafe**]   Visual Source Safe (VSS) – proprietäres Versionskontrollsystem von
       der Microsoft cooperation

[**XPlanner**]   XPlanner, Planungswerkzeug: *http://xplanner.org*

[**YesterdaysWeather**]   Konzept des Wetters von gestern:
       http://c2.com/cgi/wiki?YesterdaysWeather

Index